AF636231

Ulrich Bosetti und Hartmut Walz

Beraten statt verraten

So wehren Sie Manipulationen in der Finanzberatung souverän ab

Ulrich Bosetti und Hartmut Walz

BERATEN STATT VERRATEN

So wehren Sie Manipulationen in der Finanzberatung souverän ab

Frankfurter Allgemeine Buch

Bibliografische Information der Deutschen Nationalbibliothek
Die Deutsche Nationalbibliothek verzeichnet diese Publikation in der Deutschen Nationalbibliografie; detaillierte bibliografische Daten sind im Internet über http://dnb.dnb.de abrufbar.

Frankfurter Allgemeine Buch

© FAZIT Communication GmbH
Frankfurter Allgemeine Buch
Frankenallee 71 – 81
60327 Frankfurt am Main

Umschlag: Anabell Krebs
Satz: Wolfgang Barus
Druck: CPI books GmbH, Leck
Printed in Germany

1. Auflage
Frankfurt am Main 2022
ISBN 978-3-96251-124-1

Alle Rechte, auch die des auszugsweisen Nachdrucks, vorbehalten.

Frankfurter Allgemeine Buch hat sich zu einer nachhaltigen Buchproduktion verpflichtet und erwirbt gemeinsam mit den Lieferanten Klimazertifikate zur Kompensation des CO_2-Ausstoßes.

Hinweis
Zur besseren Lesbarkeit wird in vorliegendem Werk bei Personenbezeichnungen und personenbezogenen Hauptwörtern auf die gleichzeitige Verwendung der Sprachformen männlich, weiblich, divers (m/w/d) verzichtet. Es wird das generische Maskulinum verwendet, wobei alle Geschlechter gleichermaßen angesprochen sind. Die verkürzte Sprachform hat lediglich redaktionelle Gründe und beinhaltet keine Wertung. Beispielfälle werden bestmöglich über die Geschlechter verteilt.

INHALT

VORWORT

Das Hauptanliegen dieses Buches ist es aufzuzeigen, welchen Tricks, Kniffen und gezielt eingesetzter Verkaufsrhetorik sich Kunden gerade beim Vertrieb von Finanz- und Vorsorgeprodukten gegenüber sehen. Da denkt so mancher Kunde auch heute noch, er sitzt in einem Beratungsgespräch, dabei wird er gezielt zum Abschluss von Verträgen manipuliert. Angebliche Beratung auf Provision birgt eben noch immer den großen Interessenkonflikt zwischen Kunde und „Berater": Wer dem Kunden nichts verkauft, verdient nichts. Sind es nun Bankprodukte, Bausparverträge, Lebensversicherungen oder Riester-Verträge. Bei den knallharten Verkaufsvorgaben und Verkaufsanreizen durch Provisionen haben Bankmitarbeiter, Finanzprodukte- und Versicherungsvermittler kaum eine Chance, *nicht* zu verkaufen.

Nun ist der Beruf des Verkäufers grundsätzlich eine achtens- und anerkennenswerte Tätigkeit. Doch ist der Vertrieb von Finanzdienstleistungen zur Vermögensanlage oder Altersvorsorge eben etwas ganz anderes als der Vertrieb von Staubsaugern, Brötchen oder Autos (wie wir in Kapital A zeigen). Bei Finanzdienstleistungen handelt es sich vielmehr um Vertrauensgüter, deren Qualität und Nutzen selbst von klugen und mündigen Bürgern meist erst nach vielen Jahren beurteilt werden können. Und ehe Nachteile oder eklatante Mängel von Produkt oder Beratung erkennbar werden, ist der Finanzprodukteverkäufer meist über alle Berge – oder zumindest juristisch nicht mehr zu belangen. Und das eigentlich zu Vermögenserhalt oder -vermehrung eingesetzte Geld steht für die Altersvorsorge unwiederbringlich nicht mehr zur Verfügung.

Verkäufer von Finanz- und Vorsorgeprodukten nennen wir in diesem Buch **FPV** (**Finanzprodukteverkäufer**). Das soll nicht despektierlich sein, jedoch kritisch darauf hinweisen, wenn unlautere Methoden das Verkaufsinteresse leiten und der FPV seinen eigenen Nutzen höher bewertet als den langfristigen Nutzen für den Kunden.

Gewinn und Nutzen bei der Vermittlung von Finanzdienstleistungen liegen häufig genug primär auf Seiten des Anbieters und des Verkäufers. Kunden schließen dagegen oftmals Verträge über Produkte ab, die ihrem Bedarf und ihren Wünschen nicht gerecht werden und die sich langfristig schlechter entwickeln als versprochen, bis hin zu realen Verlusten.

Dieses Buch zeigt zweierlei: Zum einen die für Kunden oft schwer erkennbaren Fallstricke in der Gestaltung von Finanzprodukten – wir entlarven irreführende Versprechungen und machen versteckte Kosten sichtbar. Zum anderen zeigen wir viele unlautere Methoden der FPV auf, wie den gezielten Einsatz von Verkaufsrhetorik und manipulative Beeinflussung des Kunden. In einem weiteren Schritt beleuchten wir die psychologischen Hintergründe und beschreiben die Folgen, die sich daraus für den Kunden ergeben. Im Mittelpunkt der kritischen Betrachtung steht dabei die soziale Interaktion in einem Verkaufsgespräch und nicht der einzelne FPV oder deren Gesamtheit. *Im Fokus steht vielmehr der gezielte Einsatz von manipulativer Verkaufsrhetorik.* Wir unterscheiden bei der Beschreibung der unterschiedlichen Manipulationsformen nicht zwischen Honorarberatung und Verkaufsgesprächen von provisionsabhängigen FPV, sondern betrachten einzig und allein, ob Manipulation und unlautere Verkaufsrhetorik gezielt eingesetzt werden.

Ziel des Buches ist es letztlich, Sie als Kunden stark zu machen, sich bei der Finanzberatung gegen eine unlautere Gesprächsführung zu wehren und Einfluss darauf zu nehmen, dass Ihre Interessen und Wünsche stärker im Mittelpunkt stehen. Dieses Buch soll dazu beitragen, die systematische Ungleichheit zwischen geschulten FPV und Privatkunden aufzubrechen und zu einer neuen Gesprächskultur im Verkaufsgespräch zu finden, in der unlautere Beeinflussungs- und Verkaufstechniken keinen Platz haben.

Wir wünschen eine spannende Lektüre, viele „Aha-Erlebnisse“ und erhellende Einsichten. Darüber hinaus wünschen wir Ihnen, dass dieses Buch eine Hilfestellung für Sie bietet, sich umfassend auf die nächste Finanzberatung vorzubereiten und einzustimmen.

In diesem Sinne wollen wir Sie darin unterstützen, in zukünftigen Finanzberatungen Ihre Interessen nicht aus den Augen zu verlieren und die meisten der unterschiedlichen Kostenfallen zu vermeiden. Vielleicht haben Sie auch an der ein oder anderen Stelle ein kleines Lächeln im Gesicht, wenn Sie sich an frühere Beratungserlebnisse erinnert fühlen.

Und noch ein Hinweis: Auch wenn Sie sich nach der Lektüre im nächsten Beratungsgespräch deutlich kompetenter und sicherer fühlen, bleiben Sie bitte weiterhin wachsam! Und genießen Sie das Privileg, Ihre finanzielle Zukunft schon heute und morgen entscheidend zu gestalten. Die Autoren wünschen viel Erfolg dabei!

KAPITEL A
GRUNDLAGEN

1. Warum der Begriff „Finanzberatung“ meist unzutreffend ist

Wo gehen Sie hin, wenn Sie Rat in finanziellen Dingen benötigen? Wahrscheinlich fragen Sie Ihre Bankberaterin der Filiale um die Ecke oder den Versicherungsvermittler aus der Nachbarschaft. Oder Sie schauen auf eine kostenlose Informationsseite im Internet. Fast jeder hat ohnehin verschiedene Berater im Bekanntenkreis. Vielleicht mussten Sie bei der Frage sogar grinsen, weil Sie dachten, dass Sie kaum dazu kommen, überhaupt um Rat in Finanzfragen zu bitten, da Ihnen dieser stets und überall angeboten, ja geradezu aufgedrängt wird. Finanzberatung, und zwar selbstverständlich kostenlos – so glauben die meisten Menschen –, gibt es an jeder Ecke. Beispielsweise findet man scheinbar kostenlose Beratung in der Bankfiliale, im Versicherungsbüro, bei der Bausparkasse oder bei Einfirmenvertretern (→ Glossar), Mehrfirmenvertretern (→ Glossar) oder Finanzdienstleistungs-Maklern[1] (→ Glossar). Auch die Finanzstrukturvertriebe darf man nicht vergessen. Allein die „Deutsche Vermögensberatung AG“ (DVAG) drückt mit über 18.000 Verkäufern in den Markt: Insgesamt versuchen rund 50.000 „Strukkis“ – oft auch in Teilzeit und unbelastet von nennenswertem Fachwissen – ihr Glück beim Kunden.[2]

Also Finanzberatung überall?

Finanzberatung ist in Wahrheit meist Verkauf von Finanzprodukten

Nun kommt die Überraschung: In Deutschland gibt es in Wahrheit kaum Finanzberatung im Sinne von kundenorientiertem Rat. Zahlenmäßig liegt der Anteil von echten Finanzberatern bei bestenfalls einem Prozent der in dieser Branche Beschäftigten. Die anderen 99 % sind – respektvoll

– als Finanzverkäufer oder Finanzvertriebler zu bezeichnen, denn ihr Ziel ist ausschließlich der Verkauf von Finanz- und Vorsorgeprodukten. Nur wenn diese Menschen ein Produkt der Finanzdienstleistungsbranche erfolgreich verkaufen, also Verträge mit ihren Kunden abschließen oder „schreiben", haben sie und ihre Arbeit- und Auftraggeber etwas verdient. Und folglich wird ihr ganzes Streben ausschließlich auf Verkauf gerichtet sein und nicht etwa auf Beratung. Das darf man ihnen nicht übelnehmen, denn an der Beratung selbst gibt es für sie ja nichts zu verdienen.

Verkäufer oder Vertriebsbeauftragter zu sein ist grundsätzlich ein ehrenwerter Beruf, der Respekt verdient. Deswegen werden Sie in diesem Buch auch keine undifferenzierte Schelte oder Kritik an Verkäufern oder Vertrieblern finden. Jedoch wäre es fatal und überaus schädlich für Sie, wenn Sie aus Ihrer Kundenrolle heraus Verkauf und Beratung miteinander verwechseln würden.

Um die allgegenwärtige Verwechslungsgefahr zwischen Verkauf und Beratung bei Finanzprodukten zu vermeiden, werden wir im gesamten Buch konsequent zwischen Finanz*verkauf* und Finanz*beratung* unterscheiden. Und alle, die Sie scheinbar unentgeltlich mit dem Ziel „beraten", Ihnen dabei irgendwelche Finanzprodukte zu verkaufen, konsequent als Finanzprodukteverkäufer, kurz FPV, bezeichnen.

Unüberschaubare Vielfalt von Bezeichnungen der Anbieter von Finanzdienstleistungen

Für den Durchschnittsbürger ist es unmöglich, aus der Berufsbezeichnung, unter der ein Finanzprodukteverkäufer auftritt, auf dessen rechtlichen Status oder die zu erwartende Qualität seiner Leistung zu schließen. Unter eine unübersichtliche Vielzahl verschiedener zulassungspflichtiger Anbieterarten mischen sich noch zusätzlich weitere, deren Dienste keine rechtliche Zulassung benötigen. Ihre Bezeichnungen wirken jedoch nicht minder beeindruckend und vertrauenserweckend. Schauen Sie doch einmal, ob Sie sich in der abgebildeten Wortwolke zurechtfinden. Und ob Sie zulassungspflichtige von zulassungsfreien Anbietern unterscheiden können. Die Auflösung finden Sie auf S. 16.

Schöne unübersichtliche Finanzberatungswelt (und was sich dahinter verbirgt, lesen Sie auf der nächsten Seite)

Typischer Finanzverkauf ist ein Paket aus zwei Teilleistungen

Wenn Sie als Kunde die Beratungsleistung eines Architekten, einer Sachverständigen, eines Rechtsanwalts oder einer Steuerberaterin in Anspruch nehmen, dann bezahlen Sie als Auftraggeber diese Dienstleistung Ihrem Auftragnehmer.[3]

Die Beziehung zwischen Ihnen und den oben genannten Partnern einer echten Beratungsbeziehung ist recht simpel und klar. Die Höhe der Vergütung ist transparent. Und die Vergütung wird ausschließlich von dem bezahlt, der auch die Leistung erhält – nämlich von Ihnen als Kunde. In vielen Alltagsbereichen kennen wir solche Beratungsverhältnisse, z. B. bei der Rechts- und Steuerberatung, aber auch bei medizinischem Rat (im letzten Fall übernimmt dann meist Ihre Krankenversicherung die Kosten).

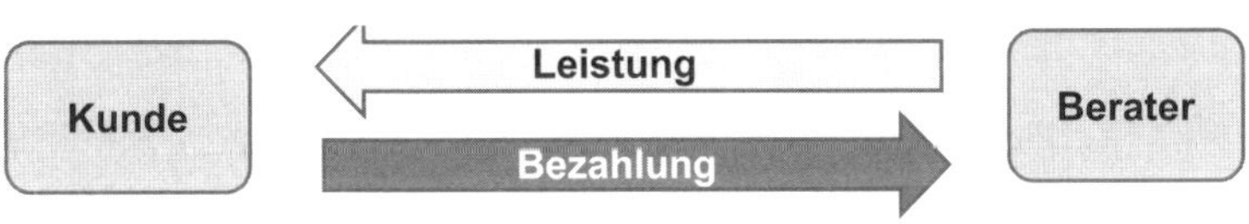

Leistungserbringung und Bezahlung bei echter Finanzberatung

Ordnung im Dschungel der Begrifflichkeiten*

gesetzlich geschützter Begriff zulassungspflichtig honorarfinanziert	gesetzlich geschützter Begriff zulassungspflichtig provisionsfinanziert	**ungeschützte Bezeichnung ohne Zulassung klingt aber gut ...!**
Unabhängiger Honorar-Anlageberater Honorar-Finanzanlagenberater Versicherungsberater Rentenberater Honorar-Immobiliardarlehensberater	Anlageberater Anlagevermittler Finanzanlagenvermittler Versicherungsmakler Versicherungsvermittler Versicherungsvertreter Immobiliardarlehensvermittler Darlehensvermittler Finanzdienstleister Vertriebsbeauftragter Finanzportfolioverwalter	Honorarberater unabhängiger Honorarberater Finanzberater unabhängiger Finanzberater echter Anlageberater unabhängiger Anlageberater Finanzmakler Finanzplaner Financial Advisor Finanz-Coach/Finanzcoaching Certified Financial Planner (®CFP) Bausparberater Bausparkassen-Berater Baufinanzierungsberater Immobilienfinanzierungsberater Allfinanz-Berater Bankberater Privatkundenberater Vermögensberater Vermögensverwalter selbstständiger „Was weiß ich …“
Marktanteil ca. 1 % Achtung: jeweils nur mit exakt diesen Begriffen!	Marktanteil ca. 99 %	**keine Marktanteilangabe, denn Akteure müssen bei zulassungspflichtiger Tätigkeit ja einer der beiden anderen Gruppen angehören**

* Begrifflichkeiten (gesetzlich geschützte Begriffe usw.) beziehen sich auf Regelungen in Deutschland.

Hand auf's Herz: Hätten Sie vor der Durchsicht der Tabelle zwischen dem zulassungspflichtigen *unabhängigen Honorar-Anlagenberater* und dem zulassungsfreien *unabhängigen Honorarberater* unterscheiden können? Und hätten Sie gedacht, dass sich jedermann ohne Prüfung, Qualitätssicherung oder Zulassung als *unabhängiger Honorarberater* oder aber auch *Finanzcoach* bezeichnen darf?

Beim Verkauf von Finanzdienstleistungen ist dies jedoch interessanterweise anders. Sie erhalten eine – ganz eindeutig geldwerte – Beratungsleistung, jedoch bezahlen Sie hierfür (scheinbar) nichts. Ein Sonderfall stellt lediglich die Honorarberatung dar, auf die in diesem Kapitel noch näher eingegangen wird.

Rein theoretisch könnten Sie sich von Finanzberatern, Bankberaterinnen, Versicherungsvermittlern usw. stundenlang und sogar mehrfach „aufschlauen" lassen und dann ohne jegliche Gegenleistung einfach wieder verschwinden.

Denn die Beratungsleistung selbst wird nicht vergütet. Vielmehr erfolgt die Bezahlung erst und ausschließlich dann, wenn Sie einen Vertrag unterzeichnen. Also ein Investmentzertifikat erwerben oder eine Lebensversicherung abschließen. Und auch hier werden die Kosten Ihrer Beratung für Sie nicht oder nur teilweise wahrnehmbar. Denn Sie erhalten nach Vertragsabschluss keine Rechnung über die erhaltene Vertriebsleistung. Vielmehr wird Ihr FPV nicht direkt von Ihnen, sondern vom Produkthersteller bezahlt, also z. B. von der Bank, Bausparkasse oder Versicherungsgesellschaft. Erst über die Laufzeit des Vertrages verteilt und mehr oder weniger hübsch versteckt[4], bezahlen Sie als Kunde den Vertriebsprozess, und zwar über die im Finanzprodukt einkalkulierten Abschluss- und Vertriebskosten. Sie sehen: Jetzt sind die Verhältnisse nicht mehr so simpel und transparent wie oben.

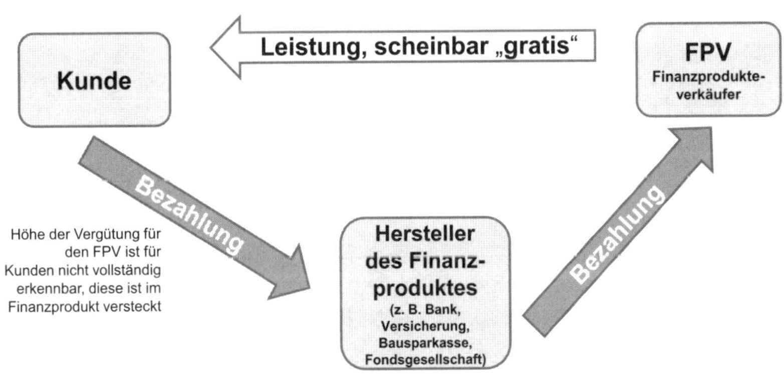

Leistung und Bezahlung im Finanzproduktevertrieb

Zur Verdeutlichung: Stellen Sie sich vor, dass Ihr Steuerberater vom Finanzamt oder Ihre Rechtsanwältin vom Prozessgegner bezahlt würde. Noch schlimmer: Ihr Steuerberater würde umso mehr Provision vom Finanzamt erhalten, je höher Ihre Steuernachzahlung ans Finanzamt ausfällt. Oder Ihre Rechtsanwältin würde umso mehr an Ihnen verdienen, je mehr Sie dem Prozessgegner als Schadenersatz bezahlen. Sicher verstehen Sie jetzt, warum Verbraucherschützer und unabhängige Sachverständige ganz einhellig die derzeitigen Anreizstrukturen des deutschen Finanzdienstleistungsmarktes als „frühes Mittelalter" und somit dringend reformbedürftig bewerten.[5]

Eine Stärkung der Situation von Verbrauchern wäre „eigentlich" unschwer möglich, wenn beim Verkauf von Finanzprodukten die unzweckmäßige Bündelung von Informationskosten/Beratungskosten einerseits und eigentlichen Produktkosten andererseits aufgehoben würde. Dieser scheinbar simple Weg, der in einigen Ländern durch ein Provisionsverbot im Verkauf von Finanzprodukten bereits erfolgreich beschritten wurde, erwies sich jedoch in Deutschland bisher aufgrund einer höchst erfolgreichen Lobbypolitik der Finanz- und Versicherungsindustrie als nicht realisierbar. Stand Ende 2021 dominiert in Deutschland die provisionsfinanzierte Finanzvermittlung, während Honorarberatung ein Nischendasein führt. Selbst eklatante Skandale in der Provisionswelt der Versicherer, wie zum Beuspiel der massenhafte Abschluss von Fake-Versicherungsverträgen durch betrügerische Vermittler, die sich dann an den zu Unrecht und zum Schaden der Versichertengemeinschaft im „Tatort Glaspalast" bereicherten konnten hieran bislang nichts ändern. Die Versicherungslobby ist stark.[6]

Die meisten der nachfolgend beschriebenen Manipulationsprobleme ergeben sich durch den starken Fehlanreiz für FPVs, ihren Kunden ganz unabhängig von deren Bedürfnissen und Interessen unbedingt etwas verkaufen zu müssen. Und zwar

- **möglichst viel,** also hohe Vertragssummen,
- **möglichst oft,** also häufige Umschichtungen und mit
- **möglichst hohen** Provisionsmargen, also Produkte, in denen besonders hohe Kosten stecken. Und dann noch

- **möglichst dauerhaft,** also mit maximaler Kundenbindung, die schon mal schnell zu einer Kundenfesselung werden kann.

Der Interessenkonflikt zwischen Kunden und FPV wird durch diese Anreizstrukturen zwangsläufig maximiert. Aber glücklicherweise gibt es für kluge Kunden ja Abwehrstrategien.

Konsequent kundenorientierte Beratung in Ihrem Sinne erhalten Sie nur, wenn ausschließlich Sie dafür bezahlen. Wer vorgibt, Sie kostenlos zu beraten, ist ein Verkäufer.[7] Beim Verkauf von Finanzprodukten erfolgt die Vergütung allein über den Abschluss. Ohne Produktabschluss bleibt Beratungsleistung unvergütet.

2. Dritte haben immer ihre eigenen Interessen

Es ist unvermeidlich, dass Dritte, die wir zu unserer Unterstützung einsetzen, auch ihre eigenen Ziele und Interessen haben. Und es ist daher genauso normal, dass es in der Zusammenarbeit zwischen uns als Auftraggeber und den Dritten als Auftragnehmer zu Interessenkonflikten kommt. Das gilt keineswegs nur für den Verkauf von Finanzprodukten, sondern trifft auf alle Lebensbereiche zu. Und obwohl Interessenkonflikte völlig normal sind, sollten wir uns diesen stets bewusst sein und uns Möglichkeiten überlegen, damit konstruktiv umzugehen.

Die Tabelle auf S. 20 zeigt ausgewählte Beispiele aus unterschiedlichen Alltagssituationen.

All diesen Beispielen ist gemeinsam, dass Auftraggeber und Auftragnehmer erstens (zumindest teilweise) unterschiedliche Interessen haben. Zweitens verfügen die beiden Partner zwar über eine gemeinsame Schnittmenge von Informationen. Jedoch hat der Auftragnehmer zusätzliche Informationen, die dem Auftraggeber (= Kunden, Patienten usw.) nicht oder zumindest nicht ohne erheblichen Aufwand zur Verfügung stehen. Es besteht also eine asymmetrische Informationsverteilung, die sich für eigennütziges Verhalten verwenden lässt.

Auftraggeber	Auftragnehmer	Mögliche (keineswegs zwangsläufige) Interessenkonflikte und Fehlanreize
Eltern, die sich von teurem Einzelunterricht einer Privatlehrerin eine besondere Talentförderung ihres Kindes versprechen.	Privatlehrerin mit Leistungserbringung auf Stundenbasis. Eine Prüfung tatsächlicher Talentförderung findet nicht statt.	Privatlehrerin baut mit dem Kind ein Vertrauensverhältnis auf und lässt es einen erheblichen Teil der Betreuungszeit einfach Fernsehen, während sie selbst ihre Mails und Nachrichten beantwortet.
Überarbeitete Eigenheimbesitzer lassen Vorgarten durch Gärtner pflegen.	Gärtner wird auf Stundenbasis tätig und darf Pflanzen gemäß freiem Ermessen einsetzen und abrechnen.	Gärtner pflanzt tendenziell teure und pflegeintensive Gewächse und benötigt viele Stunden.
Überarbeitete Eigenheimbesitzer lassen Vorgarten durch Gärtner pflegen (also erst einmal völlig identisch zum Fall oben)!	Gärtner wird auf Basis eines fixen Budgets für Arbeitszeit und Pflanzen tätig (All-Inclusive).	Gärtner pflanzt tendenziell preiswerte und pflegeleichte Gewächse und ist stets schnell mit der Arbeit fertig.
Kassenpatient	Arzt, der sein Budget für dieses Quartal bereits ausgeschöpft hat.	Patient wird vertröstet, erhält erst verzögerten Termin, wird gegebenenfalls nicht optimal therapiert.
Privatpatientin	Arzt mit teurer und nicht ausgelasteter Diagnose-Technik.	Patientin wird Rat zu (eigentlich unnötigen) Untersuchungen angeboten. „Lassen Sie uns ganz sicher gehen"…
Wenig preissensible Autobesitzerin, die Rostschaden beheben lassen möchte.	Werkstatt-Mitarbeiter verspricht bestmögliche Ausführung.	Mitarbeiter tauscht den angerosteten Kotflügel aus, obwohl preiswertere Nachbesserung möglich wäre
Stark preissensibler Autobesitzer, der Rostschaden beheben lassen möchte.	Werkstatt-Mitarbeiter verspricht Einhaltung eines vorgegebenen kleinen Budgets .	Entrostung erfolgt nur oberflächlich, teurer Rostumwandler wird kaum eingesetzt, Reparaturergebnis sieht gut aus, hält aber nicht lange an.

Die asymmetrische Informationsverteilung sieht bei der Vermittlung von Finanzprodukten so aus:

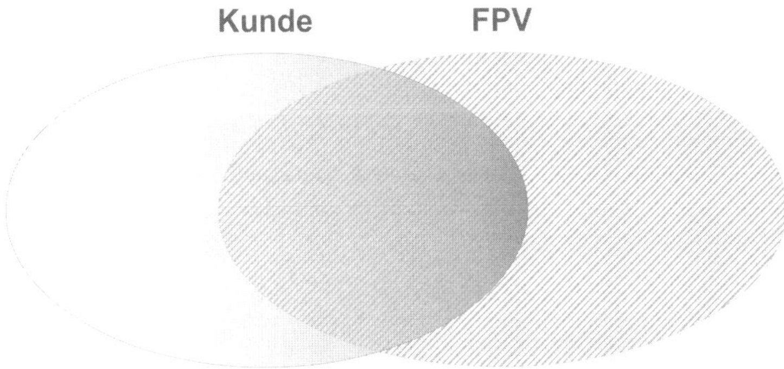

Asymmetrische Informationsverteilung (eigene Darstellung)

Jedoch ist es in der Realität keineswegs so, dass die beiden Ovale sich symmetrisch überlappen, die dem jeweiligen Partner nicht bekannten Informationsbereiche des anderen also gleich groß sind. Ein in Gesprächspsychologie und Fragetechnik gut ausgebildeter Verkäufer, Auftragnehmer oder FPV, der zudem erfolgreich Vertrauen aufbauen kann, wird im Gespräch einen vergleichsweise größeren Teil des Kundenwissens in Erfahrung bringen und gleichzeitig nur wenig relevante Information über sich selbst preisgeben. Wenn er diesen Wissensvorsprung im Sinne des Kunden nutzt, ist das auch nicht kritikwürdig. Schließlich kennt Ihr Hausarzt Ihre Blutwerte auch besser als Sie die seinen.

Die asymmetrische Informationsverteilung im letztgenannten Fall sieht dann so aus:

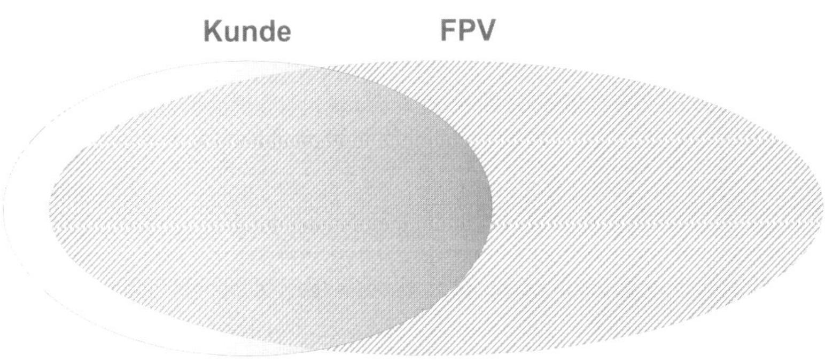

Asymmetrische Informationsverteilung bei gewiefter Fragetechnik des FPV (eigene Darstellung)

Sie erkennen, dass neben der beiden Parteien gemeinsam zugänglichen Information (Schnittmenge) der Kunde nur noch wenig nur ihm bekannte Information besitzt (graue Fläche links), während der FPV ein großes Feld von Wissen besitzt, welches dem Kunden nicht zugänglich ist (schraffierte Fläche).

Das Vorliegen asymmetrischer Information ist nicht ungewöhnlich, sondern in vielen Fällen geradezu unvermeidbar. Sie sollten sich in Ihrer Rolle als Kunde jedoch dessen bewusst sein, dass die ungleich verteilte Information in Kombination mit Eigeninteresse und fehlender Ethik Ihres Gegenübers ein fruchtbarer Nährboden für mögliche Nachteile für Sie sein kann.

Interessenkonflikte sind allgegenwärtig und unvermeidbar

Sicher sind Ihnen beim Lesen der obigen Tabelle vielfältige eigene Beispiele und Erfahrungen zu Verkaufs- oder Beratungssituationen eingefallen. Denn wer nicht als Robinson auf der einsamen Insel lebt, steckt zwangsläufig ständig in solchen Situationen und zwar in beiden Rollen. Die wissenschaftliche Forschung zu diesem Thema hat unter der Bezeichnung **Prinzipal-Agent-Theorie** eine Vielzahl von Empfehlungen dazu entwickelt, wie (Geschäfts-)Beziehungen zwischen Partnern mit unterschiedlichen Interessen bei gleichzeitigem Informationsgefälle verbessert werden können. Dieses Buch bietet Ihnen eine Fülle praktischer Hilfen und Werkzeuge dieser Forschung – ohne, dass Sie sich in die Theorie selbst einarbeiten müssen. Falls Sie an Hintergrundinformation zur Prinzipal-Agent-Theorie selbst interessiert sind, finden Sie gute Einstiegsquellen in der Endnote.[8]

Die Auswirkungen von Interessenkonflikten bei Finanzberatung lassen sich begrenzen

Auch wenn wir das Vorhandensein von Interessenkonflikten in Verkaufs- oder Beratungsgesprächen akzeptieren sollten, so hängen Ausmaß und Stärke jedoch von situativ unterschiedlichen Rahmenbedingungen ab, die kluge Kunden zu beeinflussen wissen. Während die meisten Menschen die Möglichkeit vorteilhaften Verhaltens und Reagierens in der

Situation selbst überschätzen, unterschätzen sie enorm das Ausmaß der bereits vorgegebenen Rahmenbedingungen. Mit anderen Worten: Sitzen Sie einem ganz bestimmten FPV im Gespräch gegenüber, ist ein Teil des Ergebnisses bereits weitgehend vorbestimmt. Einen zentralen strukturellen Unterschied, nämlich die **Unterscheidung von Provisionsfinanzierung gegenüber Honorarfinanzierung** finden Sie im nächsten Kapitel.

3. Honorarberatung: Die Trennung der Beratung vom Produktverkauf

Eine mögliche Antwort auf die beiden Probleme „Finanzierung der Vertriebsleistung durch die Anbieterseite" und „Verknüpfung der Beratungsleistung mit einem Produktverkauf" bietet das Konzept der Honorarberatung.

Die Spielregeln sind genauso wichtig wie die Fähigkeiten der Spieler

Bei der Honorarberatung bezahlt der Kunde für eine – im Idealfall völlig ergebnisoffene – Beratung. Losgelöst von jedem Produktverkauf wird ein vom Kunden an den Berater zu zahlendes Honorar in Form eines Stundensatzes, einer Fallpauschale oder einer Servicegebühr vereinbart. Ergebnisoffen ist der Beratungsprozess deshalb, weil am Ende durchaus auch die Kundenentscheidung stehen kann, überhaupt nichts weiter zu tun, also keinerlei Vertragsabschluss zu tätigen. Und wenn der Kunde im Anschluss an die erfolgte Beratung doch ein Finanzprodukt erwirbt, dann kann das bei einer dritten Partei, im Internet oder über einen anderen Vertriebsweg erfolgen. Sollte der Honorarberatung jedoch ein Produktabschluss beim gleichen Berater folgen, so handelt es sich meist um ein provisionsfreies Produkt, also ein günstigeres Produkt, in dessen Preis keine Abschluss- oder Vertriebskosten einkalkuliert sein dürfen. Falls jedoch kein provisionsfreies Produkt verfügbar ist oder die Kundenentscheidung auf ein Provisionsprodukt fällt, so leitet der Honorarberater eine von ihm vereinnahmte Vertriebsprovision vollständig an den Kunden weiter.[9]

So ist sichergestellt, dass der Honorarberater keine Vergütung von einem Dritten erhält und somit aus dieser Richtung keine Fehlanreize herrühren.

Wie Sie echte, im Kundeninteresse agierende Berater von provisionsfinanzierten Verkäufern unterscheiden und woran Sie diese erkennen, erfahren Sie im Kapitel C 1.

Auch Honorarberatung ist nicht ohne Eigeninteressen

Auch wenn Sie durch Beauftragung eines Honorarberaters die Vergütung der Beratungsleistung vom Produktabschluss trennen, bleibt die grundsätzliche Problematik jedes Beauftragungsverhältnisses bestehen (siehe Kapitel A2 Auftraggeber/Auftragnehmer). Denn auch Honorarberater sind keine Engel, sondern „normale" Menschen und haben ihre eigenen Interessen und Informationsvorsprünge, die Sie als Kunde kennen sollten. Deswegen wäre es naiv und unrealistisch, Honorarberater pauschal als die „besseren Menschen" darzustellen. Hilfreich ist vielmehr ein differenzierteres Bild der einzelnen Anreize und ihrer Erscheinungsformen bei honorarfinanzierter Finanzberatung. Dazu sollten Sie zunächst die Berechnungsbasis für unterschiedliche Honorararten verstehen.

Ein realistischer Blick auf Anreizstrukturen bei Finanzberatung auf Honorarbasis

Die nachstehende Tabelle zeigt die wichtigsten sieben Honorararten, auf welcher Basis diese berechnet werden und welche (Fehl-)Anreize damit verbunden sein können.

Die Tabelle mag auf den ersten Blick abschreckend wirken und den Eindruck hinterlassen, dass Sie als Kunde bei Honorarberatung auch nicht viel besser aufgehoben sind als im Provisionsvertrieb. Jedoch sind die Fehlanreize bei der Honorarberatung insgesamt erheblich schwächer ausgeprägt und leichter zu durchschauen als im Dschungel vielfältiger und z. T. nicht erkennbarer Provisionstypen sowie versteckten Zahlungen im Hintergrund. Beispielsweise haben viele Menschen Erfahrung damit, dass Handwerker oder andere Dienstleister eine zu hohe Anzahl von Stunden oder überhöhte Pauschalsätze abzurechnen versuchen.

Und aus dieser Erfahrung heraus haben sie auch schon Übung mit adäquater Gegenwehr.

Honorararten und die Berechnungsbasen für ihre Höhe[10]

Nr.	Mögliche Berechnungsbasis	Potenziale für Fehlanreiz bis hin zum Missbrauch
1	Stundenhonorar	Maximierung der abrechnungsfähigen Stunden, Geltendmachung von (nicht benötigten) Hintergrundstunden.
2	Fallhonorar/Stückhonorar/ Pauschale pro Mengeneinheit	Hoher Ansatz durch Vortäuschung umfangreicher Aktivitäten – in Wahrheit repetierbare/ skalierbare Tätigkeiten (z. B. durch Einsatz von Werkzeugen, Programmen etc., die den Aufwand von abgerechneten Hintergrundaktivitäten stark verringern).
3	Zeitbezogenes Betreuungshonorar (z. B. x Euro/ Monat)	Die Betreuungszeit wird gegebenenfalls nur in der Anfangsphase benötigt, später jedoch nicht oder nur in geringerem Umfang. Die mögliche Betreuung wird später vom Kunden möglicherweise nicht nachgefragt und vom Berater auch nicht aktiv angedient. Die Situation entspricht der Fitness-Center-Paradoxie: Der Kunde zahlt zunächst für einen längeren Zeitraum, um jederzeit trainieren zu können. Später nutzt er diese Möglichkeit aber kaum, weil seine Bequemlichkeit siegt. Ethisch agierende Berater betreuen ihre Kunden jedoch proaktiv und ohne konkreten Anlass regelmäßig weiter. Ganz nach dem Gedanken des „Kundendienstes" beim Auto, der auch durchgeführt wird, ohne dass das Auto eine Panne hat.
4	Volumenbezogenes Betreuungshonorar (z. B. 1,2 % oder 0,8 % p. a. auf Basis des Depotvolumens)	Betreuungshonorare werden über das Volumen skaliert. Der Betreuungsaufwand bleibt jedoch gleich, egal wie hoch das Depotvolumen ist. Begründet wird dies vom Berater oft mit der Subventionierung kleiner Depots bzw. betreuter Vermögen durch große und somit einem scheinbar sozialen Aspekt. Positiv ist hingegen, dass viele Berater den Prozentsatz mit steigendem Volumen senken (Staffelkonditionen).

Nr.	Mögliche Berechnungsbasis	Potenziale für Fehlanreiz bis hin zum Missbrauch
5	Erfolgshonorar/Performance Fee	Gefahr der Partizipation an Zufallsgewinnen. Doppelvergütung (Arzt würde mehr bekommen, wenn der Patient die OP überlebt). Fehlanreiz zur starken Risikoerhöhung, da mit risikobehafteten Anlagen die Chance auf Erfolgshonorar steigt, während Berater sich an Verlusten nicht beteiligen muss.
6	Beteiligung an Kostenersparnis	Referenzgröße schlecht messbar und oftmals unrealistisch hoch berechnet. Z. T. völlig unangemessenes Preis-Leistungs-Verhältnis. Kostenersparnis kann „Eigentor" sein, wenn diese durch Leistungsabbau erzielt wird (häufiger Fall: Verbilligung einer privaten Krankenversicherung). Sofort-Honorar als abgezinste Kostenersparnis oder Mehrwert über Jahrzehnte ist völlig unseriös.
7	Mischformen und Kombinationen der obigen Honorararten in beliebiger Spielart	Das Honorarmodell eines Beraters kann die oben genannten (und natürlich weitere kreative Eigenerfindungen) in beliebiger Weise kombinieren. Hierdurch wird die Höhe des Gesamthonorars für den Kunden nur schlecht abschätzbar und meist unterschätzt. Mischmodelle sind nicht grundsätzlich schlecht oder abzulehnen, sollten jedoch nur wenige Komponenten haben und transparent und leicht nachvollziehbar sein.

Insgesamt wäre es daher sehr zu begrüßen, wenn im Markt für Finanz- und Vorsorgedienstleistungen für Private der Anteil der Honorarberatung anstiege. Und auch ein Provisionsverbot im Vertrieb von Finanzprodukten (wie z. B. in Großbritannien, den Niederlanden, Dänemark, Finnland oder Schweden) würde den Verbraucherschutz in Deutschland voranbringen.[11] Ob dies jedoch angesichts der starken Lobbyarbeit der Finanzindustrie gelingen kann, ist trotz der objektiv eindeutigen Faktenlage fraglich.[12] Im gemeinsamen Papier der Koalitionsparteien vom November 2021 wird ein Provisionsverbot nicht einmal erwähnt.

Ganz sicher nützlich ist es, wenn Private das massive Eigeninteresse provisionsfinanzierten Verkaufs verstehen und sich selbst davor schützen. Ganz nach dem Motto dieses Buches: „BERATEN STATT VERRATEN".

4. Finanzprodukteverkäufer sind keine schlechten Menschen – aber der Vertriebsdruck ist enorm

Die sehr sachliche und faire Erläuterung von Fehlanreizen und Interessenkonflikten im Vertrieb von Vorsorge- und Finanzdienstleistungen entspricht dem Ansatz dieses Buches. Denn es soll ein zwar gut verständliches, aber gleichwohl wissenschaftlich belastbares Sach- und Ratgeberbuch und keine „Kampfschrift" sein.

Jedoch müssen bestehende Probleme und Missstände offen angesprochen werden. Probleme und Missstände, die in der fortdauernden Null- und Negativzinswelt Millionen von Bundesbürgern die Geldanlage und Alterssicherung zerstören und ihnen jährliche Verluste in Höhe von vielen Milliarden Euro bescheren. Dabei handelt es sich keinesfalls um Peanuts, sondern um eine ganze Menge Geld – Ihr Geld. Man muss weder Prophet noch Statistikexperte sein, um abschätzen zu können, dass bei aktuell rund sieben Billionen Euro Geldvermögen der Deutschen seit dem Zweiten Weltkrieg ein **kumulierter Schaden von mehreren Billionen Euro** für Privatkunden allein durch das Eigeninteresse des Finanzvertriebs entstanden ist. Zur Verdeutlichung: Eine Billion ist eine 1 mit zwölf (!) Nullen:

1.000.000.000.000

Wenn Sie einem Finanzprodukteverkäufer (FPV) gegenübersitzen und anstatt einer Beratung in Ihrem Interesse ein klug geplantes und einseitig auf Provisionsmaximierung ausgerichtetes Verkaufsgespräch erhalten, dann ist das eben nicht mit dem Thekengespräch beim Metzger vergleichbar. Ein reflexhaftes „Ja" bei der üblichen Metzgerfrage „darf es ein bisschen mehr sein" kostet Sie vielleicht 30 oder 40 Cent. Hingegen kann eine falsche Zustimmung zu einem Vertragsabschluss nach einer gut inszenierten „Ja"-Straße (vgl. Kapitel B 9) Sie schon mal über die Jahre ein paar zehntausend Euro durch überhöhte Kosten und entgangene Anlagerendite kosten.[13]

Was läuft hier regelmäßig schief? – Zwischen Win-win und Win-lose

Auch wenn ein Gespräch zwischen FPV und Kunden vertriebsorientiert ist, so könnte es prinzipiell eine für beide Seiten vorteilhafte Konstellation bieten. Nämlich eine Zusammenarbeit, von der beide Seiten profitieren, auch als „Win-win-Situation" bezeichnet. Bevor wir Win-win-Situationen näher betrachten, jedoch zunächst ein kurzer Blick auf die vier grundsätzlichen Möglichkeiten. Sowohl Ihr FPV als auch Sie selbst können entweder von der Zusammenarbeit profitieren (**Nutzen**) oder auch daraus einen **Schaden** erleiden. Aus der Kombination dieser zwei mal zwei Möglichkeiten ergibt sich die folgende typische Vier-Felder-Matrix.

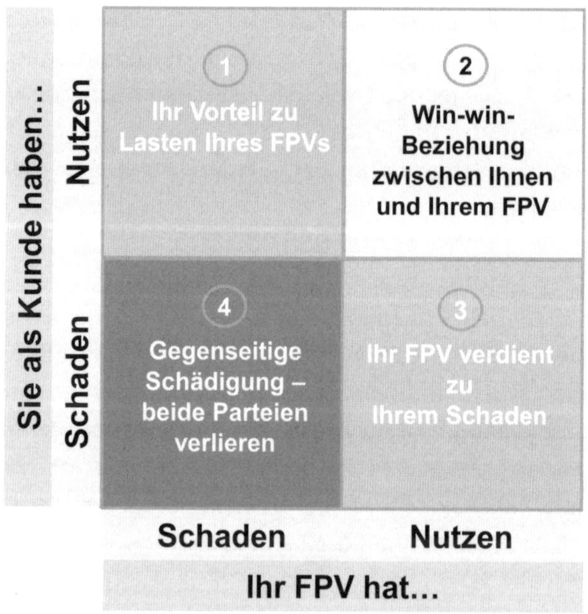

Wie ist Ihre Beziehung zu Ihrem Finanzprodukteverkäufer?

Feld 1 kennzeichnet zum Beispiel den Fall, in denen sich Kunden bei einem oder sogar mehreren FPVs Finanz- und Vorsorgeprodukte und -strategien erläutern lassen und kostenlose Beratung abgreifen, obwohl sie schon genau wissen, dass sie keinen Abschluss tätigen wollen. Fair ist das nicht – es kommt jedoch vor.

Eine Win-win-Situation **(Feld 2)** liegt beispielsweise vor, wenn der FPV an seiner Arbeit angemessen verdient und gleichzeitig Sie als Kunde durch dessen Hilfe Anlegerfehler vermeiden, die Sie mehr Geld gekostet hätten, als Sie dem FPV vergüten. Ebenso wenn Sie durch den Rat des FPV Zugang zu Anlageprodukten oder Strategien erhalten, die Ihnen ansonsten entgangen wären. So sollte es „eigentlich" sein, doch wenn es in der Praxis wirklich meist so wäre, gäbe es keine Daseinsberechtigung für dieses Buch.

Wenn Sie spontan, aber ohne nähere Prüfung davon ausgehen, dass Ihre konkrete Zusammenarbeit mit Ihrem FPV doch der Situation in diesem Feld entspräche, so sollten Sie das unbedingt ein wenig näher untersuchen. Denn falls Ihr FPV Sie in überteuerte oder ineffiziente Produkte oder Produkte mit versteckten Risiken hineinberaten hat, dann merken Sie das häufig erst nach vielen Jahren. Oder eben erst nach einer intensiven Prüfung, die Sie jedoch wegen Ihres Vertrauens in den Berater vielleicht nie vorgenommen haben. Kapitel A 5 zeigt diesen für Sie als Kunden sehr unerfreulichen Tatbestand. Wenn sich beispielsweise Finanzstrukturvertriebe also „einer Vielzahl zufriedener Kunden" rühmen, so ist dies besonders perfide. Denn wenn die Kunden schon heute wüssten, welche realen Verluste sie mit den ihnen vermittelten Produkten erleiden werden und dass die Erfüllung Ihrer finanziellen Wünsche nicht stattfinden wird, wären Sie bereits heute massiv unzufrieden und würden ihre Verträge wahrscheinlich überwiegend kündigen oder ruhend stellen.

Feld 3 steht vor dem Hintergrund des Buchtitels naturgemäß im Zentrum unseres Interesses. Der FPV profitiert von der Zusammenarbeit mit Ihnen – Sie erleiden jedoch einen Schaden. Das ist – genau wie Feld 1 – keineswegs fair, kommt jedoch sehr häufig vor. Die Vermittlung von für den Kunden unvorteilhaften Anlage- und Vorsorgeprodukten ist innerhalb der derzeitigen Strukturen des deutschen Finanzdienstleistungsmarktes der **Normalfall.**[14]

Eher selten sind glücklicherweise die tragischen Fälle von **Feld 4**, in denen beide Partner Schaden nehmen bzw. sich diesen gegenseitig zufügen (wie z. B. bei sogenannten „toxischen Beziehungen"). Lassen Sie uns daher hier lieber nicht weiter über Selbstmordattentäter oder völlig unfähige FPVs, die sich in kurzer Zeit selbst aus dem Markt katapultieren, nachdenken. Das Erste ist fürchterlich. Das Zweite wäre wohl gar nicht so schlimm (zumindest für den Markt). Beides kommt aber eher selten vor.

So verschwindet die Butter von Ihrem Brot

Seit über 150 Jahren haben wir ganz ordentliches Zahlenmaterial über Renditen der Finanzmärkte. Und die sind – natürlich bei z. T. kräftigen kurzfristigen Schwankungen – doch erfreulich positiv. Wer beispielsweise über die letzten 25 Jahre bis 2020 breit gestreut in die weltweiten Aktienmärkte investierte, durfte sich theoretisch über eine langfristige Durchschnittsrendite von zwischen 8 % und 9 % pro Jahr freuen und hätte somit z. B. aus 1.000 Euro 7.000 bis 8.500 Euro gemacht. Das ist jedoch wirklich theoretisch, denn nur wirklich reiche Großanleger oder Institutionen können direkt und zu vernachlässigbar geringen Kosten in die Aktienmärkte investieren. Für „Normalanleger" fallen also Kosten für das Anlageprodukt (= Anlagevehikel) an. Und es ist auch völlig in Ordnung, dass das Anlageprodukt nicht gratis ist, denn hinter jedem Vehikel steckt ja eine Fülle von Dienstleistungen, die wir auch wertschätzen sollten. Die Frage ist nur, wie hoch die Kosten sein dürfen, um noch als fair zu gelten und Ihre Anlage nicht unattraktiv zu machen oder das Spar- oder Vorsorgeziel schon fast zwangsläufig zu verfehlen? Mit anderen Worten: Es geht um die Frage, wie viel Butter man Ihnen vom Brot nimmt.

Von der Marktrendite einen kleinen Teil – z. B. 0,2 bis 0,4 % jährlich – für das Anlageprodukt abzugeben (und bei persönlicher Beratung oder Vermögensverwaltung insgesamt rund 1 %), ist für die meisten Menschen vertretbar. Heikel wird es jedoch, wenn Ihnen Produkte verkauft werden, die das fünf- oder sogar zehnfache der genannten Kosten verursachen. Und noch fragwürdiger ist dies, wenn eben keine wirkliche persönliche Beratung oder Vermögensverwaltung dahintersteht, sondern Ihnen mittelmäßige bis schlechte Produkte von der Stange vermittelt werden.

Besonders schlimm wird es für Sie, wenn Ihr FPV Sie zu häufigen Umschichtungen und Neuanlagen mit jeweils zusätzlichen Einmalkosten und Vertriebsprovisionen treibt und wechselweise mit Ihrer Angst oder Gier spielt. Auf diese Weise können Sie durchaus mit einer negativen Anlagerendite – also z. T. beträchtlichen – Verlusten nach Hause gehen. Oder zumindest mit einer homöopathisch geringen Rendite, die Ihre Kapitalertragssteuern und vor allem Ihren Inflationsschaden nicht ausgleicht.

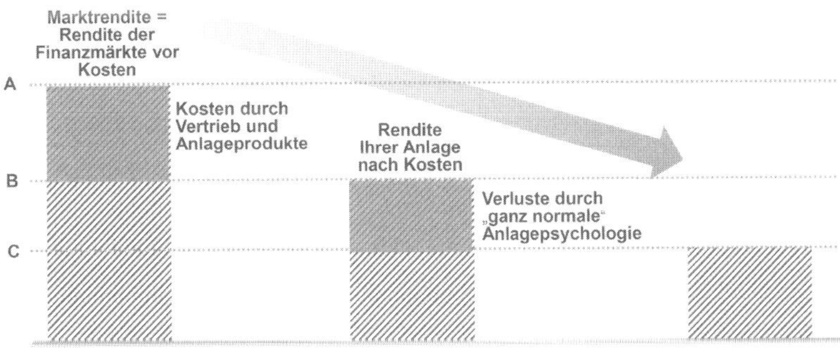

Verluste von der Marktrendite zu Ihrer Anlegerrendite

Die vorstehende Abbildung bezieht sich nur auf Durchschnittswerte, gilt also keinesfalls für jeden Einzelfall, der naturgemäß besser, aber auch schlechter sein kann. Sie soll lediglich die traurige Wahrheit zeigen, dass von der an und für sich recht attraktiven Marktrendite nur ein Bruchteil bei Ihnen als Privatanleger ankommt. Neben den zu hohen Kosten durch teuren Vertrieb sowie Kosten der Produkte selbst (Verlust von A nach B), gibt es hierbei noch einen zweiten Grund: Renditeverluste durch unsere „ganz normale" Anlegerpsychologie. Wir sind eben keine Roboter, sondern entscheiden stets unter dem Einfluss von Emotionen. Und dabei verlieren wir im Konflikt zwischen Angst und Gier noch einen weiteren Teil der Marktrendite (Verlust von B nach C). Ob unsere Interaktion mit einem FPV die anlagepsychologisch bedingten Verluste verringert oder sogar erhöht, wird später noch erläutert.

Massive Folgewirkungen der Informationsvorsprünge von FPV

Wie bereits respektvoll angemerkt, halten wir Finanzproduktverkäufer nicht pauschal für schlechte Menschen. Im Gegenteil – wir können die in vielen Fällen subjektiv gefühlte Zwangslage, in der sich diese Leute befinden, durchaus verstehen und unterstützen auch immer wieder Einzelne auf ihrem persönlichen Weg von kundenschädigenden Win-lose-

Konzepten des FPV zu nachhaltigen Win-win-Konzepten – also echter Finanzberatung im Sinne des Kunden. Jedoch scheuen viele diesen Weg, da man provisionsfinanziert eben sein Geld leichter verdient und das Eigeninteresse gegenüber dem Kundenwohl dominiert.

Somit ist es leider eine unwiderlegbare Tatsache, dass provisionsfinanzierte FPV Ihnen als Privatkunden unterschiedlichste Anlageprodukte „anzudrehen" versuchen, die für Sie in den meisten Fällen unvorteilhaft sind. Das Ausmaß der Unvorteilhaftigkeit kann dabei variieren. Im besten Fall ist Ihr Finanz- oder Vorsorgeprodukt nur etwas zu teuer, d. h., Sie verlieren einen unnötig hohen Teil der Anlagerendite. Sind die Produkte stark überteuert und enthalten z. B. neben den ersichtlichen noch gut versteckte Kosten, ist es leider einfach so, dass Sie – wenn man Wunder ausschließt – nur Verluste erleiden können. Extrem häufig ist der Fall, in dem Sie nominal – also vor Berücksichtigung des Kaufkraftschwunds durch Inflation – leicht im Plus liegen. Jedoch, wenn Sie den erlittenen Inflationsschaden berücksichtigen, sind Sie kräftig in der Verlustzone (vgl. zur Falle der Geldillusion Kapitel B 10). Im schlimmsten Fall – wie beispielsweise den Anlagezertifikaten von Lehman Brothers oder den als „schwimmende Sparbücher" verkauften Schiffs- oder Containerbeteiligungen – kommen noch zusätzliche Risiken für Sie bis hin zum Totalverlust hinzu. Also typische Win-lose-Situationen, wobei es wohl völlig klar ist, wer hier der Verlierer ist – nämlich Sie!

Der Fokus der nachfolgenden Überlegungen bezieht sich überhaupt nicht auf den Bereich von illegalem Verhalten im Sinne von **Finanzkriminalität** oder **justiziablem Betrug**, sondern auf das weite Feld des legalen Verkaufs von unvorteilhaften Produkten, mit denen sich Anleger arm sparen. Und vor denen ein echter – im Kundensinne handelnder – Finanzberater seinen Kunden klar abraten müsste. Solche Produkte sind in der aktuell bestehenden **Nullzinswelt** leider ganz besonders verbreitet. Denn die Kombination von niedriger bis fehlender Anlagerendite bei gleichzeitig hohen Kosten ermöglicht kaum noch Erträge. Berücksichtigt man dann noch die **Inflation** sowie die Tatsache, dass Ihr Inflationsschaden nicht bei der **Besteuerung** Ihrer Anlageerträge angerechnet wird, ist es naheliegend, dass Sie rückwärts sparen. Sie werden „entreichert". Die Kundenschädigung – also eine Win-lose-Situation zu Ihren Lasten – kann hierbei auf unterschiedlicher Ebene erfolgen:

Erstens: Unvorteilhafte Produktgruppe
Zunächst kann es zum Verkauf von Produktgruppen kommen, die grundsätzlich für den Kunden unvorteilhaft sind. Beispielsweise ist ein Bausparvertrag in einer fortdauernden Nullzinswelt weder in der Ansparphase noch in einer späteren eventuell folgenden Darlehensphase für den Kunden sinnvoll oder wertschöpfend. Ebenso sind kaptalbildende Lebens- und Rentenversicherungen aufgrund hoher Kosten, viel zu kleiner Rentenfaktoren und weit unter der Inflationsrate liegender Verzinsung mit Sicherheit reale Verlustbringer.

Zweitens: Unvorteilhafter Anbieter innerhalb der Produktgruppe
Auch wenn die Ihnen vorgeschlagene Produktgruppe für Ihre Bedürfnisse grundsätzlich sinnvoll ist, kann es sein, dass Ihr FPV Sie in eine Winlose Situation bringt. Nehmen wir beispielsweise an, dass eine junge Studierende tatsächlich einen Berufsunfähigkeitsschutz benötigt. Gerät sie nun aber an einen Einfirmenvertreter (→ Glossar) oder Vertriebsangestellten einer bestimmten Versicherungsgesellschaft, dann wird sie zum Abschluss mit diesem Anbieter gedrängt werden, obwohl der Vertrag im Vergleich zu anderen Anbietern sehr teuer oder in Hinblick auf Vorerkrankungen, Leistungsausschlüsse etc. unvorteilhaft ist.

Mit dem Vorwurf konfrontiert, einem Kunden ein extrem unvorteilhaftes und kapitalvernichtendes Vorsorgeprodukt verkauft zu haben, entschuldigen sich FPVs häufig mit dem verräterischen Satz: „Ich habe doch nichts anderes im Sortiment". Einer hat es mal ganz bildlich auf den Punkt gebracht: „Was soll ich denn machen, ich habe doch nur schiefe Pfeile im Köcher?"

Drittens: Unvorteilhafter Tarif oder unvorteilhaftes Einzelprodukt
Schließlich weichen bei Versicherungen unterschiedliche Tarife selbst des gleichen Anbieters häufig stark in ihrer Vorteilhaftigkeit voneinander ab. Und – Sie ahnen es schon – hier kann der FPV seinen Informationsvorsprung nutzen, um Ihnen ein ungünstiges Produkt anzudienen,

an dem aber der Anbieter und auch er selbst besser verdienen. Branchenkenner bestätigen hinter vorgehaltener Hand das „Naturgesetz des Finanzdienstleistungsvertriebs", dass die am wenigsten leistungsfähigen Anbieter tendenziell die höchsten Abschlussvergütungen leisten (sei es direkt oder indirekt). Und der innere Zusammenhang des Naturgesetzes erscheint zumindest höchst plausibel, da ja hohe Abschlusskosten das Preis-Leistungsverhältnis des Produktes negativ beeinflussen.

Viele Finanzprodukteverkäufer stehen massiv unter Druck

Die meisten Kunden können sich überhaupt nicht vorstellen, unter welchem Druck die FPV stehen, auf deren Rat sie hören. Sie wissen zwar schon, dass die Vergütung der FPV über die Vermittlung bzw. den Verkauf von Finanzprodukten erfolgt und unterstellen zurecht, dass „mehr Verträge" (Stückzahl Verträge) und „mehr Volumen" (Gesamtbetrag in Euro) zu „mehr Vergütung" und „mehr Karriere" beim FPV führt. Das wahre Ausmaß der unvorteilhaften Fehllenkung wird dabei von den meisten Kunden jedoch völlig unterschätzt.

Wie kleinteilig und restriktiv die Vorgaben des immer stärker ausgefeilten Vertriebscontrolling an die FPV zuweilen aussehen und wie stark diese sich letztlich in Ihrem Anlage- und Vorsorgeportfolio niederschlagen, das können Sie sich wahrscheinlich nicht im Traum vorstellen.

Vielleicht besparen Sie einen Bausparvertrag, weil Sie zufällig in der Kalenderwoche 27 Ihre funktionsunfähige Kreditkarte beim Kundenberater durch eine neue ersetzen ließen und er Sie ebenso „zufällig" auf die angebliche Vorteilhaftigkeit eines Bausparvertrags zur Vermeidung potenzieller Negativzinsen angesprochen hat. In Kalenderwoche 26 und 27 waren nämlich bei Ihrer Bankengruppe gerade die „Bausparwochen". Hätte Ihre Kreditkarte zwei Wochen später den Geist aufgegeben, dann hätten Sie heute keinen Bausparvertrag, sondern einen aktiven Investmentfonds. Und zwar „zufällig" einen von einer Kapitalanlagegesellschaft, die zur Muttergesellschaft Ihres Kreditinstitutes gehört. So einfach ist das. Und so wenig bedürfnisgerecht oder in Ihrem Interesse ...

Einige Beispiele für die Vorgaben an Ihren FVP:

- Es werden kurzzyklische Vertriebsziele für Produktgruppen wie Bausparverträge, Rentenversicherungen, aktiv gemanagte Investmentfonds etc. in Stück und Volumen gesetzt.
- Durch unterschiedlich hohe Provisionssätze oder „Punkte" wird das Eigeninteresse des FPV angesprochen. Dabei gibt es sogar Maluspunkte und Negativprovisionen, wenn der FPV es nicht schafft, Kunden „herumzudrehen", sondern Produktverkäufe entgegen dem Hausinteresse vornimmt.
- Dem FPV wird über die Vergütungsanreize hinaus ganz exakt vorgegeben, bestimmte Produkte, Tarife etc. zu verkaufen und nicht etwa andere – und zwar ohne Rücksicht darauf, was das Kundeninteresse eigentlich verlangen würde.
- Es werden Mindestanforderungen an die Kundenrentabilität gestellt, beispielsweise 2 % Provisionsertrag auf Basis des Anlagevolumens des Kunden. Die Folge ist, dass Ihr FPV regelmäßig versucht, Ihre Anlagepositionen angeblich zu „optimieren" – in Wahrheit einfach auszutauschen, um erneut Ausgabeaufschläge für seinen Arbeit- bzw. Auftraggeber zu erwirtschaften.
- Es gibt „Themenwochen" und Verkaufsolympiaden mit schönen Preisen für die Gewinner – aber auch unangenehmen und z. T. peinlichen Sanktionen für die Verlierer.
- Finanzvertriebe verfügen über eine „schöne Kiste an Folterwerkzeugen" für FPV, die ihre Vorgaben nicht erreichen („Nachsitzen", „Motivationsgespräche" oder spezielle Schulungen in der Freizeit, Bloßstellen vor den Kolleginnen und Kollegen etc.).
- EDV-gestütztes Vertriebscontrolling kann exakt analysieren, welches Verkaufsverhalten jedes Mitarbeiters in Summe zu den höchsten Provisionseinkünften des Finanzdienstleisters führen. Das Dumme ist nur: Exakt dieser Wert oder Betrag sind *Ihre* Kosten. Noch irgendwelche Fragen?

Es gibt noch eine Vielzahl weiterer Beispiele und Erscheinungsformen,[15] für die an dieser Stelle der Platz fehlt. Jedoch hat Nikolaus Braun, heute als echter Finanzberater und Vermögensverwalter tätig, in seinem Buch „Über Geld nachdenken" ein absolut lesenswertes Kapitel über sein früheres Leben als FPV einer großen deutschen Geschäftsbank inmitten von „Pinocchio-Banking, Strukkis und Versicherungstandlern" geschrieben, das einen bildhaften Einblick in die Vertriebswelt der Finanzdienstleistungen für Private bietet. Eine Vertriebswelt, die wir häufig als „Finanzberatung" präsentiert bekommen und die bei uns - sofern nicht durch negative Erfahrungen geläutert - ein völlig falsches Bild vermitteln.[16] Es wäre besser, wenn wir dieses falsche Bild durch ein realistischeres Bild ersetzen würden und uns entsprechend gut vorbereitet und mit wachem Verstand in Verkaufsgespräche begeben.

5. Finanzdienstleistungen sind keine Brötchen

Warum bei Vertrauensgütern besondere Vorsicht angebracht ist – und Verbraucherschutz nottut

Die aktuell in Rente gegangene Frau Kaufmann liebt Kreuzworträtsel. Alle paar Wochen geht sie beim Kiosk in ihrer Nähe vorbei, schaut sich zwei, drei Rätselhefte an und kauft dann eines. Ihr Kauf ist nicht nur wegen des kleinen Geldbetrags recht risikolos. Sondern weil sie die für ihre Auswahlentscheidung relevante Information (Dicke des Rätselheftes, Schwierigkeitsgrad der Rätsel, Zusammensetzung von unterschiedlichen Rätselarten etc.) durch einen Blick in die unterschiedlichen Heftchen bereits vor dem eigentlichen Kauf einholen konnte. Solche Güter heißen **Suchgüter**. Bei Suchgütern weiß man schon, worauf man sich einlässt, ***bevor*** man sein Geld ausgibt - man sieht, was man bekommen wird. Viele Güter und Dienstleistungen sind Suchgüter und abgesehen von wenigen „Unfällen", Irrtümern, Missverständnissen oder bewusstem Betrug treten mit Suchgütern nur selten Enttäuschungen auf.

Nur unwesentlich schlechter steht Frau Kaufmann bei **Erfahrungsgütern** da. Ein typisches Beispiel ist ihr Kauf eines belegten Brötchens in der Fußgängerzone ihres Ortes. Hier kann sie die Qualität zwar erst nach dem Kauf erkennen, jedoch sehr zeitnah, so dass sie ein „Brötchen von gestern" oder mit einem verdorbenen Frischkäseaufstrich unmittelbar reklamieren kann und entweder postwendend besseren Ersatz oder ihr Geld zurückerhält. Oder, falls der Backladenmitarbeiter stur oder kundenunfreundlich ist, den begrenzten Schaden hinnimmt, nie wieder dort einkauft und alle Bekannten vor dem Brötchenkauf in diesem Laden warnt.

Auch bei Erfahrungsgütern benötigen Kunden also keinen besonderen Schutz, keine Verbraucherpolizei und keine Regulierung. Ein wenig Mitdenken, die Zivilcourage, sich auch mal zu beschweren und höflich, aber bestimmt die eigene Position zu vertreten – das reicht.

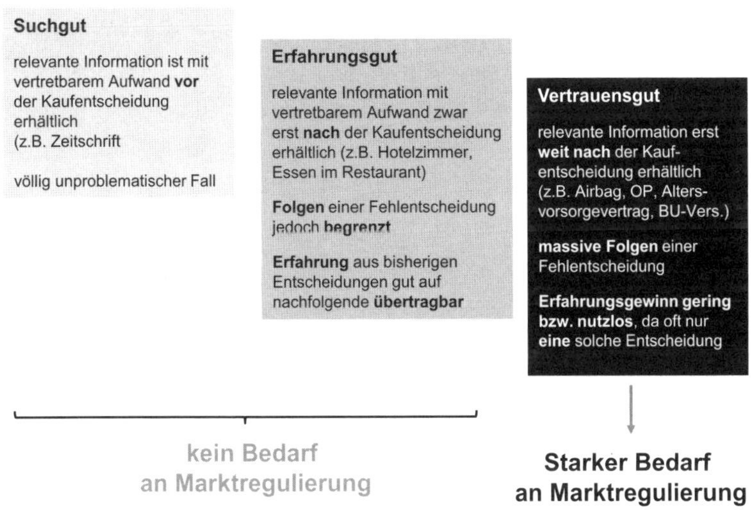

Die drei Güterarten im Vergleich

Völlig anders sieht es jedoch beim Riester-Vertrag der Jungrentnerin Kaufmann aus. Etliche Jahre lang hat sie regelmäßig in einen Versicherungs-Riester-Vertrag einbezahlt, der ihr über den FPV ihrer Hausbank vermittelt wurde. Besonders intensiv informiert oder darum gekümmert hat sie sich ansonsten nicht. Auch die seit einigen Jahren erhaltene jährliche Standmitteilung hat sie lediglich ordentlich abgelegt. Denn für den „ganzen Zahlenkram" hat sie sich noch nie erwärmen können, sondern einfach ihrem Ansprechpartner *vertraut*, dass sie – wie überall vollmundig versprochen – mit der Riesterrente ihre Rentenlücke schließen könne. Erst vor Kurzem – mit dem Rentenbeginn und somit viel zu spät – erkannte sie, wie unvorteilhaft und schlecht ihr Riester-Vertrag ist. Von ihren Beiträgen wurde rund ein Drittel durch Kosten aufgezehrt. Die Vertragsrendite in der gesamten Ansparphase lag dichter bei Null als bei der durchschnittlichen Inflationsrate der 18-jährigen Laufzeit. Und die monatlichen Rentenzahlungen sind so klein, dass Frau Kaufmann weit über 100 Jahre alt werden müsste, um das von ihr eingezahlte Kapital (ohne Zinsen oder Inflationsausgleich) zurückzuerhalten. Mehr als monatlich vier, fünf belegte Brötchen in der Fußgängerzone sind da nicht drin.

Der unvorteilhafte Riester-Vertrag von Frau Kaufmann ist ganz offensichtlich ein **Vertrauensgut**. Vertrauensgüter zeichnen sich dadurch aus, dass ihre Qualität sich erst stark verzögert nach der Entscheidung zeigt. Zum Kaufzeitpunkt muss der Kunde also darauf vertrauen. Vertrauensgüter liegen auch vor, wenn Schäden nach dem Vertragsabschluss hoch und irreversibel sind.

Was passiert auf Märkten für Vertrauensgüter?

Drei Nobelpreisträger, die für ihre Verdienste um die moderne Informationenökonomie geehrt wurden, haben ganze Arbeit geleistet und sehr klare Aussagen gemacht, was typische Folgen des Informationsgefälles zwischen Anbieter und Nachfrager - also in unserem Fall FPV und Kunde - bei Vertrauensgütern sind.[17]

Von Nobelpreisträgern lernen

George Akerlof (*1940), Michael Spence (*1943) und Joseph Stiglitz (*1943) erhielten 2001 den Nobelpreis in Wirtschaftswissenschaften für ihre Forschungsergebnisse über „Märkte mit asymmetrischer Information". Sie wiesen drei Formen der Übervorteilung von Kunden durch die Anbieterseite bei Vertrauensgütern nach und zeigten auch, mit welchen Maßnahmen sich die Interessen der Verbraucher besser schützen lassen.

Die für Sie als Kunde negativen Folgen lassen sich in die drei Formen aufteilen:

1) Schlechtes Preis-Leistungsverhältnis (overpricing)
2) Zurückhaltung relevanter Information (hidden information)[18] und
3) Versteckte Handlungen bzw. kundenunfreundliches/kundenschädigendes Verhalten (hidden action)

Das mag zunächst einmal etwas theoretisch klingen und wir würden uns wünschen, dass es nur „reine Theorie" wäre. Das ist es jedoch leider nicht, sondern tagtäglich beobachtete Wirklichkeit, wie die nachfolgende Tabelle zeigt.

Beispiele aus unterschiedlichen Lebensbereichen	**Beispiele im Bereich Finanz- und Vorsorgeprodukten**
Schlechtes Preis-Leistungsverhältnis (overpricing)	
Fassadenbauer verspricht exzellenten hochpreisigen Wärmeschutz, jedoch ist dieser nur marginal besser und rechtfertigt die Preisdifferenz nicht.	Ein und dieselbe Kfz-Versicherung eines Versicherers kostet beim Einfirmenvertreter mehr als beim Versicherungsmakler. Beim Makler liegt nämlich eine Wettbewerbssituation vor (er könnte auch Policen anderer Versicherer anbieten), während der Einfirmenvertreter ausschließlich Policen dieses einen Versicherers vermitteln kann.
Das teure „Rundum-Sorglos-Paket" eines Wartungsvertrags erweist sich erst im Schadensfall als lückenhaft und sein Geld nicht wert.	Eine Kapitalanlagegesellschaft definiert unterschiedliche Teilklassen eines ansonsten identischen Fonds. Privatanleger haben nur Zugang zu der Publikumsklasse mit deutlich höheren Kosten.
Eine Bio-Lebensmittelmarke wirbt mit einem wertlosen Siegel, welches den höheren Preis der Produkte nicht wert ist.	Greenwashing-Aktivitäten von Finanzdienstleistern: Kunden zahlen höhere Kosten für angeblich nachhaltige Anlageprodukte, die diesem Anspruch jedoch nicht gerecht werden.
Zurückhaltung relevanter Information (hidden information)	
Die teure LED-Leuchte mit langer garantierter Nutzungszeit lässt bereits nach kurzer Zeit stark an Leuchtkraft nach.	Ein aktiver Investmentfonds verschweigt seinen Kunden die Tatsache, dass sich seine Investitionspolitik eng an einem bekannten Index orientiert, in den man zu einem Bruchteil der Kosten investieren könnte.
Der Verkäufer von Lacken für Heimwerkerbedarf verschweigt die ihm schon lange bekannte Tatsache, dass die preiswerten Lacke eines bestimmten Herstellers schnell ausbleichen.	Lebensversicherer werben mit einem gut klingenden Garantiezins, benennen jedoch nicht die Kapitalbasis, auf den sich der Garantiezins bezieht. Eine Rendite auf einen unbekannten Nenner ist allerdings völlig wertlos.

Der Hersteller diätischer Lebensmittel bewirbt ein zuckerfreies Süßungsmittel. Dabei verschweigt er Studien, dass dieses zu Hungerattacken bei Verbrauchern führt.	Ein Kreditinstitut wirbt mit günstigem Zinssatz für Konsumentenkredite, verschweigt jedoch die Notwendigkeit einer teuren Restschuldversicherung (→ Glossar) als Voraussetzung für die Kreditvergabe.
Versteckte Handlungen bzw. kundenunfreundliches/ -schädigendes Verhalten (hidden action)	
Gemäß dem Motto „Was lange hält, bringt uns kein Geld" wird die Langlebigkeit eines Elektrogerätes durch Verwendung einer dem starken Verschleiß unterliegenden Komponente („Sollbruchstelle") reduziert.	Ein Lebensversicherer legt Kundengelder nicht tatsächlich in die dem Kunden kommunizierten Investmentfonds an, sondern investiert die Gelder ganz anders und bildet lediglich die Wertentwicklung der Fonds ab.
Durch Einbau eines engen „Thermofensters" reduziert ein Kfz-Hersteller die Reinigung der Autoabgase nur auf einen Teil der tatsächlichen Fahrleistung.	Ein Fondsmanager erhöht über die Zeit das Risiko des Investmentfonds (style drift → Glossar) und kommuniziert die Renditesteigerung als Managementleistung.
Wenn ein Produkt bereits länger am Markt ist, werden qualitativ hochwertige Materialien und Komponenten durch schlechtere, aber preiswertere ersetzt, um Kosten zu sparen (Entfeinerung). Dadurch kann der Hersteller seine Gewinnspanne erhöhen. Die Qualitätsverschlechterung bleibt oft unbemerkt, da die Produkttests meist nur nach der Produkteinführung durchgeführt werden.	Versicherer weist seine Schadenssachbearbeiter zu einer ablehnendeeren Vorgehensweise bei der Bearbeitung von Erstattungsaufträgen an. Der einzelne Versicherte wird dies niemals erfahren.

Es lohnt sich also für Sie, Vertrauensgüter zu identifizieren und bei Entscheidungen über Vertrauensgüter besonders vorsichtig zu sein, viel Zeit und Mühe zu investieren und gegebenenfalls eine **einkaufsseitige Beratung**, also Beratung in Ihrem Interesse, in Anspruch zu nehmen – auch wenn Sie dafür Geld in die Hand nehmen müssen. Bei Such- oder Erfahrungsgütern kann es hingegen sehr bequem und völlig ausreichend sein, sich von einem reinen Verkäufer oder Verkaufsberater in Detailfragen unterstützen zu lassen. Wenn Sie mit dem festen Entschluss zum

VW-Händler gehen, einen neuen Golf zu kaufen, dann müssen Sie lediglich kleine Beeinflussungsversuche nach dem Motto: „Darf es ein wenig mehr sein?" befürchten (vgl. Kapitel B. 21 „Upselling und Cross-Selling). Jedoch wird das Ergebnis „Kaufvertrag über einen neuen VW-Golf" nicht das Ergebnis einer trickreichen Beeinflussung oder Manipulation sein.

Bei Vertrauensgütern wären hingegen Warnhinweise wie auf Zigarettenpackungen angebracht. Achtung Preisfrage: Einer der Sätze ist Wirklichkeit, die fünf anderen sind frei erfunden und reines Wunschdenken.

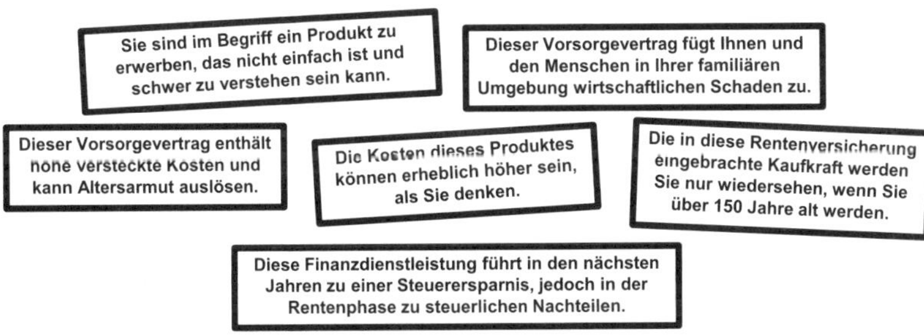

Wir empfehlen solche Warnhinweise auf Finanzprodukten – das wäre ehrlich und transparent

Auflösung: Der Warnhinweis links oben: „Sie sind im Begriff ein Produkt zu erwerben, das nicht einfach ist und schwer zu verstehen sein kann." steht tatsächlich auf vielen KIDs (Kundeninformationsdokumenten) oder BIBs (Basisinformationsblättern). Erzwungen wurde dieser Warnhinweis durch die im Jahr 2014 vom Europäischen Parlament erlassene PRIIPS-Verordnung (Packaged Retail and Insurance based Investment Products). Besonders bemerkenswert ist der Hinweis der EU-Abgeordneten, dass Basisinformationsblätter nicht irreführend sein dürfen – ein Meilenstein in Sachen Verbraucherschutz![19]

6. Realität versus Idealbild: FPV-Kollateralschaden versus Berater-Alpha

Im Kapitel A 4 hatten Sie bereits erfahren, dass auf dem Weg von der Marktrendite zur Anlegerrendite erhebliche Renditeverluste entstehen. Als Gründe wurden zum einen die Kosten durch den Vertrieb und die

Anlageprodukte selbst genannt. Zum anderen jedoch auch die „ganz normale" Anlegerpsychologie des Durchschnittsbürgers. Privatanleger neigen nämlich meist bei positiver Marktentwicklung zu einer Erhöhung des Risikos, kaufen also z. B. bei steigenden Preisen der Anlagen nach und bauen den Anteil der kursgefährdeten Anlageklassen aus. Bei stark rücklaufenden Kursen oder sogar in Crash-Situationen verkaufen die gleichen Menschen jedoch trotz bereits eingetretener Kursverluste die betreffenden Positionen (z. B. Aktien) und verringern die Anteile kurssensibler Anlagen. Hierdurch kommt es langfristig zu einer noch größeren Lücke zwischen Marktrendite und Anlegerrendite, als dies allein durch die Kosten erklärbar ist (vgl. Abbildung auf S. 31 in Kapitel A 4.). Im Fokus der folgenden Überlegungen steht nun, *ob der Einfluss persönlicher Finanzberatung die negativen Folgen der Anlegerpsychologie verstärkt oder vermindert.*

Ein realistischer Blick auf Anreizstrukturen bei Finanzberatung und Finanzvertrieb

Auf diese Überlegungen aufbauend werfen Sie bitte nun einen genaueren Blick auf die zweite Variante der Darstellung, die wir FPV-Kollateralschaden (→Glossar) nennen. Eigeninteressengesteuerte Beratung erzeugt zusätzliche Renditeverluste. Diese können weit über die Wirkung überhöhter Vertriebs- und Abschlusskosten hinausgehen, wenn z. B. **falsche** Produkte oder **unflexible** Kombinationen verkauft werden.[20]

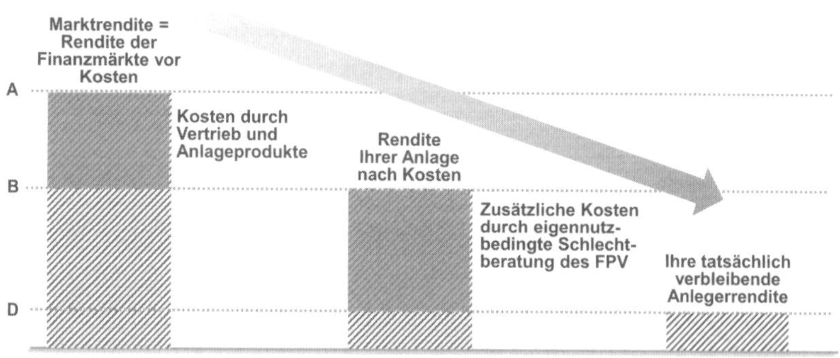

Verluste von der Marktrendite zu Ihrer Anlegerrendite: FPV-Kollateralschaden

Der relevante Unterschied dieses Bildes zur ursprünglichen Darstellung mit einer unverändert gültigen Marktrendite A vor Kosten liegt im Übergang der zweiten zur dritten Stufe. Bei genauem Hinsehen wird deutlich, dass aus Einwirken eines FPV zusätzliche Kosten im Bereich der Anlegerpsychologie entstehen können (Verlust von B nach D). Nämlich dadurch, dass der FPV den Aktivitätsdruck des Kunden verstärkt, zu Umschichtungen rät und immer wieder neue - angeblich bessere - Produkte anbietet, deren Erwerb dadurch finanziert wird, dass der Kunde bestehende Produkte auflöst.[21] In der Branche wird diese Vorgehensweise als „Umbetten", im Bereich der Vermögensverwaltung auch als „Churning" bezeichnet. Der Volksmund hingegen sagt korrekt: Hin und her - Taschen leer.

Mit anderen Worten: Ein nicht dem Einfluss eines FPV ausgesetzter Kunde würde sich im Durchschnitt schon einfach dadurch besser stellen, dass er viel seltener umschichtet und dadurch vermeidet, ständig weitere Kosten in Form von Provisionen und Gebühren auszulösen.

Selbst bei kapitalbildenden Versicherungsprodukten, die ja eigentlich als langfristige Vertragsbeziehungen gedacht sind, findet Umbettung statt. Wenn der Kunde kein Geld für einen weiteren - nach Angaben des FPVs sicher innovativen und vorteilhaften - Vorsorgevertrag übrighat, wird eben ein bestehender Altvertrag schlechtgeredet und zur Auflösung gebracht. Ein Blick auf das Verhältnis von aufgelösten zu neu abgeschlossenen Vorsorgeverträgen in einem beliebigen Kalenderjahr beweist dieses Phänomen. In manchen Sparten kommen auf 100 Neuabschlüsse rund 80 gekündigte oder beitragsfrei gestellte Verträge. Angesichts der hohen Abschluss- und Vertriebskosten, die als versunkene Kosten (vgl. Kapitel B. 23) vom Kunden nicht mehr zurückgewonnen werden können, entsteht ein enormer individueller und auch volkswirtschaftlicher Schaden, der durch die Fehlanreize des Provisionssystems ausgelöst wird.

Zitat eines Aussteigers aus einem Finanzvertrieb:

„Es kam überhaupt nicht darauf an, dass der Kunde einen langfristig vorteilhaften Vorsorgevertrag erhält. Sondern nur darauf, dass der Kunde so lange im Vertrag bleibt, bis die Zeit der Stornohaftpflicht abgelaufen war. Danach galt „Neues Spiel - neues Glück" und wenn man Kunden keine Fremdverträge schlechtreden konnte, hat man es notfalls auch nach dem Motto ,Ich habe da was noch Besseres für Sie' mit einem Vertrag gemacht, den man selbst vermittelt hatte."

Echter Mehrwert durch Beratung in Ihrem Interesse ist möglich

Ein fachkundiger Berater, der uneingeschränkt in Ihrem Interesse für Sie tätig wird, kann Ihnen tatsächlich erheblichen Mehrwert generieren und die von ihm verursachen Kosten mehr als wieder einbringen. Ein solcher Mehrwert wird auch als **Berater-Alpha** bezeichnet.

Ein Teil des Berater-Alphas kann bereits darin bestehen, Sie vor dem Abschluss kostenintensiver Produkte zu bewahren und Ihnen stattdessen Zugang zu mindestens gleichwertigen, aber erheblich günstigeren Anlagevehikeln zu verschaffen. Somit ist die erste Stufe auf der Treppe von der Marktrendite zu Ihrer Rendite (vgl. obige Abbildung) schon einmal deutlich flacher – es geht weniger von der Marktrendite verloren.

Ein weiterer Teil besteht darin, dass ein guter Berater Ihre unberechtigten Ängste sowie selbstschädigenden Einstellungen und Glaubenssätze (z. B. „Die Börse ist eine Spielbank.") auflöst. Damit trägt er dazu bei, dass Sie Ihr Geld insgesamt klüger anlegen. Denken Sie nur an die vielen Beispiele von Menschen, die große Geldbeträge langfristig auf zinslosen Konten herumliegen lassen und der Inflation „zum Fraß vorwerfen". Gelingt es einem guten Berater, Sie vom renditearmen Sparen zum intelligenten Investieren zu bringen und Ihre Anlagerisiken z. B. durch ganz einfache Möglichkeiten der Risikostreuung zu senken,[22] so erzeugt er sicher langfristigen Mehrwert. Und falls Sie nicht zu den Zauderern gehören, sondern eher zur Selbstüberschätzung neigen, kann ein guter Berater ebenfalls „Wunder wirken" – indem er Sie z. B. vor dem „Hin-und-her-Taschen-leer-Spiel" bewahrt.

Der Mehrwert des Berater-Alpha entstammt im Wesentlichen daraus, dass der Berater Ihnen hilft ...

- unnötig hohe Liquiditätsreserven, die oftmals nur aus Entscheidungsschwäche resultieren, zu reduzieren,
- langfristig nicht benötigte Reserven selbst in einer Nullzinswelt noch mit positiver Rendite anzulegen, ohne Sie dabei in nicht gewollte Risiken zu treiben,

- Kosten unnötigen eigenen Handelns (Aktivitätsdruck) zu vermeiden (Anlagepolitik der ruhigen Hand statt Hin-und-her-Taschen-leer),
- unnötig hohe Kosten für aktiv gemanagte Produkte (Fondsmanager betreiben letztlich sinnlose Einzeltitelauswahl (= stock-picking → Glossar) und Spekulation auf Marktzyklen) zu vermeiden,
- unnötige Risiken zu vermeiden, z. B. Klumpenrisiko (→ Glossar) und Vehikelrisiko (→ Glossar),
- insgesamt durch bessere Risikostreuung rentabler anzulegen, ohne Ihr Risikoniveau zu erhöhen.

Es gibt Studien, die den Mehrwert einer fachlich optimalen und ausschließlich in Ihrem Interesse liegenden Anlageberatung, also das Berater-Alpha, zu quantifizieren versuchen. Die in der zitierten Quelle beispielhaft genannten 3 % Mehrrendite pro Jahr durch eine Vielzahl von Einzelkomponenten ohne höheres Risikoniveau halten wir als Durchschnittswert für ein wenig „ambitioniert", sofern man sich dabei nur auf die Strecke von B nach E bezieht und nicht zusätzlich ersparte Kosten durch eine vermiedene Schlechtberatung einbezieht.[23] Sie treffen vielleicht auf einen besonders wenig bewanderten oder aber extrem sprunghaft und emotional entscheidenden Privatanleger zu, zumal bereits die Hälfte der 3 % auf eine Verringerung anlegerpsychologischer Fehler zurückgeführt wird. Aber selbst wenn es in Ihrem Fall nur 1,5 % bis 2,5 % Mehrrendite pro Jahr wären, könnte ein „guter Berater" sein Geld wert sein und für Sie eine Win-win-Partnerschaft darstellen.

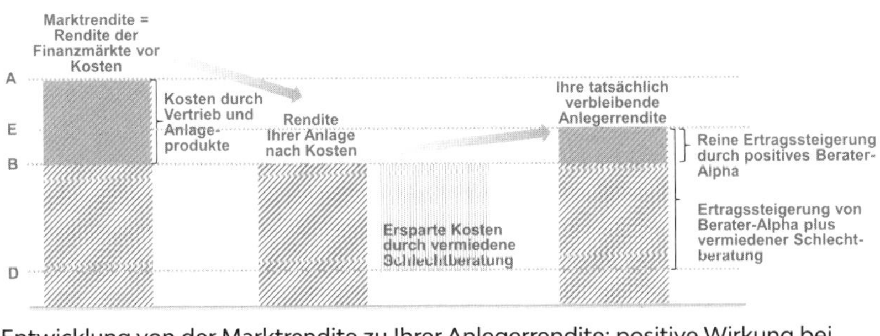

Entwicklung von der Marktrendite zu Ihrer Anlegerrendite: positive Wirkung bei Beratung in Ihrem Interesse

Messen Sie jedoch den Unterschied zwischen „schlechter, nämlich durch Eigeninteresse des FPV verzerrter Beratung“ und „handwerklich guter und gleichzeitig uneingeschränkt in Ihrem Interesse liegender Beratung“, so ist die Strecke von D nach E zu betrachten. Und hier ist aus unserer Sicht eine jährliche Renditedifferenz von mehr als 3 % sehr realistisch.

Zusammenfassend: Ohne Beratung verliert der Durchschnittsanleger Rendite durch die Folgen seiner Anlegerpsychologie. Eigennützige Beratung verstärkt diese Renditeverluste zusätzlich. Fachlich gute Beratung im Interesse des Kunden kann diese Verluste vermeiden und somit ein positives Berater-Alpha generieren. Das bedeutet nicht, dass die Befürworter hochwertiger Beratung den Anspruch erheben, die Marktrendite dauerhaft zu übertreffen (vgl. Abstand zwischen A – E). Sie streben lediglich an, die Lücke zwischen Marktrendite und Anlegerrendite stark zu verringern. Also: die Marktrendite mit möglichst geringen „Pflückkosten“ oder „Ernteverlusten“ einzustreichen. Wie hoch das positive Berater-Alpha in Ihrem konkreten Fall ist, können Sie am besten selbst abschätzen, wenn Sie Ihr Vorwissen, Ihre Disziplin, Emotionalität und die vorhandene Bereitschaft einschätzen, sich um Ihre Geldanlage und Vorsorge selbst zu kümmern. Und genau davon sollten Sie auch die grundsätzliche Überlegung abhängig machen, ob und in welchen Fällen Sie den Rat eines in Ihrem Interesse agierenden Experten einholen[24] oder sich selbst anhand qualifizierter, unabhängig-neutraler Information kundig machen und als mündiger Selbstentscheider handeln.[25] Denn persönliche Beratung verursacht natürlich Kosten und die hinter einer echten Beratung stehende Leistung sollten wir auch wertschätzen und nicht den unrealistischen Anspruch „alles umsonst“ oder „billig-billig“ aufbauen.

Sie sehen anhand der Gegenüberstellung der letzten beiden Abbildungen, dass Licht und Schatten, nämlich positives Berater-Alpha einerseits und FPV-Kollateralschaden (→ Glossar) andererseits dicht bei einander liegen. Und genau das ist der zentrale Grund, warum Sie in Verkaufsgespräche beim Vertrauensgut „Finanzdienstleistung“ stets gut vorbereitet hineingehen und Qualifikation sowie Ethos Ihres Gesprächspartners kritisch prüfen sollten. Die nachfolgenden Überlegungen werden Ihnen helfen, Licht und Schatten zu unterscheiden und sich auch im Halbschatten schon recht gut zurechtzufinden.

7. Kaum zu überschätzen – Komplexität beim Kauf von Finanz- und Vorsorgeprodukten

Heute schon an Morgen denken

Für die Entwicklung von Gesellschaften war es ein wahrhaft großer Schritt von einem Leben als Jäger und Sammler zu Ackerbau und Viehzucht. Während Jäger und Sammler das aus der Natur entnahmen, was sie für ihren konkreten Lebensbedarf (unmittelbare Bedürfnisbefriedigung) benötigten, steht bei einer Kultur von Ackerbau und Viehzucht ein anderes Denken im Mittelpunkt: in der Gegenwart vorsorgen für eine Zukunft, in der diese Lebensgrundlagen nicht in gleichem Maße zur Verfügung stehen. Die Entwicklung geht also von einer Strategie der Entnahme aus den zur Verfügung stehenden Ressourcen hin zu einer Vorsorgestrategie.

Tatsächlich befindet sich derjenige, der sich entscheidet, etwas für sein Alter zu tun, also Vorsorge für den Aufbau finanzieller Ressourcen in einer späteren Lebensphase zu treffen, auch in der heutigen Zeit in einer grundsätzlich ähnlichen Situation. Man entscheidet sich dafür, in der Gegenwart nicht alle Ressourcen zu verbrauchen, sondern einen Teil davon anzusparen bzw. zu investieren.

Heute kann man Vorbereitung und Abschluss von Verträgen zu Anlage und Vorsorge ohne zu übertreiben als hochkomplexe Interaktion bezeichnen. Hochkomplex deshalb, weil in dieser Interaktion unterschiedliche Interessenlagen aufeinandertreffen. Psychologische Mechanismen nehmen, häufig genug unbewusst, Einfluss. Sozial-psychologische Faktoren wirken ebenfalls. Nicht zuletzt laufen die Entscheidungswege im Gehirn nach eigenen Gesetzmäßigkeiten ab. Wie in Kapitel A 2 bereits ausführlich beschrieben, hat der auf Provisionsbasis arbeitende FPV ein eindeutiges Interesse, einen Abschluss zu tätigen, je volumenstärker, langfristiger und provisionsintensiver, umso besser für ihn. Das bedeutet, dass vor dem Hintergrund der unterschiedlichen Interessen kein Beratungsgespräch wie z. B. beim Steuerberater oder Rechtsanwalt, sondern ein Verkaufsgespräch zu erwarten ist. Das Interesse des Kunden besteht in aller Regel darin, mit möglichst angemessenem finanziellem Aufwand und wenig Risiken bestimmte Wünsche oder Gefahren für die Zukunft finanziell abzusichern oder aber die Mittel zur Verfügung zu haben, um negative Entwicklungen abzumildern oder ihnen vorzubeugen.

Ein Verkaufsgespräch in der Finanzberatung (wie auch in den meisten anderen Branchen) folgt einer vorgegebenen inneren Struktur: auf der einen Seite der Verkäufer, hoffentlich mit breitem Fach- und Produktwissen ausgestattet, auf der anderen der Kunde, der häufig genug nur eine vage Vorstellung davon hat, was genau er mit seiner Investition erreichen oder was er verhindern möchte.

Wie in Kapitel A 5 bereits erläutert, sind Finanz- und Vorsorgeprodukte Vertrauensgüter, da sich ihre Qualität und ihr praktischer Nutzen oftmals erst nach Jahrzehnten zeigen. Der Kunde muss sowohl zum Produkt Vertrauen haben als auch zu den Informationen, die ihm der FPV gibt. Der Kunde kann sich in aller Regel nicht an Erfahrungswerten mit diesem Produkt orientieren. Und ebenso wenig kann er kurz nach der Entscheidung deren Richtigkeit überprüfen, während der Fehlkauf bei Nahrung oder Kleidung meist sehr schnell entdeckt wird (vgl. hierzu Kapitel A 5 zu Vertrauensgütern).

Nachdenken kann helfen

„Prognosen sind schwierig, insbesondere wenn sie die Zukunft betreffen", dieser kluge Satz, häufig dem berühmten Physiker Niels Bohr zugeschrieben, macht auf einprägsame Weise deutlich, dass wir heute keine verlässlichen Aussagen darüber treffen können, was uns im nächsten Jahr, geschweige denn in 30 Jahren erwartet. Und dennoch versuchen Menschen mit ihrer Finanzplanung, ihren Vorsorgewünschen gedanklich einen Teil der Zukunft vorwegzunehmen, um ein Mehr an Sicherheit, an größerer finanzieller Flexibilität, an Vorbereitung auf die ungewisse Zukunft einzuleiten. Wenn es in dem Zusammenhang gelingt, die Vorstellung und die Wünsche, die man als Kunde hat, mit dem Nutzen einer heute abgeschlossenen Finanz- oder Vorsorgedienstleistung zu verbinden, kann das durchaus hilfreich sein, um die Richtung im Beratungsgespräch mitzugestalten.

Ist es für Sie wichtig, nach Möglichkeit niemals im Leben finanziell von anderen Menschen abhängig zu sein? Steht im Vordergrund, das kürzlich mit Krediten finanzierte Wohneigentum nicht veräußern zu müssen, wenn ein Schicksalsschlag die Familie trifft? Wie wichtig ist es für Sie, einfach möglichst robuste finanzielle Mittel zur Verfügung zu haben, was auch immer die zukünftigen Herausforderungen sein mögen? Wie wichtig ist es Ihnen heute, sich auch in Zukunft einen guten Lebensstandard leisten zu können?

Dabei wird es von Vorteil sein, neben dem Bewusstmachen von Lebensumständen, die vermieden werden sollen oder gegen die man sich wappnen möchte, sich auch auf positive Dinge zu konzentrieren, die erreicht werden sollen.

Klären Sie als Kunde für sich, welchen finanziellen Spielraum Sie in der gegenwärtigen Situation tatsächlich haben. Welche Beträge möchten und können Sie aktuell investieren? Kann es helfen, über ein Minimal- und Maximalkonzept nachzudenken? Können Sie bereits jetzt festhalten, wovon Sie Ihre Entscheidung abhängig machen wollen? Welche drei zentralen Bedingungen sollen erfüllt sein, damit Sie sich für den Kauf entscheiden?

8. Mir passiert das nicht ...

Im Wesentlichen können zwei Faktoren eine rationale und angemessene Entscheidung im Verkaufsgespräch erschweren:

- die Verkaufsrhetorik und psychologischen Tricks des FPV,
- Sie selber durch Selbstüberschätzung, den Wunsch nach Harmonie und Akzeptanz, und die Tatsache, dass auch Sie durch Einflussfaktoren, die weitgehend unbewusst, aber höchst wirkungsvoll eingreifen, geleitet werden.

Der „Blinde Fleck" – Selbstüberschätzung sehr wahrscheinlich

Mit „Blindem Fleck" wird im Auge die Stelle bezeichnet, an welcher der Sehnerv auf die Netzhaut trifft. Das, was wir sehen, wird als einfallendes Licht auf die Netzhaut projiziert und durch Sinneszellen, Stäbchen und Zäpfchen registriert, verarbeitet und über den Sehnerv an das Gehirn weitergeleitet. Und genau an dieser Stelle gibt es keine Sehzellen, die

Licht verarbeiten können. Wir sind an diesen beiden Stellen in unseren Augen also praktisch blind.

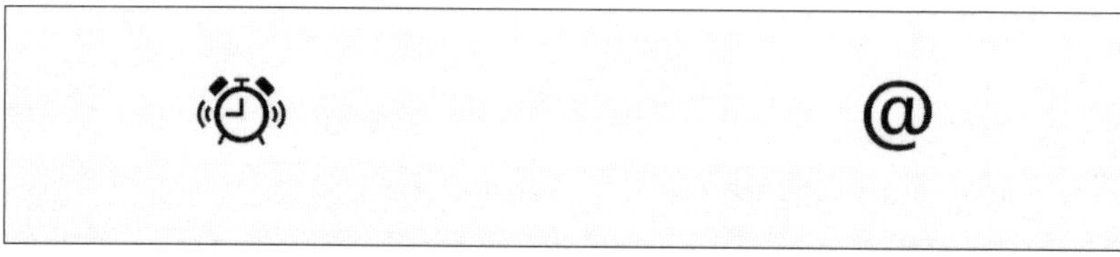

Gebrauchsanweisung „Blinder Fleck":

Sie können mit Hilfe der Grafik sehr schnell die Erfahrung überprüfen, dass auch Ihre Augen jeweils einen Blinden Fleck aufweisen. Betrachten Sie die obige Abbildung aus etwa 15–25 cm Abstand. Halten Sie Ihr linkes Auge zu und fixieren Sie mit dem rechten Auge den Wecker. Sehen Sie dabei nicht auf das @-Zeichen, sie nehmen es trotzdem wahr. Verändern Sie den Abstand zwischen Ihrem Auge und der Buchseite – plötzlich ist das @-Zeichen verschwunden. Das Zeichen verschwindet, wenn das @-Zeichen exakt an dem Punkt auf der Netzhaut abgebildet wird, auf der diese keine Sehzellen besitzt.

Eine Umsetzung der Erkenntnis des „Blinden Flecks" auf die Welt der Kommunikation und der zwischenmenschlichen Beziehung erfolgt im sogenannten „Johari-Fenster". Diese grafische Darstellung hilft, Selbstbild und Fremdbild miteinander abzugleichen. Dabei gibt es Informationsbereiche, die sowohl der Person selbst als auch anderen bekannt sind (A: öffentliche Sphäre), Bereiche, zu der die eigene Person und andere Personen in unterschiedlichem Maße Zugang haben (B: private Sphäre, C: Blinder Fleck) wie auch Bereiche, zu denen weder die eigene Person noch andere Personen direkten Zugang haben (D: Unbewusstes). Für unser Thema ist der „Blinde Fleck" von besonderem Interesse: Wir sind für die Wirkung unseres Verhaltens oftmals ebenfalls blind, solange wir nicht konkretes Feedback dazu erhalten. Glücklicherweise lassen sich die eigenen „Blinden Flecken" im zwischenmenschlichen Bereich verringern, je offener wir für Rückmeldungen dazu sind.

„Blinde Flecken" sind ein „ideales" Feld für Fehleinschätzungen und damit natürlich auch für Selbstüberschätzung.

Das JOHARI-Fenster: ein grafisches Modell zwischenmenschlichen Verhaltens

Einige Beispiele für Selbstüberschätzung:

- An der Universität von Nebraska-Lincoln schätzten in einer Untersuchung 94 % der Pädagogen ihre Lehrkompetenz als überdurchschnittlich ein.[26]
- In einer ähnlichen Untersuchung hielten 87 % der MBA-Studenten ihre Performance für überdurchschnittlich.[27]
- In einem binationalen Forschungsprojekt schätzten 69 % der schwedischen und 93 % der US-amerikanischen Autofahrer ihre Fahrkünste besser als durchschnittlich ein.[28]
- Eine überdurchschnittliche Zahl von Fußballfans ist der Ansicht, dass sie besser wüssten, was für die Entwicklung einer Mannschaft notwendig ist, als der Trainer.

Auch im Hinblick auf die Empfänglichkeit für Manipulationen gibt es interessante Forschungsergebnisse. Im Jahre 2002 befragte R. Levine 268 College-Studenten danach, wie sie sich in Bezug auf die folgenden Merkmale hinsichtlich Manipulierbarkeit im Vergleich zu ihren Kommilitonen einschätzen:

Merkmal	Über Durchschnitt	Unter Durchschnitt
Leichtgläubigkeit	25%	43%
Unabhängigkeit	74%	7%
Wissen über Manipulation	61%	11%
Kritisches Denkvermögen	66%	5%
Naivität	22%	50%
Angepasst sein	16%	46%
Selbstvertrauen	63%	13%

Grafik eigene Darstellung auf Basis der Untersuchung von R. Levine (2002)

Wenn Sie mögen, schätzen Sie sich doch einmal selbst ein, ob Sie bei den Merkmalen in der Tabelle über oder unter dem Durchschnitt liegen. Machen Sie gerne Ihr Kreuz auch in der Mitte, wenn Sie sich für durchschnittlich halten.

Ziel dieser kleinen Aufgabe ist es, herauszufinden, ob Sie in Verkaufssituationen besonders wachsam sein sollten, weil Sie denken, Sie seien immun gegenüber Manipulationen. Ein gutes Ergebnis im Selbsttest könnte einerseits daran liegen, dass Sie wirklich sehr überdurchschnittlich sind. Es könnte jedoch auch daran liegen, dass Sie sich selbst stark überschätzen. Geschickte Verkäufer sind bestens vertraut mit der Selbstüberschätzung ihrer Kunden in Bezug auf Beeinflussbarkeit und fördern diese noch zusätzlich. Also werden die FPV Sie begeistert für Ihre Klugheit, Ihr Wissen, Ihr analytisches Denken und vor allem die „Unabhängigkeit" Ihrer Entscheidung loben.

Das „Wir" spielt mit – der Wunsch nach Harmonie und Akzeptanz

Das „Wir" - man kann auch sagen ein „positives Wir-Gefühl" - spielt in unserem sozialen Handeln eine enorm wichtige Rolle. Das „Dazugehörenwollen", der Wunsch, Teil einer Gruppe, eines Teams, einer Gemeinschaft zu sein, ist für unser soziales Bewusstsein von erheblicher Bedeutung. Gleichzeitig ist es auch Teil unseres evolutionären Erbes.

Gerhard Roth schreibt in „Fühlen, Denken, Handeln" (2001): „... genauso elementar ist für uns Affen, die wir ja sind, das Geliebtwerden durch die

Gruppe. Nichts ist schlimmer für einen Affen, als von seiner Gruppe abgelehnt zu werden ... Und wir Affen zittern immer vor dem möglichen Verlust dieser Anerkennung. Das ist das Schlimmste, was uns passieren kann."

Die Angst vor Abgrenzung und Ablehnung spielt auch in der sozialen Interaktion in einem Verkaufsgespräch eine Rolle. Kunden befürchten bewusst oder unbewusst, dass ein „Nein" zu einem Angebot mit sozialer Ablehnung einhergeht, Harmonie zerstören und zu negativen Reaktionen führen könnte. Das möchten wir als Kunden vermeiden, und deswegen könnte es sein, dass eher ein Nachteil in Kauf genommen wird, als die soziale Sicherheit des „Wir" zu gefährden.

Das süße Gift der Beeinflussung wirkt – auch in kleinen Dosen

In zahlreichen Untersuchungen ist nachgewiesen worden, dass auch unbewusste Signale aus dem Umfeld direkten und konkreten Einfluss auf unsere Entscheidungsfindung haben. Einige Beispiele (diese Liste lässt sich beliebig fortführen):

Halten Sie es für möglich, dass

- Sie mehr Geld ausgeben, wenn man Ihnen vorher eine große Zahl genannt hat?
- Sie Leute sympathischer finden, wenn Sie diese bei einem Heißgetränk kennenlernen?
- Auf harten Stühlen sitzend härter verhandelt wird, auf weichen kompromissbereiter?
- Obst und Gemüse am Eingang von Supermärkten dafür sorgen, dass Sie beim Einkauf mehr Süßigkeiten und Ungesundes erwerben?[29]
- Sie innerhalb einer Zehntelsekunde entscheiden, ob Sie einem Menschen trauen wollen oder nicht?

Die richtige Antwort heißt in allen Fällen „Ja", diese Zusammenhänge sind in vielen wissenschaftlichen Forschungsarbeiten nachgewiesen.

Sie sollten sich bewusst sein, dass Ihre Entscheidung für oder gegen den Kauf eines Produktes von derartig vielen unbewussten Faktoren abhängt, dass es unmöglich ist, diese in ihrer Gesamtheit zu kontrollieren oder „in den Griff zu bekommen“. Allerdings steigt die Qualität Ihrer Entscheidung schon dadurch, dass Sie bereits im Vorhinein Wünsche und Rahmenbedingungen präzisieren.

Um im Supermarkt-Beispiel zu bleiben: Sie haben keine gute Chance, sich alle Verführungen und Verkaufstricks bewusst zu machen und auszublenden. Aber wenn Sie vorher einen Einkaufszettel geschrieben haben und diesen diszipliniert abarbeiten, wird Ihr Entscheidungsverhalten dicht an den gesetzten Zielen liegen und das Unbewusste nicht so leicht die Oberhand gewinnen.

Wir sollten uns bewusst sein, dass professionelle Verkäufer sehr wohl mit dem Einsatz gezielter unbewusster Faktoren vertraut sind.[30] Im Folgenden können Sie sich mit einigen wichtigen und grundlegenden Beispielen vertraut machen. Ergänzende Überlegungen finden Sie auch im Kapitel B 14 zu Trigger-Worte.

Der Dispositionseffekt

Wir haben offensichtlich ein unterschiedliches Verhältnis zu Gewinn und Verlust, sobald wir einen Vergleichsmaßstab definiert haben, mit dem wir Gewinne und Verluste messen. Während wir finanzielle Gewinne – insbesondere noch nicht realisierte – gerne als unbedeutend einschätzen, möchten wir Verluste, auch kleinere, auf alle Fälle vermeiden (Dispositionseffekt). Dieser Effekt führt sogar dazu, dass wir uns gerne selbst „beschummeln“, indem wir beispielsweise die Verringerung von Verlusten als Gewinn umdeuten.

Die menschliche Psyche sucht stets nach einem Messpunkt, anhand dessen sie Erfolg oder Misserfolg beurteilt. Dieser Messpunkt kann jedoch höchst subjektiv und sogar fragwürdig sein. Die Qualität vieler Entscheidungen lässt sich erheblich steigern, wenn der Entscheidungsträger sich entweder von Messpunkten frei macht oder sich zumindest über den Verlauf der „Freud und Leidfunktion“ (siehe Grafik) bewusst ist.[31]

Um einer zu stark emotional gefärbten Bewertung von zu zahlenden Beiträgen und zu erwartendem Nutzen vorzubeugen, hat es sich als hilfreich erwiesen, sowohl die wiederkehrenden Beiträge als auch den Nutzen mit konkreten Erwartungen zu verbinden. („Dieser monatliche Beitrag wird mir dabei helfen, in 20 Jahren X zu realisieren …“)

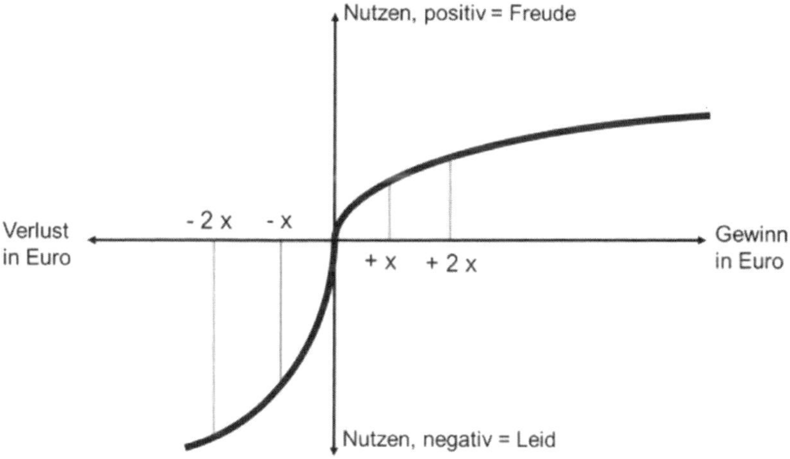

Dispositionseffekt – unterschiedliche Bewertung von Gewinnen und Verlusten

Schon Epiktet wusste: „Es sind nicht die Dinge, die uns beunruhigen, sondern unsere Meinungen von den Dingen."

Hyperbolische Diskontierung (Hyperbolic Discounting)

Ein weiterer wichtiger Effekt bei der Bewertung von Nutzen oder Nachteilen eines Finanz- oder Versicherungsprodukts liegt darin begründet, dass wir subjektiv Beträge und Gewinne, die uns zeitlich nah sind, grundsätzlich anders bewerten als Verluste oder Gewinne, die in größerer zeitlicher Entfernung liegen. 50 Euro heute erscheinen uns gegebenenfalls attraktiver als 100 Euro in einem Jahr. Dass diese Einschätzung rein ökonomisch betrachtet keinen rationalen Gründen folgt, wird deutlich, wenn wir uns darüber im Klaren sind, dass eine Steigerung von 50 Euro auf 100 Euro gleichbedeutend einer Verdoppelung des verfügbaren Geldbetrages in kurzer Zeit ist. Dennoch werden die meisten Entscheider die 50 Euro hier und heute bevorzugen.

Wenn wir nun das Zeitfenster verändern und die Wahl haben, entweder 50 Euro in fünf Jahren oder 100 Euro in sechs Jahren zu erhalten, werden sich die meisten für die zweite Möglichkeit entscheiden. Sobald der zeitliche Abstand größer wird, bekommt offenbar der rationale Anteil an Entscheidungen wieder mehr Gewicht.

R. H. Thaler[32] verwendet ein einfaches Beispiel zur Beschreibung dieses irrationalen Entscheidungsverhaltens. In seinem Demonstrationsbeispiel stehen zwei Entscheidungsalternativen zur Wahl:

Entscheidungssituation A		**Entscheidungssituation B**
A.1) Einen Apfel jetzt	und	B.1) Einen Apfel in einem Jahr
A.2) Zwei Äpfel morgen		B.2) Zwei Äpfel in einem Jahr und einem Tag

In Entscheidungssituation A werden sich die meisten Menschen für A.1 entscheiden. Die Aussicht darauf, ohne jeden Zeitverzug in einen Apfel beißen zu können, gewinnt gegenüber der Aussicht, zeitlich entfernt in den Genuss eines zusätzlichen Apfels zu kommen. In Entscheidungssituation B gibt es dagegen kaum jemanden, der sich bei dieser Alternative für B.1 entscheidet. Und das, obwohl der Zeitunterschied zwischen beiden Möglichkeiten jeweils einen Tag beträgt.

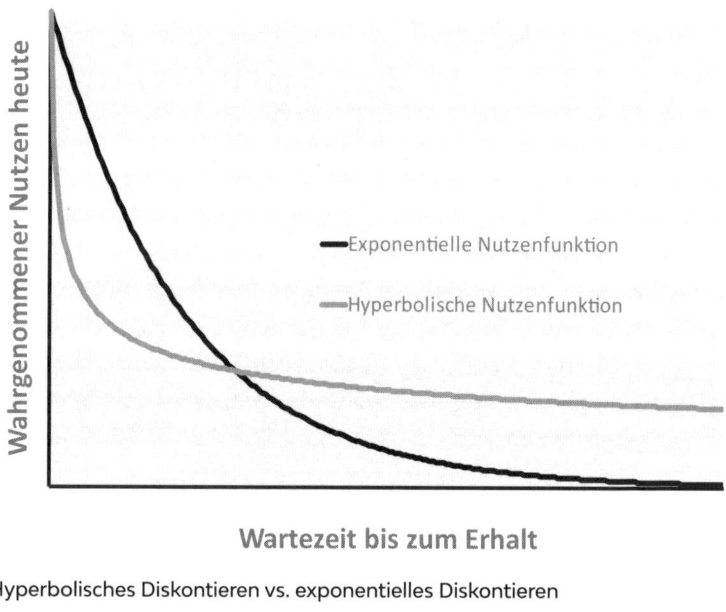

Hyperbolisches Diskontieren vs. exponentielles Diskontieren

Man kann recht einfach erklären, warum die Hyperbolische Nutzenfunktion zunächst so steil abfällt, dann jedoch vergleichsweise flacher verläuft als die Exponentielle Nutzenfunktion. Beim exponentiellen Nutzenverlust sinkt der Nutzen bei wachsender Wartezeit mit einer konstanten Rate, also z. B. um ein zwanzigstel pro Monat des Wartens. Ob das nun der erste Monat der Wartezeit oder der Monat zwischen März und April in drei Jahren ist, ändert nichts an der Rate des Nutzenverlustes. Bei der Hyperbolischen Nutzenfunktion ist das Warten in der unmittelbaren Zukunft - also z. B. den nächsten Wochen und Monaten - mit enormen Nutzeneinbußen verbunden. Hingegen wird eine Verlängerung der Wartezeit von z. B. fünf Jahren auf fünf Jahre und einen Monat kaum noch wahrgenommen, weshalb die graue Funktion auf der rechten Seite sehr flach verläuft.

Wirklichkeitskonstruktion, Wirklichkeitsverzerrung und Bestätigungsfehler

Wir können beharrlich sein, auch wenn wir falsch liegen

Paul Watzlawick beschreibt in „Wie wirklich ist die Wirklichkeit?" ein für unsere Fragestellung sehr interessantes Experiment, das 1963 von John C. Wright an der Stanford Universität durchgeführt wurde[33] und unter dem Namen „Der vielarmige Bandit" bekannt geworden ist. Die Versuchspersonen sitzen vor einer Maschine mit 16 identischen Klingelknöpfen, nicht bezeichnet und kreisförmig auf einem Schaltbrett angeordnet. Im Mittelpunkt des Kreises befindet sich ein 17. Druckknopf und darüber ein dreistelliges Zählwerk. Durch Drücken des mittleren Punktes lässt sich herausfinden, ob der vorherige Versuch erfolgreich war (Summerton) und damit ein Punkt gewonnen wurde.

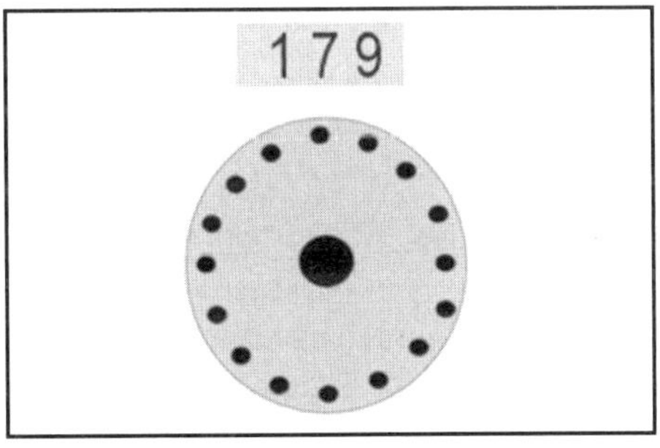

Der vielarmige Bandit - eigene Grafik nach Watzlawick 1976

Die Anweisung für die Versuchspersonen lautete: „Ihre Aufgabe ist es, diese Knöpfe so zu drücken, dass Sie eine Höchstzahl von Punkten im Zählwerk erzielen. Wenn Sie einen richtigen Knopf drücken, werden Sie einen Summerton hören und das Zählwerk wird einen Punkt mehr anzeigen. Beginnen Sie, indem Sie einen Knopf des Kreises einmal drücken. Drücken Sie dann den Kontrollknopf in der Mitte, um herauszufinden, ob Sie damit einen Punkt gewonnen haben. Drücken Sie dann wieder einen Knopf am Kreis und prüfen Sie Ihre Leistung durch das Drücken des Kontrollknopfes."[34]

Die sehr verschachtelte komplette Anweisung gibt der Versuchsperson das Gefühl, dass sie durch Ausprobieren und Bestätigung langsam das Muster erkennen kann, nachdem die Maschine bestimmte Aktionen mit Belohnungspunkten honoriert. Was die Versuchsperson nicht weiß, ist, dass es keinerlei Zusammenhang zwischen den von ihr gedrückten Tasten und dem Ertönen des Summers auf dem Kopfhörer gibt.

Das Experiment besteht aus insgesamt 325 Versuchen. Im Verlauf der ersten 250 Versuche erhält die Versuchsperson eine gewisse Anzahl von Bestätigungen (Summerton), die aber völlig wahllos gegeben werden. Die Versuchsperson kann also nur höchst ungefähre Annahmen über die (nicht bestehenden) Regeln entwickeln. Während der nächsten 50 Versuche erhält die Versuchsperson keinen einzigen Summerton, was sie natürlich völlig verunsichert. In den letzten 25 Versuchen ertönt der Summer nach jedem Tastendruck, was die Versuchsperson glauben macht, jetzt – endlich – die „Lösung" gefunden zu haben.

An diesem Punkt angelangt, wird den Versuchspersonen die Wahrheit über die Versuchsanordnung mitgeteilt. Das Vertrauen der Versuchspersonen in die Richtigkeit der eigenen, eben erst mühsam erarbeiteten Lösung ist aber so unerschütterlich, dass sie die Wahrheit des Versuchsaufbaus nicht glauben möchten. Einige nehmen sogar an, dass der Versuchsleiter derjenige ist, der einer Täuschung zum Opfer fiel oder dass sie eine bisher unentdeckte Regelmäßigkeit in der angeblichen Regellosigkeit des Zufallsmechanismus gefunden haben. Anderen muss die Rückseite des vielarmigen Banditen gezeigt und damit bewiesen werden, dass die Schaltknöpfe an nichts angeschlossen sind ...

Dieses Experiment bildet eine zutiefst menschliche Problematik ab. Wir haben das Gefühl, dass wir uns, und anderen, die Welt erklären müssen, verstehen müssen, nach welchem Muster die Dinge geschehen. Und wenn wir dann nach langem Suchen glauben, endlich eine Erklärung für einen Sachverhalt gefunden zu haben, dann kann unsere emotionale Investition so groß gewesen sein, dass wir selbst Fakten und Tatsachen, die nicht geleugnet werden können für unwahr erklären, wenn sie unserem Erklärungsmuster entgegenstehen.[35]

Interessant – und beunruhigend – ist in diesem Zusammenhang, dass häufig an Wirklichkeitskonstruktionen umso heftiger festgehalten wird, je weniger sie sich auf Fakten und Tatsachen berufen können. Ein weiterer Effekt ist, dass solche Wirklichkeitskonstruktionen sich für ihre Verfechter im Lauf der Zeit als mehr und mehr real darstellen, zumal sie häufig gegen auf Fakten und Tatsachen beruhenden Argumentationen verteidigt werden müssen. Dass solche – auch absurde –Wirklichkeitskonstruktionen zur Realität für den Entscheider werden können, liegt am Bestätigungsfehler, dem sogenannten „Confirmation Bias".

Confirmation Bias (Bestätigungsfehler)

Die Versuche, die Umwelt zu verstehen, Zusammenhänge zu begreifen, Muster zu erkennen und zu neuen Mustern zusammenzufügen, begleiten die Menschheit seit der Steinzeit. Menschen entwickeln Ansichten und Meinungen und empfinden in der Regel, dass ihr Wissen und ihre Meinungen auf jahrelanger Erfahrung, objektiven Analysen von Informationen basieren und logisch und nachvollziehbar sind. Allerdings schlägt uns hier die Art, wie wir Informationen aus der Umwelt aufnehmen und verarbeiten häufig genug ein gehöriges Schnippchen. In aller Regel sind wir überzeugt von unseren Ansichten und unseren Meinungen (und Vorurteilen) und suchen aus der Vielzahl der Informationen gezielt diejenigen aus, die unsere Ansichten und Meinungen unterstützen. Diese kognitive Verzerrung, in der Fachliteratur als Confirmation Bias bezeichnet, kann uns dazu verleiten, anzunehmen, dass es unzählige Bestätigungen für unsere Meinungen gibt. Das kann aber auch nur daran liegen, dass wir alle anderen Informationen ausblenden, unterdrücken oder uminterpretieren. Eine erstaunliche Beobachtung ist, dass Menschen oftmals umso stärker, irrationaler und geradezu trotzig an ihrer bisherigen Meinung oder ihren Standpunkten und Einstellungen festhalten, je erdrückender

die das Gegenteil beweisenden Fakten sind. Dieses häufig beobachtbare Phänomen wird auch als Backfiring bezeichnet.[36]

Beispiele für den Confirmation Bias lassen sich leicht in allen Bereichen des sozialen Umfeldes finden. In politischen Diskussionen beispielsweise steuert die eigene Position in hohem Maße, wie Argumente wahrgenommen oder herausgefiltert, wertgeschätzt oder abgelehnt werden. Wenn Verfechter der Schulmedizin mit Anhängern alternativer Heilungskonzepte um den richtigen Weg streiten, sind diesem Phänomen Tür und Tor weit geöffnet – und das auf beiden Seiten.

Um sich ein objektiveres Bild von einem Zusammenhang zu machen, ist es notwendig und hilfreich, seinen eigenen Standpunkt zumindest zeitweise infrage zu stellen. Und gegebenenfalls auch offen dafür zu sein, den eigenen Standpunkt zu überprüfen oder zu revidieren. Ein weiterer Ansatz, diesem Denkfehler zu entgehen, kann auch darin liegen, den Absolutheitsanspruch an Wahrheit und Richtigkeit nicht nur bei anderen infrage zu stellen, sondern von Zeit zu Zeit auch bei sich selbst.

In der Vorbereitung zu einer Finanz- oder Vorsorgeberatung wird es also hilfreich sein, die eigenen Annahmen und Vorurteile kritisch zu überprüfen, damit der Confirmation Bias nicht zu fehlerhaften Prognosen und Entscheidungen führt.

Das Phänomen der Versunkenen Kosten (Sunk Cost Effect)

Wenn Menschen vor einer Entscheidung in einer Situation stehen, in der sie in der Vergangenheit bereits Kosten und Mühen investiert haben, entsteht eine besondere Lage. War die damalige Entscheidung richtig, oder muss sie korrigiert werden? Zum einen möchten sie sich ungern eingestehen, dass die damalige Entscheidung falsch war und somit Kosten und Mühen schlecht eingesetzt wurden. Zum anderen ist die Tatsache, dass erneut über eine bereits getroffene Entscheidung nachgedacht werden muss, scheinbar ein Beweis dafür, dass die damalige Entscheidung nicht

„gut genug" war. Die zentrale Frage besteht darin, ob die neue Entscheidung abhängig gemacht wird von den bereits investierten Kosten und Mühen, wozu Menschen gerne tendieren, oder ob man für eine neue, in die Zukunft gerichtete Entscheidung diese „Altlasten" außer Acht lassen sollte.

Dieses Entscheidungsproblem ist unter dem Fachbegriff Sunk Cost Effect (übersetzt „Effekt der versunkenen Kosten") intensiv untersucht worden. Darunter versteht man „die Tendenz, ein Vorhaben (z. B. ein Projekt, eine Investition, eine Beziehung) fortzusetzen, wenn bereits eine Investition in Form von Geld, Anstrengung (Energie) oder Zeit getätigt wurde, also versunkene Kosten entstanden sind". [37]

Erklärung: Die gesamten Daten einer Entscheidung (z. B. Kosten und Erträge/Erlöse) können in entscheidungsrelevante und nicht entscheidungsrelevante Größen aufgeteilt werden. Die nicht entscheidungsrelevanten Größen werden auch versunkene Daten (oder versunkene Kosten) genannt. „Versunkene Kosten" müssen nicht unbedingt Kosten sein, sondern es könnte sich (seltener) auch um Erträge/Erlöse handeln.

Bei Entscheidungen sind stets nur die entscheidungsrelevanten Daten – also die noch für Sie durch die Entscheidung hinzukommenden oder aber entfallenden Kosten und Erlöse – zu berücksichtigen. Alle anderen Daten bzw. Kosten und Erlöse sind nicht entscheidungsrelevant, sondern versunken. Wenn Sie den Fehler begehen, diese in die Entscheidungsfindung einzubeziehen, besteht die erhebliche Gefahr, dass Ihre Entscheidung falsch wird.

Ein Beispiel zum Verständnis:

Wenn Sie mit Ihrem schicken Auto 10.000 Kilometer pro Jahr fahren, betragen die gesamten Kosten vielleicht 6.000 Euro, also 60 Cent pro Kilometer. Davon sind jedoch vielleicht 4.000 Euro Wertverlust des Autos, Versicherung und Kfz-Steuer, die Miete für Ihre Garage etc. Nur 2.000 Euro der Kosten – insbesondere Kraftstoff, Reifenabrieb und verbrauchsbedingter Verschleiß – gehen auf die eigentliche Fahrleistung von 10.000 km zurück, letztlich also nur 20 Cent pro km. Wenn Sie nun in Urlaub fahren wollen und dafür von einem Dritten das Angebot erhalten, mit einem von ihm geliehenen Auto nur 35 Cent pro Kilometer inkl. Kraftstoff zu bezahlen, sollten Sie diesen Wert für Ihre Entscheidung über die kostengünstigste Alternative nur mit den relevanten Kosten Ihres eigenen Autos – also 20 Cent und nicht den 60 Cent vergleichen. Denn in den 60 Cent sind 40 Cent versunkene und somit nicht mehr entscheidungsrelevante Kosten enthalten, die sie ja auch dann nicht mehr einsparen können, wenn Sie mit dem geliehenen Auto in Urlaub fahren.

Versunkene Kosten sind immer unvorteilhaft

Da versunkene Kosten unwiederbringlich verloren sind, sind Sie gut beraten, nicht nur pauschal kostenorientiert zu entscheiden, sondern vor allem auf den Anteil Ihrer versunkenen Kosten zu achten. Sie versuchen folglich

1) mit Ihrer Entscheidung möglichst wenig versunkene Kosten auszulösen – denn dieses Geld ist definitiv weg;
2) versunkene Kosten möglichst weit in die Zukunft zu verschieben. Je später diese anfallen, desto besser für Sie, denn das sichert Ihre Flexibilität.

Fatale psychologische Folgen versunkener Kosten

Je höher die versunkenen Kosten einer vergangenen Entscheidung für Sie sind, desto eher werden Sie den für Sie ungünstigen Weg weitergehen wollen. Sie werden an das bereits ausgegebene bzw. verlorene Geld denken und laufen somit Gefahr, diesem noch weiteres Geld hinterherzuwerfen. Es ist ein wenig so wie mit dem „Freund", dem wir einen ungesicherten Kredit gegeben haben und der nun ständig nach weiterem Kredit fragt, mit dem Hinweis, dass er ansonsten keine Chance hätte, den bisherigen Kredit zurückzuzahlen. Kurzum: Es könnte das fatale Gefühl entstehen: „zu viel investiert, um aufzuhören". Und genau das sollte Ihnen nicht passieren.

Versunkene Kosten und Verhandlungsmacht

Neben den psychologischen Auswirkungen versunkener Kosten sind auch die Auswirkungen auf die Verhandlungsmacht bzw. im Verhältnis zu Dritten relevant. Wenn in einer Zusammenarbeit oder Beziehung ein Partner erheblich mehr unwiederbringlich verlorene Aufwendungen hatte als der andere, dann sinkt seine faktische Verhandlungsmacht, er kann sich schlechter wehren und seine Interessen kaum noch durchsetzen. Dies gilt es auch in der Zusammenarbeit mit einem FPV zu bedenken und entsprechend vorsichtig zu sein. Denn im Falle einseitig hoher versunkender Kosten Ihrerseits wird mangelnde Vorsicht wahrscheinlich dazu führen, dass Sie die Nachsicht, ähm – das Nachsehen haben. Näheres zum manipulativen Einsatz von versunkenen Kosten im Finanzdienstleistungsvertrieb finden Sie im Kapitel B 23.

Mir passiert das nicht ...

ist dieses Kapitel überschrieben. Genau das stimmt aber nicht. Allen diesen Beispielen ist eines gemeinsam: Sie wirken bei jedem von uns, ob wir das wollen oder nicht. Das Problem liegt in unserer Selbstüberschätzung, unserer Hybris – wir denken oder besser: Manchmal nehmen wir es einfach als gegeben an, dass wir besser sind als andere. Dass wir denken, Manipulation könne uns nichts anhaben. Dass wir eine Vielzahl der Faktoren, die unser Entscheidungsverhalten steuern, gar nicht in Betracht ziehen. Dass wir denken, dass wir unverwundbar seien. Nassim Taleb, Autor des Buches „Der schwarze Schwan", warnt mit Recht vor Hybris: „Wir müssen uns immer bewusst sein, dass das größte Risiko in uns selbst liegt."[38] Ein erster Schritt ist getan, wenn wir uns klarmachen, dass Manipulation auch bei uns wirkt. Und zwar viel stärker, als wir das wahrhaben wollen. Erst mit diesem Bewusstsein können wir Wirkungen von Manipulation sensibler wahrnehmen und abwehren.

9. Wie die Psychologie sich überall einmischt

Es beginnt mit dem Lächeln – Sympathie und Vertrauen

Vertrauen gilt zu Recht als eines der wichtigsten Bindemittel in sozialen Beziehungen. Der Wert von Vertrauen wird schnell deutlich, wenn wir an eine vertrauensvolle im Gegensatz zu einer von Misstrauen geprägten Beziehung denken. Wenn wir jemandem vertrauen, gehen wir davon aus, dass der Partner nichts unternehmen wird, was der Beziehung schadet. Wir wissen es nicht genau, aber wir gehen einfach vertrauensvoll davon aus. Menschen sehnen sich nach vertrauensvollen Beziehungen, trotzdem vertrauen sie aber selten blind. Denn wer vertraut, wird verletzbar und geht das Risiko ein, dass das Vertrauen missbraucht wird. Der Soziologe Niklas Luhmann spricht daher von „Vertrauen als riskanter Vorleistung".[39] Da das Vertrauen ein so hohes Gut ist, wird es geschenkt, statt nur gegeben oder vorausgesetzt. Der Psychologe und Neurophysiologe N. Birbaumer[40] sieht im Vertrauen das Gefühl, das Beziehungen stärkt, Harmonie schafft, auch weil weitere Informationen über Absichten des Partners fehlen oder nicht vollständig sind.

Der Vorteil und gleichzeitig auch das Risiko von Vertrauen bestehen darin, dass unser Gehirn bereits innerhalb 1/10 Sekunde eine erste Entscheidung darüber trifft, ob jemand für uns vertrauenswürdig ist oder nicht. Vertrauen ist nicht das Gleiche wie Sicherheit. Das Gefühl von Sicherheit entsteht durch Erfahrung und Wissen, Vertrauen ist eine Haltung, eine Art Vorschuss.

Auch wenn die Entscheidung, jemandem zu vertrauen, weitgehend unbewusst getroffen wird, gibt es dennoch eine ganze Reihe von (sichtbaren) Verhaltensweisen, die Vertrauen begünstigen.

Dazu gehören u. a. das Lächeln, die offene Körperhaltung, Augenkontakt und Ähnlichkeit (siehe Teil B 2). Diese Verhaltensweisen wirken in nahezu allen Kulturkreisen ähnlich und haben das Ziel, ein konfliktfreies und positives Miteinander zu ermöglichen. In China gibt es ein Sprichwort: „Wer nicht lächeln kann, sollte kein Geschäft aufmachen." Natürlich ist Lächeln kein Schalter, mit dem Vertrauen „angeknipst" wird. Aber Lächeln, wie auch die anderen Verhaltensweisen wirken als Basis dafür, dass eine schnelle, unbewusste Entscheidung, jemandem zu vertrauen, getroffen werden kann. Und auch dann, wenn das Vertrauensverhältnis sich langsamer entwickelt, haben diese Verhaltensweisen ihre Funktion. Selten wird sich ein Vertrauensverhältnis entwickeln, ohne dass diese Verhaltensweisen beobachtet werden können.

Wie Du mir, so ich Dir – Reziprozität

Reziprozität bedeutet *Gegenseitigkeit* oder *Wechselbezüglichkeit* und stellt ein Grundprinzip menschlichen Handelns dar (auch *Prinzip der Gegenseitigkeit).*[41] Wenn Menschen etwas erhalten, ohne aus ihrer eigenen Sicht einen erkennbaren Gegenwert geleistet zu haben, spüren sie meist den dringenden Wunsch, mit einer Gegenleistung einen Ausgleich herzustellen. Wenn man eingeladen wurde, denkt man über eine Gegeneinladung nach. Wenn man beschenkt wurde, fühlt man sich verpflichtet, ein Gegengeschenk zu erbringen. Das soziale Konto soll ausgeglichen sein, man möchte Niemandem etwas schuldig bleiben. Oder positiver ausgedrückt, man möchte immer ein gleichwertiges Mitglied der sozialen Gemeinschaft sein, Großzügigkeit und Freundlichkeit jeweils zurückgeben und keinesfalls ausnutzen. Dieses Prinzip wirkt übrigens erstaunlicherweise unabhängig von Sympathie. Auch Menschen, die wir nicht mögen, wollen wir offenbar nichts schuldig bleiben.

Das Grundprinzip der Gegenseitigkeit gilt in allen Kulturen, ist unabhängig von sozialem Status oder Herkunft, findet sich im privaten Bereich, in Nachbarschaftshilfe ebenso wie im Tauschhandel, in der Politik, beim Aushandeln von Verträgen, in Wirtschaftsbeziehungen und natürlich in Marketing und Verkauf.

Der Verkäufer hat sich Zeit für Sie genommen, hat (hoffentlich) ein besonders auf Ihren Bedarf zugeschnittenes Angebot vorbereitet, ist an Ihren Lebensumständen und finanziellen Verhältnissen interessiert, also auch an Ihnen persönlich. Dadurch entsteht oft unbewusst eine Tendenz, sich verpflichtet zu fühlen, sich revanchieren zu müssen. Das kann zu einem „Ja" führen, obwohl man eigentlich „Nein" denkt oder will.

Da das Gesetz der Reziprozität überwiegend unbewusst wirkt, sollten Sie sich ganz klar über die Abläufe und Strukturen in einem Verkaufsgespräch werden. Machen Sie sich bewusst, dass Sie sich als Kunde in einem Verkaufsgespräch zu nichts, aber auch gar nichts verpflichtet fühlen müssen. Vorbereitungen für und auf den Kunden sind Verkaufshilfen und keine Gefälligkeit, kein Entgegenkommen. Wenn Sie nicht davon überzeugt sind, dass das Angebot Ihren Interessen bestmöglich dient, nutzen Sie niemanden aus, wenn Sie dies mit einem „Nein" zum Angebot in den Mittelpunkt stellen.

Komplementär, aber auf Augenhöhe – Rollenverständnis und Autorität

In der Kommunikation unterscheidet man zwischen komplementärer und symmetrischer Interaktion (→ Glossar), je nachdem, ob die Beziehung auf Unterschiedlichkeit oder auf Gleichheit beruht. In einer komplementären Beziehung übernehmen beide Partner sich ergänzende Rollen, z. B. Mutter und Kind, Arzt und Patient, Lehrer und Schüler, Fachmann und Laie. In einer symmetrischen Beziehung erleben sich beide Partner gleichberechtigt und auf gleicher Ebene. Freundschaften und Teams sind normalerweise Beispiele symmetrischer Interaktion, die allerdings trotzdem gleichzeitig auch Spielfeld für Wettbewerb sein kann.

In der komplementären Beziehung Kunde/Verkäufer kann es häufig zu einer Verschiebung der Entscheidungsautorität vom Kunden zum FPV kommen. Als Kunde möchten Sie ja gerade die Fachautorität des Verkäufers nutzen, sind manchmal sogar darauf angewiesen. Wichtig dabei ist jedoch, dass Sie als Kunde mit der Fachautorität nicht gleichzeitig Anteile Ihrer Entscheidungsautorität an den Verkäufer übertragen. Kunden signalisieren recht oft dem Verkäufer durch kleine Zeichen, beispielsweise in der Körpersprache, dass es ihnen schwerfällt, eine Entscheidung zu treffen. Verkäufer interpretieren diese Signale gerne in die Richtung, dass sie eingeladen sind, dem Kunden durch einen kleinen Anstoß zu „seinem Glück" zu verhelfen. Das ist jedoch aus Kundensicht nahezu immer keine gute Lösung, da das Provisionsinteresse des FPV mit dem Kundeninteresse nicht übereinstimmt.

Auch dann nicht, wenn gegen Ende des Verkaufsgesprächs noch Unsicherheiten bei der Entscheidungsfindung bestehen. Dann hilft es deutlich besser „eine Nacht darüber zu schlafen" und/oder eine zweite Meinung einzuholen, als den Verkäufer unbewusst oder direkt in die Entscheidungsfindung mit einzubeziehen. Denn die Entscheidung über *Ihre* finanzielle Zukunft ist eindeutig Chefsache, und der Chef in dieser Interaktion sind *Sie* – schließlich ist es *Ihr* Geld! Mehr Tipps zum Umgang mit Entscheidungsautorität und Übernahme der Entscheidungsverantwortung finden Sie im Teil B, Kapitel 26.

Wer A sagt, sagt leichter B – Konsistenz

Menschen haben ein tiefverwurzeltes Bedürfnis danach, eine klare und eindeutige Identität zu entwickeln und einen wiedererkennbaren Eindruck in ihrem sozialen Umfeld zu hinterlassen. Auch in Ihrer Rolle als Beratungskunde möchten Sie konsistent, also widerspruchsfrei wahrgenommen werden. Wenn Sie sich eine Meinung gebildet haben, sich entschieden haben, neigen Sie stark dazu, bei dieser Meinung und Entscheidung zu bleiben. Auch entlastet Konsistenz zusätzlich Ihr Gehirn, da Sie die ähnliche Situation ja bereits zu einem früheren Zeitpunkt bewertet und eine Entscheidung getroffen haben. Sie müssen somit keine zusätzliche Energie investieren. Das geht interessanterweise oftmals sogar so weit, dass Menschen häufig nach einer einmal getroffenen Entscheidung nur noch die Informationen zulassen, die ihre Meinung bestätigen, und alle anderen Informationen ausblenden, was in der Regel die eigene Entscheidung festigt. Diese schwere Verzerrung im Entscheidungsverhalten ist als Bestätigungsfehler (Confirmation Bias) wissenschaftlich unstrittig nachgewiesen (vgl. oben Kapitel A 8).

Verkäufer nutzen das Bedürfnis nach Konsistenz gerne, indem sie ihre Kunden zu einer häufig sehr alltäglichen Positionierung ermuntern, die sie dann im späteren Verlauf des Verkaufsgesprächs erweitern und ausbauen. Wer A sagt, sagt leichter B. Wenn der Verkäufer Sie beispielsweise dazu bringt, folgendem Satz zuzustimmen: „Haben Sie die Bilder der Flutwellen im Fernsehen verfolgt? Ich finde es ungeheuerlich, wie aus solch kleinen Bächen plötzlich derart reißende Flutwellen werden können.", wird es erheblich leichter für ihn sein, Ihnen später auch für kleinere Risiken umfassenden und teureren Versicherungsschutz zu verkaufen.

Das Bedürfnis nach Konsistenz ist auch Hintergrund für die sogenannte „Ja-Straße". Diese ist eine rhetorische Technik, durch mehrere Fragen, die in der Regel mit „Ja" beantwortet werden, leichter zu einem „Ja" zur Unterzeichnung des Vertrags zu kommen. Sie können sich im Kapitel B 9 noch gesondert gegen diese rhetorischen Kniffe wappnen.

10. Da ist einiges los – Entscheidungsprozesse im Gehirn

Wenn man Menschen fragt, was genau der Grund für eine getroffene Entscheidung war, können sie sehr oft keine konkreten Gründe angeben. Und erstaunlicherweise ist selbst dann, wenn Gründe benannt werden, nicht sicher, ob diese auch die „wahren" Gründe sind.

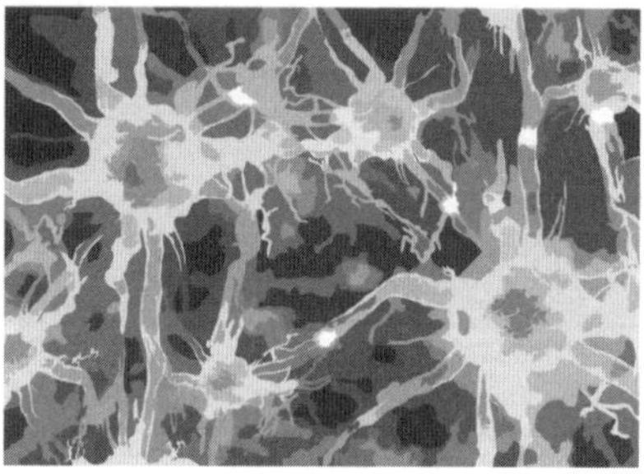

Nerven im Gehirn

Das hat damit zu tun, dass in unserem Gehirn nicht nur die Informationen zusammenlaufen, die für unsere Entscheidung relevant sind. Alles, was Menschen wahrnehmen, fühlen, denken und entscheiden, wird im Gehirn verarbeitet, ebenso alle Informationen über die körperlichen Funktionen. Das Gewicht des Gehirns beträgt durchschnittlich ca. 1,5 kg und damit etwa 2 Prozent des Körpergewichts, und es verfügt über mehr als 100 Milliarden Nervenzellen. Pro Sekunde verarbeitet das Gehirn die unglaubliche Anzahl von ca. 11 Millionen Informationseinheiten. Unser Bewusstsein vermag allerdings nur etwa 40 Bits/s (das entspricht etwa einem Satz oder fünf Zahlen) auf einmal zu verarbeiten. Damit das Bewusstsein bei der Informationsverarbeitung nicht völlig überlastet wird, lässt uns der Thalamus[42], der eine Art Filterfunktion zwischen Unbewusstem und Bewusstsein hat, nur einen winzigen Bruchteil, nämlich gerade einmal 0,1 Prozent der Informationen, die das Gehirn verarbeitet, bewusst werden.

Dazu liebt das Gehirn schnelle Entscheidungen. Am liebsten arbeitet das Gehirn auf „Autopilot", dann verbraucht es nur etwa 5 % der Körperenergie. Wird aber das Bewusstsein, also der Verstand eingeschaltet, werden die Vorgänge erheblich komplexer und der Energiebedarf steigt auf ca. 20 %. Nachdenken ist teuer – zahlt sich aber in unserer heutigen komplexen Welt aus, wie Sie später sehen werden.

Es ist nicht der Verstand, der die Entscheidungen trifft

Neuere Erkenntnisse der Hirnforschung belegen, dass das Gehirn bereits 200–300 Millisekunden früher entschieden oder die Entscheidung zumindest vorbereitet hat, bevor das Bewusstsein in die Entscheidungsfindung eingebunden wird. Bildhaft gesprochen: Der Verstand ist häufig genug nicht einmal zu den Meetings eingeladen worden, in denen die Entscheidungen vorbereitet oder getroffen wurden. Er ist eher eine Art Pressesprecher, der die Entscheidung verkündet, ohne dass er Einfluss darauf hatte.

Hier liegt eine zweite starke Quelle für Fehleinschätzungen beim Zustandekommen von Entscheidungen. Die meisten Menschen gehen unbewusst davon aus oder sind der Überzeugung, dass sie das Heft des Handelns souverän in der Hand halten und rational und vernünftig ihre Entscheidungen treffen würden. Diese Wunschvorstellung wird durch die Ergebnisse der neueren Hirnforschung seit längerem eindeutig widerlegt.

Gerhard Roth schreibt dazu: „Auch ist unser Verstand bei vielen komplexen Entscheidungen aktuell überfordert, was besonders für das Nachdenken in einem relativ kurzen Zeitraum gilt. Falls wir dagegen mehr Zeit haben, können wir die relevanten Faktoren oder Gesichtspunkte identifizieren und sie nacheinander abarbeiten, bis wir zu einer befriedigenden Lösungsmöglichkeit kommen."[43]

Gerade deshalb ist es wichtig, das Gehirn dazu zu bringen, in einer so komplexen Situation, wie es eine Finanzberatung darstellt, das kritische Nachdenken einzuschalten, also mit erhöhter Energie in diese Entscheidungssituation zu gehen. Und mit einem erhöhten Zeitbedarf, der die Überforderung des Verstandes in zu kurzen Entscheidungsszenarien („... bitte ich Sie dann, hier gegenzuzeichnen ...") durch erneutes Nachdenken ausgleichen kann.

Kleines Wort – große Wirkung

Wie leicht sich das menschliche Gehirn auf die energiesparende Arbeitsform zurückzieht, zeigte Harvard Professorin Ellen Langer 1977[44] in einem interessanten Experiment: Unter welchen Umständen sind Menschen, die in einer Schlange vor einem Kopierer in einer Hochschule warten, bereit, jemandem den Vortritt zu lassen? Dabei wurden drei Varianten ausprobiert:

1) „Entschuldige, ich habe fünf Seiten zu kopieren. Darf ich bitte vor?" (ohne Begründung)
2) „Entschuldige, ich habe fünf Seiten zu kopieren. Kann ich vor, weil ich es eilig habe?" (nachvollziehbare Begründung)
3) „Entschuldige, ich habe fünf Seiten zu kopieren. Kann ich bitte vor, weil ich kopieren muss?" (unsinnige Begründung)

Das Ergebnis: Ohne Begründung waren 60 % der Wartenden bereit, den Vortritt zu lassen. Bei der nachvollziehbaren Begründung waren 94 % bereit, die Versuchsperson vorzulassen. Und selbst bei der unsinnigen Begründung waren 93 % bereit, zurückzustehen. Das kleine Wörtchen „weil" bringt es. Wenn es eine (scheinbare) Begründung gibt, sind wir schnell bereit, nicht mehr kritisch zu hinterfragen.

Sollten Sie jemand überzeugen wollen, seine Zustimmung zu geben, probieren Sie es mit einer Begründung, die mit „weil" angeschlossen wird. Und seien Sie bitte sicher, dass Ihr FPV diese Art, den kritischen Verstand zu umgehen, ebenfalls gut beherrscht, ***weil*** es seinen Zielen dient.

KAPITEL B
KONKRETE MANIPULATIONSTECHNIKEN

Prolog: Zum Begriff der Manipulation

Manipulus – eine Hand füllen *(aus dem Lateinischen)*
Wenn die Welt nicht so voll wäre von unendlich vielen unredlichen Versuchen, Menschen und Situationen zu manipulieren, könnte man der Herkunft des Begriffs Manipulation einen gewissen Charme nicht absprechen. Manipulation wurde Ende des 18. Jahrhunderts zuerst als Bezeichnung für ein Heilverfahren benutzt. Der aus dem Französischen stammende Begriff Manipulation/manipule „eine Handvoll" bezeichnete eine Handhabung oder Behandlung mit einer Handvoll Kräuter oder Substanzen. Erst später entwickelten sich Bedeutungen wie „handhaben, geschickt zu Werke gehen, durch bewusste Beeinflussung in eine bestimmte Richtung lenken", was ja mit der heutigen Interpretation des Begriffs einige Ähnlichkeiten aufweist.
(Duden Das Herkunfts-Wörterbuch)

1. Verkaufsrhetorik (1): Frühe Phase von Terminvereinbarung und Bedarfsermittlung

Was man unter Verkaufsrhetorik versteht
Als Verkaufsrhetorik werden kommunikative Techniken bezeichnet, die bei Kunden besondere Kaufimpulse auslösen sollen. Ihr Ziel ist es, Kunden für Verkaufsargumente zugänglich zu machen, um sie damit zur gewünschten Entscheidung zu führen.

Bei Verkaufsrhetorik handelt es sich natürlich nicht nur um verbale Kommunikation, sondern in gleichem Maße um den gezielten Einsatz nonverbaler Kommunikation, wie Gestik, Mimik, Positionierung, Stimmführung etc.

Typische Beispiele

In aller Regel ist die frühe Phase von Terminvereinbarung und Bedarfsermittlung im Verkaufsgespräch durchaus positiv besetzt. Geht es doch für Kunden und Verkäufer darum, sich zu einem gemeinsamen Gesprächstermin zu verabreden und herauszufinden, was genau der Kunde wünscht und welche finanziellen Möglichkeiten dem Kunden zur Verfügung stehen, um ein passendes Angebot für ihn zu entwickeln.

Für den FPV ist diese frühe Phase im Kundenkontakt sehr wichtig, kann er hier doch wesentliche Weichen stellen für den zukünftigen Umgang zwischen ihm und dem Kunden. Durch den Einsatz verkaufsrhetorischer Elemente kann der FPV zum einen Einfluss auf die Rollenverteilung im Verkaufsgespräch nehmen und zum anderen eine für den Verkäufer günstige Beziehungsebene herstellen. Auch haben FPV häufig den Auftrag und sehr präzise Zielvorgaben, bestimmte Produkte am Markt anzubieten. Dieser „Verkaufsdruck" führt dazu, dass schon in Terminvereinbarung und Bedarfsermittlung das Verkaufsinteresse des FPV entsprechend den gesetzten Vertriebszielen vorbereitet wird.

In Kapitel 2 wird ausführlich auf den gezielten Einsatz sympathiefördernder und **vertrauensbildender Techniken** eingegangen, die naturgemäß in dieser frühen Phase im Kundenkontakt ebenfalls angewandt werden. Zusätzlich werden in dieser Phase des Verkaufsgesprächs gerne Techniken genutzt wie:

- **Verknappung** bei der Terminvereinbarung,
- Hinweise auf bestimmte Vorleistungen des FPV, um von **Reziprozität** zu profitieren,
- Rollenverteilung und **Autorität** durch **Vorgaben für die Beratung** („Das Gespräch wird ca. eine Stunde dauern." Oder mit etwas anderer Zielrichtung: „Ich kann Ihnen für unser Erstgespräch eine ganze Stunde reservieren.")

Gerne wird auch der Wunsch des Kunden, sich eine bessere Entscheidungsgrundlage dadurch zu erarbeiten, dass er Fragen stellt, mit dem „Abschluss"-Interesse des FPV kombiniert: „Fragen Sie bitte so lange, bis Sie alle Informationen haben, damit Sie am Ende unseres Gesprächs eine Entscheidung treffen können".

Dieser Satz ist deswegen so manipulativ, da die Entscheidung natürlich eine Unterschrift unter den Vertrag sein soll. Erst wenn Sie sich in Ruhe zurücklehnen und bedenken, dass Ihre Entscheidung ja auch darin bestehen könnte, in diesem Termin **keine** endgültige Entscheidung zu treffen, haben Sie sich aus der manipulativen Umklammerung gelöst.

Beispiele für Verkaufsrhetorik in der frühen Phase von Terminvereinbarung und Bedarfsermittlung

Verkäufer lernen auch heute noch in Trainings die sogenannte **alternative Terminvereinbarung**: „Ich kann Ihnen in der kommenden Woche einen Termin am Dienstagvormittag 11:30 Uhr oder Donnerstagnachmittag 14:00 Uhr anbieten". Die Verknappungstechnik (vgl. Kapitel 8) lässt grüßen.

Im Verkaufstraining für FPV wird häufig empfohlen, eine begründete **Einstiegsfrage** zu stellen, d. h. der Verkäufer holt sich vom Kunden die Erlaubnis, im weiteren Gespräch eine ganze Reihe von Fragen zu stellen. Das ist einerseits absolut notwendig, denn der Verkäufer hat ja noch keinerlei Informationen über Zielrichtung, Hintergründe, finanzielle Möglichkeiten usw. auf Seiten des Kunden. In der Verkaufsschulung wird aber damit ebenfalls als Ziel angesprochen, dass mit dieser Frage die Kommunikationsstruktur im Gespräch festgelegt werden kann. Der Verkäufer fragt, der Kunde antwortet. Der Verkäufer kann damit das Gespräch auf seine Art führen. Häufig wird diese Einstiegsfrage auch genutzt, um daraus eine „Ja-Straße" zu entwickeln (vgl. Kapitel 9).

Auch das „Ankern" erlernen Verkäufer in Trainings. **Ankern** nennt man eine Technik im Verkauf, bei der in einer frühen Phase gezielt **Referenzwerte** genannt werden.

„Wenn Sie sich am Ende unseres Gesprächs für eine auf Sie zugeschnittene Lösung entscheiden werden, muss es ja nicht unbedingt eine Lösung sein, bei der Sie 500 Euro im Monat ansparen." Menschen setzen ihre geplante Investition unbewusst zu diesem Betrag in Beziehung, was häufig genug zu einer monatlichen Belastung führt, die deutlich über der ursprünglich geplanten liegt (vgl. auch Kapitel B 11).

Eine weitere Form der Manipulation in der Bedarfsermittlung besteht darin, dass **Bedarfskriterien erweitert** oder **zugefügt** werden, um das

Produkt hochwertiger erscheinen zu lassen, und damit eine höhere Investition zu rechtfertigen.

„Kann es für Sie (nicht) auch interessant sein, bei Ihrer Planung sicherzustellen, dass die steuerlichen Einsparungen eine angemessene Berechtigung finden?"

„Viele meiner Kunden denken aus guten Gründen in Zusammenhang mit einer persönlichen Altersvorsorge auch an die Möglichkeiten, damit Steuern zu sparen. Könnte das auch für Sie interessant sein?"

Natürlich darf das nicht falsch verstanden werden: All diese kommunikativen Fähigkeiten gehören zum Handwerkszeug eines professionellen Verkäufers, und ebenso natürlich wünschen sich manche Kunden auf der anderen Seite einen Partner, der auf sie eingeht, sich für sie interessiert, die richtigen Fragen stellt, und ein positives Klima schafft. Es kommt halt nur entscheidend darauf an, ob diese Beziehungskommunikation nur deshalb eingesetzt wird, um besondere Kaufimpulse auszulösen und den Kunden zu der vom FPV gewünschten Entscheidung zu führen.

Warum funktioniert Verkaufsrhetorik auch bereits in dieser frühen Phase des Kontakts?

Eine der wesentlichen Voraussetzungen der Wirksamkeit von Verkaufsrhetorik ist, dass unser Gehirn es liebt, sich auf Routinen zu verlassen, um Nachdenken zu vermeiden und dadurch Energie zu sparen. Hinzu kommt, dass wir in der zwischenmenschlichen Interaktion gar nicht darum herumkommen, uns gegenseitig permanent zu beeinflussen. Die Art von Frage oder Antwort, die der eine Partner stellt bzw. gibt, zwingt den anderen Partner quasi, sich darauf zu beziehen. Und ein weiterer Punkt spielt eine wichtige Rolle: All diese Techniken und psychologischen Tricks sind in ihren (teils unbewussten) Wirkungen millionenfach erprobt.

Was sind die Folgen, wenn bereits in dieser frühen Phase des Kundengesprächs Verkaufsrhetorik eingesetzt wird?

Bereits in dieser frühen Phase von Terminvereinbarung und Bedarfsermittlung können und werden häufig durch den FPV gezielt Strukturen für den Gesprächsablauf geschaffen, die als Muster bis in den Entscheidungsbereich hineinwirken. Dies geschieht, ohne dass der Kunde bewusst etwas davon mitbekommt, und er kann sich daher nur schwer dagegen wehren. Im weiteren Gesprächsverlauf lassen sich diese Muster immer schwerer korrigieren, zumal sie sich ja in den ersten Phasen des Beziehungsaufbaus bewährt zu haben scheinen und weiter vertieft wurden.

Im schlechten Fall steigt der Kunde also in einen vom FPV gefahrenen Bus, ohne zu wissen, wohin die Reise geht.

Woran Sie den Einsatz von Verkaufsrhetorik in dieser frühen Phase des Verkaufsgesprächs erkennen können

Wenn der FPV

- ungewöhnlich sympathisch erscheint,
- überraschend viele Gemeinsamkeiten mit Ihnen erwähnt.
- Wenn Sie merken, dass Sie auf mehrere Fragen hintereinander mit „Ja" antworten,
- wenn Ihnen auffällt, dass der FPV einen für Ihr Interesse ungewöhnlichen „Anker" setzt ...

... dann sollten Sie ganz besonders Ihr kritisches Bewusstsein einschalten, um nicht Opfer des gezielten Einsatzes von Verkaufsrhetorik zu werden.

Wie Sie sich in dieser Phase gegen Verkaufsrhetorik wehren können

Ein Mittel, sich bereits in dieser Phase gegen Verkaufsrhetorik zu wehren, besteht sicher darin, dass Sie sich fest vornehmen, Ihre Entscheidung **mindestens eine Nacht zu überschlafen**. Dass Sie Ihre Entscheidungen immer erst nach einer Bedenkzeit treffen, können und sollten Sie dem FPV natürlich gleich zu Beginn des Gesprächs mitteilen.

Weitere Möglichkeiten liegen darin, den gezielten Aufbau einer **„Ja-Straße" zu unterbrechen**, indem Sie ganz bewusst eine unerwartete Antwort geben, um dann zu erklären, dass Sie es nicht schätzen, durch rhetorische Tricks verleitet zu werden.

In vielen Situationen hilft es auch, gleich zu Beginn kritisch den Einsatz von **Manipulationstechniken zu thematisieren**: „Man hört und liest so viel darüber, dass in der Finanzberatung häufig mit verkaufsrhetorischen Techniken gearbeitet wird. Kann ich sicher davon ausgehen, dass Sie solche Techniken in unserem Gespräch nicht einsetzen?"

Woran Sie Ihren Fortschritt erkennen

Der größte Teil Ihres Fortschritts besteht darin, dass Sie gelernt haben, gleich zu Beginn des Gesprächs Ihre Wünsche für eine partnerschaftliche Gesprächskultur zu formulieren. Sie haben verstanden, dass die „Regeln" am Anfang gemacht werden - ganz egal, ob dies bewusst oder unbewusst geschieht. Es ist Ihnen klar, dass es im späteren Verlauf der Beziehung zum FPV erheblich schwieriger werden wird, den in der frühen Phase verlorenen Boden wiedergutzumachen.

2. Gezielte Vertrauensbildung durch den FPV

Was Vertrauen ist

Vertrauen hat in zwischenmenschlichen Beziehungen eine enorme Bedeutung. Wenn wir jemandem vertrauen, gehen wir davon aus, dass die andere Person uns nicht schaden will, und wir uns auf die Worte und Taten der anderen Person verlassen können. Das bedeutet auch, dass wir unsere Wachsamkeit herunterfahren, was für unser Gehirn eine große Entlastung darstellt. Vertrauen ist eines der wunderbarsten Bindemittel in Beziehungen, aber nicht ohne Risiko. Denn natürlich wissen FPV von der besonderen Wirkung von Vertrauen, und anstatt Vertrauen sich natürlich entwickeln zu lassen, versuchen sie häufig, die unbewussten Zugangswege zur Vertrauensbildung gezielt zu nutzen, um sich von Anfang an Vorteile in der Verkaufssituation zu verschaffen.

Typische Beispiele zum Einsatz vertrauensbildender Techniken

Es beginnt mit dem **Lächeln**. Man zeigt die Zähne, deutet aber gleichzeitig durch die entspannte Muskulatur in der unteren Gesichtshälfte an, dass man nichts Böses im Sinn hat. Gleichzeitig regen die Spiegelneuronen[45] im Gehirn beim Partner eine ähnliche Reaktion an,[46] es entsteht ein Gefühl von Sympathie und Nähe.

Eine **offene Körperhaltung** (im Gegensatz zu verschränkten Armen beispielsweise) signalisiert, dass man dem Partner vertraut. Die körpersprachliche Botschaft lautet: „Ich gehe davon aus, dass du meine Offenheit nicht ausnutzt, um mich zu verletzen".

Wohin wir unsere Augen richten, signalisiert, was unser Interesse gewonnen hat. **Augenkontakt** zeigt dem Partner, dass wir ihn schätzen und er im Mittelpunkt unseres Interesses steht. Allerdings kann der Augenkontakt auch bedrohliche Züge annehmen, wenn er zu intensiv und ununterbrochen erfolgt. In manchen Kulturen wird direkter Augenkontakt daher auch als unangemessen betrachtet.

Menschen vertrauen am ehesten Menschen, die so sind wie sie selbst. Wer kann schon Böses im Schilde führen, wenn er uns ähnlich ist. **Ähnlichkeit** lässt schnell Vertrauen entstehen. Sei es, dass der andere aus derselben Stadt kommt, dasselbe Auto fährt, dasselbe Hobby teilt, den gleichen Geschmack hat, denselben Fußballclub favorisiert usw. Oder sei es, dass der andere dieselbe Körperhaltung, das gleiche Sprechtempo, ähnliche Wortwahl, denselben Tonfall und ähnliche Sprachmuster bevorzugt.

All diese Kommunikationsformen nehmen wir teilweise bewusst, aber zu großen Teilen unbewusst wahr und neigen dazu, uns dieser Person vertrauensvoller zu öffnen. Das Wissen um die Mechanismen, die Vertrauen auslösen, gehört naturgemäß auch zum Repertoire professioneller Verkäufer und wird dann auch gezielt genutzt und eingesetzt. Beispielsweise indem der FPV Ihre Haltung und Gestik sowie Ihre Sprachmuster (Wortwahl, Sprechtempo, Tonfall, Lautstärke) imitiert, um Ihnen ein Gefühl von Ähnlichkeit (und Bestätigung) zu geben.

„**Spiegeln**" (→ Glossar) nennt man das in der Fachsprache. Nach einiger Zeit erfolgreichen „Spiegelns" geht der FPV dann selbst voran und verändert seine Körperhaltung, seine Gestik, um herauszufinden, ob Sie ihm jetzt unbewusst folgen und auch Ihre Körpersprache und Gestik in derselben Art verändern. Das wird dann als Zeichen starken Vertrauens gewertet und der FPV kann den nächsten Schritt im Verkaufsgespräch angehen.

Übrigens vollzieht sich dieses **Angleichen** auch in nicht bewusst gesteuerten Gesprächen. Wenn die Verhandlungspartner sich sympathisch sind, gleichen sich in Verhandlungen Haltung, Gestik, Sprachmuster unbewusst aneinander an, wie **in einer Art Tanz** ... Natürlich ist es ein Unterschied, ob das z. B. in einem Verkaufsgespräch gezielt hergestellt wird oder sich automatisch und natürlich als Stärkung des Vertrauens entwickelt.

Sympathie und Anerkennung

„Es ist einfach beeindruckend, welche Stellung Sie sich erarbeitet haben, wie einzigartig Ihre Firma dasteht in dieser schwierigen Zeit und wie Sie als noch junger Mensch sich schon jetzt derartig weitreichenden Entscheidungen stellen und Verantwortung übernehmen." Es kann gar nicht genug Honig geben, den man Ihnen um das Kinn (mit Bart oder ohne) schmieren möchte.

Sicherheit

„Danke, dass Sie uns bei diesen wichtigen Überlegungen zur Planung Ihrer Zukunft das Vertrauen geben, stehen wir doch mit unserem Namen und getragen von tausenden treuer Kunden dafür, das beste Verhältnis zwischen Aufwand und Ertrag zu garantieren."

„Nicht von ungefähr sind wir die Nummer 1 in ..." oder „Vertrauen ist der Anfang von allem", wie die Deutsche Bank einst in ihrer Werbung formulierte.

Alle **Wahrnehmungen** des Menschen werden zunächst im Gehirn **emotional bewertet.** Ohne Emotionen werden Reize als nicht relevant bewertet und gelangen so nicht oder kaum ins Bewusstsein. Dabei strebt das Gehirn danach, Bedrohungen, also negativ erlebte Situationen, zu vermeiden und die Situationen zu suchen, in denen Belohnung zu erwarten ist. Eine gute Übersicht stellt das von David Rock entwickelte SCARF-Modell[47] dar. Das menschliche Gehirn leitet bevorzugt Wahrnehmungen (hier: Kommunikationen) an die entsprechenden Hirnareale weiter, wenn sie in fünf Grunddimensionen positive Emotionen auslösen:

SCARF-Modell nach David Rock

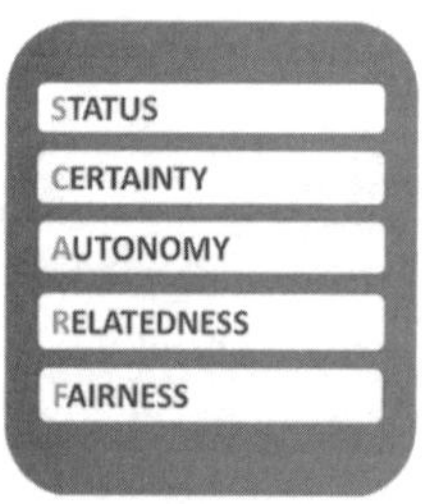

- positiv angesprochener sozialer **Status**
- **Sicherheit**, Vorhersehbarkeit zukünftiger Situationen
- **Autonomie**, Kontrolle und Gestaltung des eigenen Umfeldes
- **Zugehörigkeit** zu einer Gruppe
- **Fairness** und Gerechtigkeit

Es ist also nicht verwunderlich, wenn versierte FPV ganz gezielt eine Kommunikationsform nutzen, die Ihr Gehirn emotional positiv besetzt und das Signal auslöst, dass keinerlei Bedrohung zu erwarten ist.

Welche psychologischen Phänomene stecken dahinter?

Sobald Sie Vertrauen zu einer Person haben, neigen Sie auch dazu, Bitten und Vorschlägen des Gesprächspartners ohne weitere kritische Prüfung zu entsprechen. Sie glauben, dass die Person das Beste für beide will.

Der gezielte Einsatz vertrauensbildender Techniken funktioniert auch deshalb, weil unser Gehirn am liebsten einfach und schnell arbeitet. Kritisches Nachdenken und gedankliche Analysearbeit brauchen das Vierfache an Energie (siehe auch Teil A, Kapitel A 10). Da ist es doch angenehmer, die Ähnlichkeit als ausreichenden Beweis und Grundlage dafür zu nehmen, dass der Gesprächspartner nur Gutes im Sinn führt, um sich dann vertrauensvoll zurückzulehnen. Aber damit liegt das Gehirn häufig falsch, denn der andere ist ja nicht wirklich so wie Sie. Er hat nur gesagt oder Ihnen das Gefühl gegeben, also Ihnen letztlich vorgespielt, dass er so sei wie Sie. Und Sie hören es gerne.

Vertrauensbildende Techniken funktionieren auch deshalb, weil die Menschen das Zustandekommen von Harmonie und Anerkennung so sehr schätzen, dass sie glauben, nicht mehr aufmerksam sein zu müssen. „Liebe macht blind", sagt der Volksmund. Und die Entscheidung, ob Sie eine andere Person sympathisch und vertrauensvoll empfinden, wird ja sehr schnell vollzogen. Ihr Gehirn trifft diese Entscheidung in etwa ein Zehntel Sekunde, lange bevor Ihr Bewusstsein etwas davon mitbekommt.

Ein weiterer Grund für die Wirksamkeit von vertrauensbildenden Techniken ist, dass Kunden bei Entscheidungen gerne sicher sein wollen, das Richtige zu tun. Dieses Gefühl wird gezielt durch den FPV mit Formulierungen angesprochen, wie weiter oben beispielhaft dargestellt.

Welche kritischen Folgen entstehen können

Es besteht die Gefahr, dass Sie nicht mehr im notwendigen Umfang kritisch prüfen, inwieweit die Ausführungen und das Angebot des FPV Ihren Wünschen und Vorstellungen entsprechen. Sie haben sich darauf eingelassen, dass er nur Ihr Bestes will. Eine weitere heikle Folge liegt darin, dass Menschen dann, wenn sie dem FPV ihr Vertrauen geschenkt haben, auch allzu leicht und gerne bereit sind, die Verantwortung für die Entscheidung auf den Verkäufer zu übertragen. Sie denken, dass schon alles seine Richtigkeit habe und fragen nicht mehr gezielt nach. Bitte nicht falsch verstehen: Ein verlässliches Maß an Vertrauen in die Redlichkeit des Verkäufers ist für beide Seiten von großem Nutzen. Aber nur dann, wenn sich das Vertrauen quasi von selbst einstellt. Und nicht, wenn es manipulativ hergestellt wird, weil der Verkäufer gelernt hat, an welchen Stellschrauben er beim Kunden drehen muss.

Wie Sie sich gegen die Wirkung von gezielt eingesetzter Vertrauensbildung schützen können

Bereiten Sie sich auf den Termin vor:

- Klären Sie für sich das Ziel der Beratung. Es geht in aller Regel darum, eine wichtige Entscheidung für Ihre finanzielle Zukunft zu treffen, und nicht darum, eine angenehme Beziehung zu entwickeln. Es ist natürlich gut, wenn sich die Beziehung positiv entwickelt, aber das ist nicht das Ziel.
- Es ist auch nicht das Ziel, dass der FPV Sie sympathisch findet. Das sollte Ihnen völlig egal sein. Versuchen Sie gerade nicht, dass sie einander ähnlich sind oder die Anerkennung des FPV Ihnen schmeichelt.
- Machen Sie sich bewusst, dass Sie „Nein" sagen können (und sollten), wenn das Produkt Ihre Interessen und Ihre Ziele nicht umfassend abbildet.
- Machen Sie sich bitte ebenfalls bewusst, dass Ihr Vertrauen ein sehr wertvolles Gut ist, welches Sie zwar gerne schenken, aber sich nicht durch rhetorische Tricks „abluchsen" lassen.
- Schätzen Sie gleich zu Beginn des Kontaktes ein, wie sympathisch Sie den FPV erleben. Geben Sie vor Ihrem inneren Auge auf einer Skala von 1 (wenig sympathisch) bis zu 5 (sehr sympathisch) die Einschätzung, die Sie gerade spüren. Wenn Sie den FPV mit 1 oder 5 einschätzen, sollten Sie Ihr kritisches Bewusstsein gezielt aktivieren.

Machen Sie umfangreich Gebrauch davon, Fragen zu stellen, auch kritische, um achtsam und wachsam zu bleiben, auch und gerade wenn Ihnen der Verkäufer sympathisch erscheint. Denn eine Entscheidung, die für Ihre persönliche Zukunft wichtig ist, sollte nicht von der sympathischen Ausstrahlung des FPV abhängen. Eine etwas ungewöhnliche, aber durchaus hilfreiche Option, sich gegen manipulative Rhetorik zu wehren, kann auch darin bestehen, dass Sie in der Anfangsphase Ihre Erwartungen an das Gespräch formulieren.

Beispiel eins: „Haben Sie ein bestimmtes Konzept für unser Gespräch (für Ihre Verkaufsgespräche)?"

Beispiel zwei: „Man hört so viel über die Manipulationen im Verkaufsgespräch. Ich kann doch davon ausgehen, dass so etwas in unserem Gespräch keinen Platz hat?"

Woran Sie Ihren Fortschritt erkennen

Die Schwierigkeit im Umgang mit Vertrauen besteht darin, eine Beziehungsqualität, die sich normalerweise unbewusst einstellt, mit etwas Abstand zu sich selbst zu beobachten. Wenn Sie erkennen, dass gezielt mit vertrauensbildenden Techniken gearbeitet wird, haben Sie schon den ersten Schritt gemacht. Der nächste Schritt liegt dann in der kommunikativen Souveränität, die richtigen Worte zu finden, um Ihre Interessen in der Verkaufssituation angemessen zu vertreten.

3. Plausibilitätsfalle: Was plausibel klingt, ist leider noch lange nicht wahr

Voll aus dem Leben

Die erfolgreiche HR-Managerin Janine Hell (31 Jahre jung und Single) sitzt ihrem FPV gegenüber. Lange hat sie ihre Entscheidung über eine zusätzliche private Altersvorsorge hinausgeschoben, aber nun ist sie innerlich bereit dafür, monatlich einen festen Betrag zur Abwendung der ihr überzeugend vorhergesagten Altersarmut beiseite zu legen. Unterschiedliche Vorsorgeformen und Anbieter hat sie sich bereits im Internet angeschaut, ohne dass Begeisterung für ein konkretes Angebot aufgekommen wäre. Der FPV rät ihr nach einem kurzen Vorgespräch zu einer Rentenversicherung beim deutschen Marktführer. Seine Begründung lautet: „Das ist der *Mercedes* der Vorsorgeverträge – damit können Sie wirklich nichts falsch machen und profitieren von der Qualität und Sicherheit dieses Anbieters. Warum sollten Sie als erfolgreiche Managerin sich mit dem Zweit- oder Drittbesten begnügen? Das würde doch zu Ihnen gar nicht passen." Das leuchtet Janine sofort ein und klingt völlig logisch und plausibel. Janine lässt sich spontan überzeugen. Warum ist sie eigentlich nicht alleine darauf gekommen, fragt sie sich. Erleichtert über die so einfache, rasche Lösung ihres Entscheidungsproblems unterschreibt Janine noch im gleichen Termin ihren Vorsorgevertrag beim Marktführer. Thema erledigt, Haken dahinter für sie. Wunderbar.

Was bei der Plausibilitätsfalle passiert

In den meisten Fällen sind plausibel erscheinende Beobachtungen oder Informationen auch tatsächlich wahr, so dass unser Gehirn (das schnelle Denken) sich bei plausibel erscheinenden Beobachtungen gern die Mühe weiteren Nachdenkens oder Analysierens erspart. Meistens ist das geradezu Offensichtliche auch wirklich richtig. Das deutlich größere Geschwisterchen ist tatsächlich auch allermeistens das ältere und der größere Wassereimer auch der schwerere. Die Plausibilitätsfalle schnappt immer dann zu, wenn wir Dinge erfahren, die sofort richtig oder logisch auf uns wirken, jedoch trotzdem nicht zutreffen beziehungsweise eben nicht „wahr" sind. Das kann ein Zufall sein. Es kann aber auch durch einen Mitmenschen aktiv herbeigeführt worden sein.

Jeder Laie würde spontan zustimmen, dass es für die deutsche Fußballnationalelf schwieriger ist, die Weltmeisterschaft als die Europameisterschaft zu gewinnen. Jedoch ist das Gegenteil der Fall. Ebenso antworten fast alle Befragten auf die Frage „Welchen Platz haben Sie in einem Rennen, wenn Sie den Dritten überholen?", mit der Antwort: „Den zweiten." Auch dies ist nicht richtig! (Auflösung in der Endnote[48])

Wenn nun in einem Verkaufsgespräch Ihre Entscheidung in eine bestimmte Richtung gelenkt werden soll, ist es naheliegend, Ihnen diese Entscheidungsrichtung durch eine vorgeschobene Plausibilität vorzugeben. In der Praxis des Finanzprodukteverkaufs funktioniert das jährlich millionenfach: zugunsten höherer Provisionserträge und zulasten der privaten Kunden.

Typische Beispiele für Plausibilitätsfallen

Tolle Altersvorsorge durch Zinseszinseffekt!
Dass man aus Gründen der Disziplin und verantwortungsvollen Eigenvorsorge früh ans Alter denken sollte, ist unbestritten richtig. Wenn aber durch Eigeninteresse geleitete FPV mit dem Argument des Zinseszinseffektes und beeindruckenden Exponentialfunktionen zu einem möglichst frühen Abschluss für den Kunden unvorteilhafter Vorsorgeverträge raten, so hat dies mit dem Zinseszinseffekt überhaupt nichts zu tun, sondern damit, dass FPV von Dritten im Durchschnitt umso leichter eine Unterschrift bekommen, **je jünger und lebensunerfahrener** diese sind.

Durch **unverbindliche Musterrechnungen** mit 3 %, 6 % und 9 % – gleichzeitig *ohne* Berücksichtigung von Kosten – wird die Plausibilitätsfalle mit leckeren Ködern geladen. In Wahrheit schließt der Kunde dann einen Vertrag ab, in dem er *nach* Kosten und Inflation einen **Kaufkraftverlust** von 1 %, 2 % oder 3 % erleidet – er also beim Sparen und Vorsorgen ärmer wird.

Aktives Kümmern schlägt passives Nichtstun!
Auch diese Plausibilitätsfalle ist höchst beliebt. „Es ist doch klar, dass sich Ihre Anlagen besser entwickeln, wenn sich aktive Fondsmanager mit Fachwissen darum kümmern, anstatt dass Sie die Anlage völlig ungeschützt und passiv den Launen der globalen Finanzmärkte aussetzen. So wie Ihr Vorgarten deutlich besser aussieht, wenn Sie einen Gärtner beauftragen, als wenn Sie einfach dem Unkraut freien Lauf lassen." Zahlreiche Untersuchungen über viele Jahrzehnte hinweg beweisen das Gegenteil. Der **Aufwand aktiven Anlagemanagements** lohnt sich im Durchschnitt *nicht*, und der Vorsprung der passiven Anlagen ist umso größer, je höher die Kosten aktiver Investments sind.

Viel hilft viel!
Das mag manchmal sein. Jedoch kann man alles übertreiben und der bessere Spruch wäre: „In der Menge liegt das Gift." Zum Beispiel ist die Aufteilung eines Anlagebetrages auf viele Einzelwerte (Diversifikationsprinzip) anstatt der Konzentration auf eine einzige Aktie oder sehr wenige Aktien zwar risikosenkend. Aber man kann alles übertreiben, auch die

Diversifikation. Im Falle der Überdiversifikation erleidet der Anleger einen Schaden durch Verlust an Übersicht, unerkannte Überschneidungen zwischen einzelnen Anlagen sowie unnötig hohe Transaktionskosten. Da wäre weniger eben doch mehr gewesen - zumindest für den Kunden.

Ich suche immer die besten Anlagen für Sie heraus!

Mit dieser Aussage führen viele FPV ihre Kunden in die Plausibilitätsfalle. Das unzutreffende Leistungsversprechen lautet: Lassen Sie sich regelmäßig von mir beraten und sich Ihr Depot von mir umschichten - dann suche ich immer das Beste für Sie heraus, was der Markt aktuell für Sie zu bieten hat. Und falls einmal eine Anlage nicht so gut „performt", dann tausche ich diese spätestens ein Jahr später wieder für Sie aus. Die der Plausibilität widersprechende Wahrheit ist, dass die vergangenen Kurse und Fondsentwicklungen keinerlei Hinweis auf die Zukunft geben. Ganz so wie wenn Ihr Fünfjähriger gerade dreimal hintereinander einen Pasch gewürfelt hat: Zufall, nicht vorhersehbar und nicht mit Sicherheit wiederholbar. Oder anders gesagt: Mit den Gewinn-Lottozahlen von vergangener Woche werden Sie wohl in dieser Woche kein Glück haben. Am Ende steht dann die Erkenntnis: „Außer Spesen nichts gewesen."

Da frieren wir Ihren Gesundheitsstatus versicherungstechnisch ein!

Bei einigen Versicherungsarten, insbesondere

- Berufsunfähigkeitsversicherungen,
- privaten Krankenversicherungen und
- (kapitalbildenden) Lebensversicherungen,

ist der Gesundheitszustand des Versicherten zum Zeitpunkt des Vertragsabschlusses relevant. Und zwar sowohl für die Höhe der Versicherungsbeiträge als auch - bei schweren Vorerkrankungen - für die Frage, ob der Interessierte überhaupt einen Versicherungsschutz erhalten kann. Soweit ist der Zusammenhang korrekt. Jedoch stellen die von vielen FPV im Gespräch gezogenen Schlussfolgerungen zum Teil Plausibilitätsfallen dar.

Erstens: Wenn gegenwärtig überhaupt kein Versicherungsschutz benötigt wird oder der Risikoeintritt minimal bis nicht relevant ist, lohnt sich der frühe Abschluss oftmals nicht, um in einer späteren Phase einen

Beitragsvorteil zu erhalten. Denn man hat den späteren Beitragsvorteil durch die unnötig bezahlten Beiträge schon mehrfach verloren.

Zweitens: Wenn ein Vertrag (z. B. Berufsunfähigkeitsschutz = BU) mit einem zweiten Vertrag (z. B. Basisrente = Rürup-Rente) gekoppelt wird, so wird der Kunde früh **auf eine unvorteilhafte Kombination festgelegt**, aus der er später nicht oder nur mit beträchtlichem wirtschaftlichen Schaden wieder hinauskommt. Wenig ethische Strukkis nennen das hämisch „Kundenbindung" – wir würden es eher als „**Kundenfesselung**" bezeichnen.

Steuerliche Vorteile und Subventionen müssen Sie doch mitnehmen!

Diese seien doch ein klares Abschlussargument. Aussagen wie: „Sie werden sich doch nicht die Steuerersparnis/Bausparförderung/Riester-Zulage ... entgehen lassen, oder „Der Staat würde das doch nicht fördern, wenn es nicht gut wäre", sind häufig von FPV genutzte Plausibilitätsfallen. In Wahrheit handelt es sich bei den meisten behaupteten Steuervorteilen lediglich um eine **Steuerverlagerung**.

Und selbst wenn es bei einem konkreten Produkt tatsächlich einen überschaubareren Steuervorteil oder eine staatliche Zulage gibt, so werden diese oftmals durch höhere Produktkosten wieder mehr als zunichte gemacht. So werden in der Nullzinswelt Bausparverträge – wenn man Wunder ausschließt – auch durch die Bausparförderung weder in der Ansparphase noch in der Darlehensphase vorteilhaft.[49] Kurzum: Die Plausibilitätsbehauptung „Steuervorteil = Vorteilhaftigkeit" entpuppt sich häufig als reiner FPV-Trick zu Ihren Lasten.

Arbeitgeberzuschuss bei betrieblicher Altersversorgung (bAV) garantiert die Vorteilhaftigkeit!

Das im Jahr 2017 erlassene Betriebsrentenstärkungsgesetz verpflichtet die Arbeitgeber zu einer 15 %-Beteiligung an dem vom Arbeitnehmer aus umgewandeltem Entgelt bezahlten Beitrag. Dieses Gesetz hätte aber auch den Namen Versicherungsstärkungsgesetz verdient. Denn es hat – der Versicherungslobby sei Dank – eine tolle Plausibilitätsfalle geschaffen. „Wenn der Staat eine 15 %-Förderung durch den Arbeitgeber erzwingt, dann muss diese Vorsorgeform doch gut sein. Und wenn man die 15 % nicht mitnimmt, dann ist man doch selbst schuld. Ein vollständiges Durchrechnen der mit dieser Ansparform verbundenen negativen Nebenwirkungen (Steuer- und Sozialabgabenpflicht auf die Betriebsrente, Verluste bei der gesetzlichen Rente) würde hier den Rahmen sprengen. Das Ergebnis lautet jedoch in den meisten Fällen, dass die 15-prozentige Arbeitgeber-Beteiligung nicht dazu ausreicht, diese Vorsorgeform für den Arbeitnehmer angesichts von Kosten, geringerer gesetzlicher Rente sowie Steuern und Krankenversicherungsbeiträgen später auf die bAV-Rente attraktiv zu machen. Ungeförderte, dafür aber renditestärkere und kostenärmere Alternativen sind für Sie fast immer vorzuziehen – es sei denn Ihr Arbeitgeber gibt einen **erheblich** höheren Zuschuss als die gesetzlich vorgeschriebenen 15 %.

Warum Plausibilitätsfallen mitunter so schwer zu erkennen sind

Wenn Sie die obigen Beispiele der häufigsten Plausibilitätsfallen im Finanzprodukteverkauf verstanden haben, werden Sie wohl kaum noch hineintappen. Haben Sie jedoch bei anderen Plausibilitätsfallen keinerlei Fachkenntnis, so ist deren Umgehung sehr schwierig. Erstens spricht die Plausibilität und die Illusion des intuitiven Verstehens das „schnelle Denken", also die Mustererkennung und somit den Energiesparmodus unseres Gehirns an (vgl. Kapitel A 10). Auch der Blinde Fleck (vgl. Kapitel A 8) arbeitet hier gegen Sie.

Plausible Einzelargumente sind – jeweils für sich betrachtet – oftmals sogar wahr, nur gibt es andere, stärkere Gegenargumente, die in der **Gesamtwirkung** eben zur gegenläufigen Entscheidung führen müssten. So wird Ihre falsche Mustererkennung absichtlich ausgenutzt. Es wird also sehr schwer, wenn Sie diese bestimmte Art, dieses konkrete Muster jeweils noch nicht kennen. Umso besser, dass Sie in diesem Buch viele Beispiele und Fälle kennenlernen. ☺

Woran Sie Ihren Fortschritt erkennen:

- Daran, dass Sie nicht mehr so spontan auf Plausibilitäten anspringen und sich bei Entscheidungen mit größerer Tragweite grundsätzlich mindestens einen Tag Bedenkzeit nehmen – selbst wenn die Argumentation des FPV völlig überzeugend und plausibel klingt. Kurzum: daran, dass Sie in kritischen Situationen langsamer entscheiden.

- Daran, dass Sie grundsätzlich mehr hinterfragen – auch auf einer generelleren Ebene. Zum Beispiel: Warum macht das mein FPV nicht selbst, wenn es so rentabel ist? Warum arbeiten all die FPV, Tippgeber, Gurus und aktiven Fondsmanager überhaupt noch, wenn Sie es sich doch mit Ihrem Wissen ganz ruhig auf einer einsamen Insel gemütlich machen könnten? Wie kann es sein, dass alle Beteiligten eines Geschäfts mehr Ertrag erhalten – wer bezahlt die Zeche?
- Daran, dass Sie es psychisch aushalten können, ein Spielverderber zu sein und nicht vertrauensselig dem scheinbar Plausiblen hinterherlaufen.
- Daran, dass ein Misstrauen in Ihnen auftaucht, so ein komisches Bauchgefühl. Das nennt man Intuition – Ihr Bauch erinnert sich daran, dass Sie da doch mal etwas von Plausibilitätsfallen gelesen haben ...

4. Übersteigerte Erwartungen an Experten oder falsche Heldenverehrung

Warum werden Experten so gerne überschätzt?

Die häufige Überschätzung von Fachleuten und Experten und eine viel zu optimistische Bewertung von deren Fähigkeiten und Können führen zu einer **Erwartungslücke** (engl. Fachausdruck: expectation gap). Die Erwartung der meisten Laien übersteigt nämlich regelmäßig ganz erheblich das, was Experten tatsächlich zu leisten vermögen. Daraus folgt dann geradezu zwangsläufig die Enttäuschung (das Ende einer Täuschung) derjenigen, die zu sehr an die Fähigkeiten und Macht der Experten glaubten. Diese Lücke kann aus zwei Gründen entstanden sein.

Es kann einerseits vorkommen, dass die tatsächliche Leistungsfähigkeit des (vielleicht selbsternannten) Experten zu gering ist und hinter dem objektiv Machbaren zurückbleibt. Es kann aber andererseits sein, dass unsere Erwartungen an Experten unrealistisch hoch sind, da wir Wünsche und Vorstellungen auf Experten projizieren, die einfach objektiv nicht realisierbar sind. Gerade im Bereich der Finanzpsychologie – also der Welt zwischen Angst und Gier – suchen Menschen im Experten häufig den „Erlöser“ und „Alleskönner“, der z. B. künftige Wertpapierkurse vorhersagen oder unterbewertete Anlagen identifizieren kann. Viele Menschen sind nur allzu gern bereit, die Verantwortung für ihre (Finanz-)

Entscheidungen abzugeben und einem (Finanz-)Experten – z. B. ihrem FPV – zu übertragen. Gerade in der Finanzwelt leben viele (selbsternannte) Experten sehr gut von einer durch sie provozierten Überschätzung ihres Wissens und Könnens. Viele Tausende Analysten und aktive Fondsmanager wollen, dass wir glauben, sie könnten zukünftige Entwicklungen der Finanzmärkte voraussehen. Wer heute leichtgläubig und ohne das nötige Misstrauen im Internet surft oder z. B. die „Lehrvideos" von Starinvestoren oder Crashpropheten anschaut, wird von der inszenierten „Heldenverehrung" dieser Scheinexperten überwältigt.

Jedoch ist das ernüchternde Gegenteil der Fall. Niemand – auch kein Experte oder noch so komplexer Algorithmus – kann Finanzmärkte und die Entwicklung von Kursen oder Preisen zuverlässig vorhersagen.[50] Doch gelegentlich einmal zutreffende Prognosen sind reiner Zufall (die weidlich ausgeschlachtet werden), und die Sieger von gestern können ihren Erfolg in der Zukunft nicht wiederholen, sondern werden – früher oder später – die Verlierer von morgen. Dies ist eine wissenschaftlich schon lange nachgewiesene und immer wieder bestätigte Tatsache. Gleich mehrere Nobelpreisträger in Wirtschaftswissenschaften haben sich hierzu ihre Meriten verdient.

Es ist richtig, dass der Crashexperte N. N. (Name ist den Autoren bekannt) die letzten beiden Börsencrashs korrekt vorhergesagt hat. Richtig ist aber auch, dass er elf Börsencrashs vorhergesagt hat, die überhaupt nicht eingetreten sind. – Wie war das mit der stehengebliebenen Uhr, die zweimal am Tag trotzdem richtig die Zeit anzeigt?

Stark abweichende Nützlichkeit von Experten in unterschiedlichen Gebieten

An dieser Stelle soll keineswegs die unterschiedliche Qualität von Experten bzw. die fehlende Überprüfbarkeit des Expertenstatus von Menschen beklagt werden. Es soll also keine Diskussion von „guten", „mittelmäßigen", „selbsternannten" oder „schlechten" Experten stattfinden. Werden Sie sich vielmehr bewusst, dass es Gebiete und Themen gibt, in denen Expertenwissen Ihnen einen großen Nutzen bringt, und solche, in denen auch ausgewiesene Fachleute gegenüber unserem gesunden Menschenverstand keinen nennenswerten Unterschied machen.

Ein Beispiel: Stellen Sie sich vor, Sie hätten einen Blinddarm-Durchbruch und müssten operiert werden. Es wäre sicher besser für Sie, wenn ein erfahrener Chirurg den Eingriff durchführt und nicht ein Medizinjournalist, der noch nie ein Skalpell in der Hand hatte.

Gegenbeispiel: Sie haben im Lotto eine Million gewonnen und möchten diese gleichzeitig möglichst renditebringend als auch risikoarm anlegen. Glauben Sie, dass der Rat eines teuer bezahlten Fondsmanagers Ihnen mehr bringt als die neutrale Empfehlung eines Finanzjournalisten oder sogar Hobbyanlegers? Wir zweifeln daran.

Der Zufall tut ein Übriges. Das Kind in der Spielegruppe, welches gerade viermal hintereinander die „Sechs" gewürfelt hat, würden Sie ja auch nicht als Würfelexperten sehen und künftig gegen Entgelt für sich würfeln lassen.

Letztlich ist es unerheblich, was die Ursache für die Erwartungslücke ist: ob die Leistung des Experten objektiv zu gering ist oder ob Ihre Erwartungen zu hoch sind. Im Ergebnis ist für Sie wichtig, dass Sie sich dieses Phänomens bewusst sind und bei Ihren Entscheidungen eine realistischere Einschätzung davon erarbeiten, was Ihr FPV und auch die von ihm empfohlenen Dritten (z. B. aktive Fondsmanager) überhaupt und tatsächlich für Sie tun können und was eben nicht.

Typische Beispiele für Erwartungslücken

Beispiele für Erwartungslücken gibt es in allen Lebensbereichen. Da vertrauen Menschen auf ein geologisches Gutachten mit der Prognose, welches die Gefahr eines Erdbebens verneint – und werden kurze Zeit später von einem heftigen Beben im Schlaf überrascht (so geschehen in der italienischen Stadt L'Aquilia). Ebenso führte eine lange Liste von Bilanzskandalen (Enron, FlowTex, Parmalat und jüngst Wirecard) noch lange nicht dazu, dass die breite Masse der Menschen ihre Erwartung an die detektivischen Fähigkeiten der Wirtschaftsprüfungsgesellschaften korrigiert hätte.[51]

Ein besonders krasser Fall der Erwartungslücke ist seit vielen Jahrzehnten in der Finanzwelt zu beobachten und hält sich – ungeachtet jeglicher wissenschaftlichen Widerlegung – hartnäckig. Es ist der Glaube vieler Anleger, dass ein aktiv handelnder Fondsmanager aufgrund sorgfältiger Analyse von Daten sowie seiner Prognosefähigkeit die Verluste des von ihm verwalteten Kapitals begrenzen und Gewinnmöglichkeiten erkennen und nutzen könne – kurz vor einem Crash springt er einfach beherzt aus dem Börsenzug, kurz vor dem Kursanstieg steigt er einfach wieder ein ...

Typische Erwartungslücken im Verkauf von Finanzprodukten

Im Folgenden sollen ausgewählte Beispiele aus der Interaktion zwischen FPV und ihren Kunden beschrieben werden, in denen es zu Erwartungslücken kommt. Die falsche Erwartung, dass Experten bessere Prognosen als Sie und ich erstellen und die Finanzmärkte vorhersagen können, hatten wir schon genannt.

Fehl-Erwartung: Der FPV kann aufgrund seines Expertenstatus in der gesamten Breite der Finanz- und Vorsorgedienstleistungen beratenden Mehrwert erbringen.

Auflösung: Diese Erwartung ist unrealistisch und kann bestenfalls auf oberflächlichem Niveau und bei ganz geringen Ansprüchen erfüllt werden. Allfinanzvertriebe versuchen diesen Eindruck jedoch mit einem „Alles-aus-einer-Hand-Ansatz" zu erwecken, um die Kundenbeziehung maximal auszunutzen (vgl. Kapitel B 21 „Up-Selling und Cross-Selling"). Jedoch wird ein verantwortungsvoller Berater Sie stets an fachkompetente Spezialisten weiterverweisen, sobald Ihr Problem seinen Kompetenzrahmen überschreitet. Ganz so wie Ihr Hausarzt Sie überweist, wenn Sie ein Problem mit den Augen haben oder ein Röntgenbild benötigen.

Fehl-Erwartung: Der FPV beherrscht die Komplexität der von ihm vermittelten Einzelprodukte und Tarife im Detail.

Auflösung: Auch dies ist eine überzogene Erwartung. Nehmen Sie das Beispiel der Riester-Verträge. Hier gibt es viele Erscheinungsformen und Tariftypen (Bank-Riester, Versicherungs-Riester, Fonds-Riester und Wohn-Riester). Die meisten FPV tun so, als ob es nur eine Erscheinungsform gäbe (meistens verkaufen sie den Versicherungs-Riester, da dort die Provisionen am höchsten sind). Und vom „Wohn-Riester" raten sie dann vehement ab, und zwar deshalb, weil sie dessen Komplexität und Kleinteiligkeit fürchten. Viele FPV erklären auch freiheraus, dass sie grundsätzlich keine Abschlüsse von Wohn-Riester vermitteln. Etwas anderes gilt natürlich, wenn Sie einen Bausparkassen-FPV befragen. Dann gibt es natürlich nur Wohn-Riester, denn es gibt ja nichts Besseres ...

Fehl-Erwartung: Experten kennen bessere Anlagen und ermöglichen Ihnen somit eine höhere Rendite.

Auflösung: Diese Erwartung kann teilweise korrekt sein, wenn Sie nämlich ganz wenig Vorkenntnisse oder sehr starke falsche Vorurteile hatten. In diesem Fall kann der FPV Ihnen tatsächlich Mehrwert schaffen. Wenn Sie jedoch die groben Zusammenhänge der Geldanlage und Vorsorge und die auf den Finanzmärkten verfügbaren Produkte kennen, wird Ihnen der FPV keine wesentlich besseren oder renditestärkeren Produkte vermitteln können. Denn erstens sind die Finanzmärkte – von Ausnahmen und Fehlern abgesehen – recht effizient und bieten höhere Renditen nur bei entsprechend höheren Risiken. Und zweitens ist die persönliche Beratung beim FPV eben auch kostenintensiv, so dass diese Kosten letztlich kräftig renditesenkend wirken. Wenn Sie die – seit 2018 gesetzlich geforderten – jährlichen Kosteninformationen einmal studiert haben, wissen Sie, was gemeint ist.

Welche Folgen durch die Überschätzung des Expertenstatus von FPV entstehen

Wenn Sie zum Opfer einer Erwartungslücke werden, drohen Ihnen folgende Nachteile:

Sie **bezahlen zu viel** für Experten bzw. deren Arbeit, d. h. Leistung und Gegenleistung stehen in einem nicht angemessenen Verhältnis.

Weil Sie an den Expertenstatus glauben, **vertrauen Sie zu Unrecht** auf die Aussagen des FPV und lassen sich z. B. durch „unverbindliche Beispielrechnungen" viel zu optimistische Anlage- oder Vorsorgeergebnisse „verkaufen". Spätere Enttäuschungen werden dadurch vorprogrammiert.

Ebenso kann Ihre Expertenhörigkeit dazu führen, dass Sie überzogene Erwartungen an die Möglichkeiten des Risikomanagements haben und später durch das Eintreten von Risiken **negativ überrascht** werden.[52]

Was Sie gegen die Erwartungslücke tun können

An dieser Stelle ist es unerlässlich, dass Sie **auf Heldenverehrung verzichten**. Von einem ehrlichen und ethisch agierenden Honorarberater haben wir folgenden Rat übernommen: Jeden Morgen stehen Sie einen Moment bei der Morgentoilette vor dem Spiegel – wahrscheinlich sind Sie sogar alleine im Bad. Schauen Sie sich also beim Rasieren oder Schminken im Spiegel tief in die Augen und wiederholen Sie folgenden Satz:

„Niemand ist schlauer als der Markt – weder ich noch mein FPV."

Mit dieser Übung wirken Sie auch gleich der Gefahr der Selbstüberschätzung entgegen (vgl. Kapital A 8).

Noch ein Tipp: Verinnerlichen Sie das **Bild eines Doppelpendels** (vgl. die nachstehende Abbildung), denn das Doppelpendel ist ein starkes Symbol für die grundsätzliche Unberechenbarkeit der Zukunft. Während Sie die Bewegungen eines einfachen Pendels mühelos vorhersagen können, sind die des Doppelpendels völlig überraschend und nicht prognostizierbar – ganz wie die Finanzmärkte.

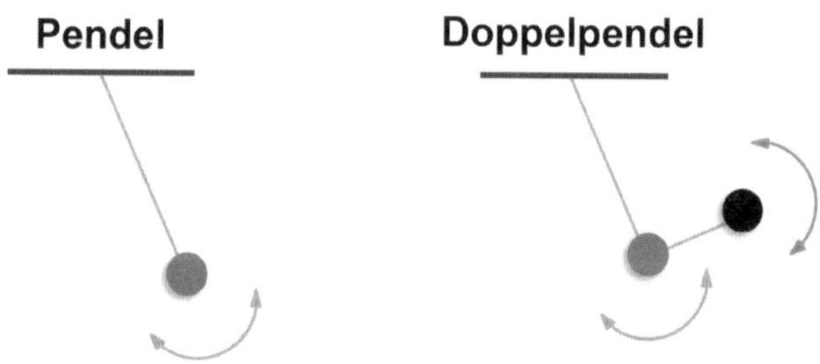

Doppelpendel – ein starkes Symbol für die grundsätzliche Unberechenbarkeit der Zukunft

Woran Sie Ihren Fortschritt erkennen

Sie sind bei allen Erscheinungsformen von „Storytelling" und „Heldenverehrung" sehr kritisch und haben ein realistisches Bild davon, was Finanzexperten für Sie tun können – und was nicht. Sie wissen, dass Ihnen Ihr Arzt kein ewiges und gesundes Leben versprechen kann (auch wenn Sie als Privatpatient mehr Geld bezahlen). Und Sie wissen ebenso, dass

Ihnen Ihr FPV und die von ihm vermittelten Experten keine dauerhafte Überrendite verschaffen können (auch wenn Sie für schicke „Premium-Verträge" höhere Kosten akzeptieren).

Vielmehr betrachten Sie jeden FPV als einen Fachmann, der Sie – wenn er fachlich kompetent ist und gleichzeitig ethisch handelt – bestenfalls handwerklich in der Auswahl für Sie geeigneter Produkte unterstützen kann. Und Ihnen im optimalen Fall hilft, unnötige Risiken und Verluste zu vermeiden. Heldenverehrung ist Ihnen fremd und wenn Ihr FPV Ihnen vormachen möchte, dass er Prognosen erstellen oder zukünftige Entwicklungen der Finanzmärkte vorhersagen kann, dann benötigen Sie dringend einen neuen Ansprechpartner.

5. Eingeschränkter Alternativenraum durch manipulative Vorauswahl

Voll aus dem Leben

Eine sehr sympathische Kollegin – exzellente Betriebswirtin im Schwerpunkt Personalwesen und Human Resources – sprach mich an und bat mich um den typischen „kleinen Gefallen", der sich wie so oft als große Arbeit entpuppen sollte. Ihr harmlos klingender Wunsch: Ob ich ihr eben mal kurz bei der Auswahl eines guten Investmentfonds für ihre Fondspolice (= fondsgebundene Lebensversicherung) helfen könne. Sie fühlte sich überfordert von einer stattlichen Liste von insgesamt 62 (!) Investmentfonds, aus der sie wählen sollte. Scheinbar also die typische Qual der Wahl, denn hieraus durfte sie bis zu drei verschiedene Produkte zur Anlage ihres Kapitals auswählen.

Zur Erläuterung: Eine Fondspolice – auch fondsgebundene Lebens- oder Rentenversicherung genannt – ist ein privater Vorsorgevertrag bei einem Versicherer, bei dem das angesparte Kapital nicht, wie ansonsten üblich, in das kollektive Sicherungsvermögen aller Kunden (früher Deckungsstock genannt) fließt. Vielmehr können Kunden „ihr" persönliches Ansparkapital ganz individuell in einen oder mehrere Investmentfonds einbringen.

Diese Wahlmöglichkeit hatte der FPV meiner Kollegin als speziellen Vorteil der Fondspolice genannt und besonders darauf hingewiesen, dass sie jederzeit kostenlos (also ohne erneuten Ausgabeaufschlag) zwischen den verschiedenen Fonds hin- und herwechseln dürfe. Beispielsweise wenn sie bemerke, dass einer ihrer Fonds nicht so richtig *performe* oder es später vielleicht einen noch besseren nachhaltigen Fonds geben sollte. Diese Möglichkeit hatte die Kollegin jedoch jahrelang nicht genutzt, sondern es bei der vom FPV für Sie vorgenommenen Erstauswahl belassen. Durch einen konkreten Anlass sensibilisiert, hatte sie nun aktuell doch endlich einmal die Fonds geprüft und festgestellt, dass alle drei sich nicht besonders gut entwickelt hatten.

Also mailte sie mir die Liste mit den 62 Fonds, die ich als „kleine Gefälligkeit" eben mal schnell überfliegen sollte. Das tat ich gern – zunächst in der Annahme, dass ich in der Liste wohl auch ein paar preiswerte, breit streuende ETFs finden würde, die ich ihr guten Gewissens empfehlen könnte. Doch bei der Durchsicht der auf der Liste des Versicherers befindlichen Fonds gingen mir die Augen über. Es war kein einziger ETF auf der Liste, sondern ausschließlich **aktiv** gemanagte Fonds von insgesamt **nur drei Anbietern**. Nach Abzug von 24 Anleihe- und Geldmarktfonds, die aufgrund der Bedürfnisse der Kollegin im mittleren Alter nicht in Frage kamen, verblieben noch 38 reine Aktienfonds sowie Mischfonds. Mir blieb nichts anderes übrig, als die Liste auszudrucken (natürlich nachdem ich aufforderungsgemäß zuvor an die Umwelt gedacht habe). Auf dem Ausdruck notierte ich für jedes der grundsätzlich in Frage kommenden 38 Produkte die anhand der Wertpapier-Kennnummer (→ Glossar) von mir ermittelten jährlichen laufenden Kosten.[53] Die Angabe dieser Kosten – objektiv gesehen eine zentrale Entscheidungsgrundlage – fehlte leider auf der Liste des Versicherers. Ein Schelm, der Böses dabei denkt. Das ernüchternde Ergebnis meiner Recherche war, dass kein einziger Aktien- oder Mischfonds unter 1,6 % jährlichen Kosten auf der Liste war, die meisten Fonds bei knapp unter 2 % TER (total expense ratio, Gesamtkostenquote) und sogar einige zwischen 2,2 und 2,8 % jährlichen Kosten lagen. Kurz gesagt: Die Mischfonds erwiesen sich allesamt als „Mist-Fonds". Und auch die Aktienfonds waren sämtlich zu teuer.

Was sagt der Wirtschaftsnobelpreisträger William F. Sharpe zu diesem Thema?

„Das Einzige, was mit einiger Zuverlässigkeit vorhersagt, welche Investmentfonds in der Zukunft am besten abschneiden werden, sind ihre laufenden Kosten."

Das bedeutet also, je höher die Kosten, desto geringer die Aussicht auf Rendite.

Die jederzeitige Wechselmöglichkeit zwischen den vom Versicherer vorausgewählten kostenintensiven Fonds nützte meiner Kollegin also wenig. Es war – wie sie nach Durchsicht der von mir mit Kostenangaben ergänzten Liste meinte – die oft zitierte Wahl zwischen Pest und Cholera.

Typische Beispiele

Bei vielen Beratungssituationen stellen Ihnen FPV wenige vorausgewählte Alternativangebote oder -produkte vor. In den meisten Fällen sind es drei, achten Sie mal drauf.

So bietet Ihnen Ihr Bausparkassen-Vertreter die Wahl zwischen drei oder vier Tarifvarianten (z. B. in Hinblick auf Zinshöhe in der Anspar- und Darlehensphase, Spar- und Tilgungsgeschwindigkeit und Weiteres). Dass alle Angebote **von ein und derselben Bausparkasse** stammen, fällt dabei kaum auf. Und ist auch egal, denn es ist ja ohnehin die beste Bausparkasse.

Ähnlich sieht es bei Angeboten zu Altersvorsorgeprodukten, Krankenversicherungs- oder Berufsunfähigkeitsversicherungen etc. aus. Die Vorauswahl des FPV besteht zwar meist aus mehreren Produkten, letztlich oft aber nur von ein oder zwei Anbietern.

Auch bei Miet- oder Kaufimmobilien werden gerne drei bis vier Alternativen angeboten.

Warum manipulative Vorauswahl so schwer zu erkennen ist

Nun ist die Vorauswahl durch einen Dritten keineswegs immer manipulativ, sondern häufig gerade die versprochene Dienstleistung, die uns als Kunden entlasten soll. Jedoch müssen dem Kunden gegenüber die Kriterien der Vorauswahl klar und vollständig bekannt sein. Er muss bewerten können, ob und wie die Vorauswahl seine Interessen berücksichtigt. An dieser Stelle wird erneut der enorme Fehlanreiz deutlich, den der provisionsorientierte Vertrieb auslöst. Ein von Ihnen vergüteter Honorarberater könnte Ihnen ganz entspannt die tatsächlich für Sie günstigsten Alternativen vorauswählen. Selbst wenn Sie kein Produkt wählen, verdient er für seine Arbeit sein Geld. Einem provisionsfinanzierten FPV hingegen würden wir doch sehr viel Charakterstärke abverlangen, wenn er Ihnen das provisionsstärkere, aber für Sie ungünstige Produkt nicht in die engere Wahl einbrächte. Und dass die provisionsstarken Produkte regelmäßig für Sie die ungünstigeren sind, weil die Provisionen Teil der von Ihnen zu bezahlenden Kosten sind, haben Sie ja schon verinnerlicht. Beim Einfirmenvertreter ist die Situation für Sie noch ungünstiger, denn hier dürfen Sie immer nur zwischen (Pseudo-)Alternativen eines einzelnen Anbieters wählen. Viel Spaß!

Welche Folgen entstehen

Da es dem menschlichen Verhalten entspricht, sich primär auf das zu konzentrieren, was da ist und nicht etwa auf das, was fehlt, ist in sehr vielen Fällen eine Auswahlentscheidung innerhalb des angebotenen Alternativenraums bereits vorgezeichnet. Wir wählen in solchen Situationen das wahrscheinlich Beste aus einer schlechten Vorauswahl. Manche nennen das Big-Brother-Effekt. Bei dem Big-Brother-TV-Format wurden ausgewählte Kandidaten über Tage in einem Container-Haus zusammengesperrt. Die Freund- und Feindschaften und Lieben, die sich da ergaben, entsprangen notgedrungen aus dem vom Sender begrenzten vorausgewählten Kandidatenpool. Andere sagen dazu: Unter den Blinden ist der einäugige König. Jedenfalls wissen Sie nun, was gemeint ist und wie manipulative Vorauswahl funktioniert.

Woran Sie eine manipulative Vorauswahl erkennen

Ihre Chancen, eine manipulierte Vorauswahl oder einen zu Ihrem Nachteil vorab eingeschränkten Alternativenraum zu erkennen, steigen naturgemäß mit dem Grad Ihres Vorwissens. Leider bedeutet dies – wie schon an mehreren anderen Stellen festgestellt – dass Sie, um einigermaßen auf Augenhöhe in die Beratungssituation zu gehen, schon ein gewisses Maß an neutraler Vorinformation benötigen. Darüber hinaus gibt es jedoch einige gut erkennbare Anhaltspunkte dafür, dass man Sie gerade „in der Box" denken und auswählen lässt.

Misstrauisch sollten Sie werden, wenn

- Ihnen nur eine Marke, nur eine Sparte oder nur ein Produkttypus angeboten wird,
- man Ihnen sofort konkrete Produkte anbietet, ohne zuvor zu erläutern, mit welchen Funktionalitäten (also grundlegenden Produkteigenschaften) Ihr Bedarf überhaupt grundsätzlich befriedigt oder Ihr Problem gelöst werden kann,
- Ihre Bedürfnisse bzw. Auswahlkriterien nicht ausführlich abgefragt werden, um darauf ein wirklich individuell zugeschnittenes Angebot zu unterbreiten, oder
- es überhaupt keine Informations- oder Aufklärungsphase über relevante Kriterien gibt.

Was Sie gegen manipulative Vorauswahl tun können

Drei Empfehlungen machen Sie stärker:

Erstens informieren Sie sich an neutraler Stelle ein wenig vor und **erkunden** den Alternativenraum (also z. B. die für Ihren Bedarf in Frage kommenden Anbieter und Produkttypen).

Zweitens können Sie Ihren Alternativenraum auch dadurch **erweitern**, dass Sie auf alle Fälle zwei FPV unabhängig voneinander zu der gleichen Problemstellung befragen. Und wenn die Empfehlungen völlig identisch sind oder aber im Gegenteil überhaupt keine Schnittmengen aufweisen, dann sollten Sie auch noch einen dritten befragen.

Drittens können Sie bei wichtigen Entscheidungen auch versuchen, die erhaltene Vorauswahl mit der zu **vergleichen,** die Dritte mit abweichenden Startbedingungen erhalten haben. Ein paar cleveren Studierenden von mir unterbreitete ein FPV eines Finanzstrukturvertriebs jeweils unabhängig voneinander in diskreten Einzelberatungen ein „individuelles Berufs-Starter-Paket". Dummerweise tauschten sich die Studierenden untereinander aus und stellten fest, dass sie trotz unterschiedlichem Geschlecht, Alter und Vorerkrankungen alle mit der gleichen Produktkombination von Berufsunfähigkeitsschutz und Rürup-Rente eines einzigen Anbieters optimal versorgt seien. Tja, da war es wohl mit der unabhängigen Marktabdeckung und individuellen Beratung doch nicht so weit her.

Woran Sie Ihren Fortschritt erkennen

- Daran, dass Sie immer mehr darauf achten, was man ihnen **nicht** anbietet und sich nicht auf das fokussieren lassen, was man Ihnen bietet. Sie befolgen also den Grundsatz, dass Sie immer gerade am meisten auf den Hund achten, der nicht bellt!
- Daran, dass Sie in **Funktionen** und nicht in Produkt- oder Branchenkategorien denken. Sie fragen also nicht mehr „Was ist es?", sondern „Was tut es – was bewirkt es für mich?". Und damit lassen Sie sich nicht mehr von de facto identischen Varianten eines Produktes eine angebliche Auswahl vorgaukeln.

6. Verwechslung von Anlageklasse und Anlagevehikel

Voll aus dem Leben

Auf einer Kapitalanlegermesse kurz vor Ausbruch von Covid-19 spricht ein übermotivierter Mitarbeiter eines Finanzdienstleisters im Folgenden als **üVR** (übermotivierter Vielredner) einen genervten Hochschulprofessor **(gHP)** an, der es nicht geschafft hat, sich rechtzeitig auf der Herrentoilette einzuschließen.

Es entspinnt sich folgender Dialog, den ich zeitnah in anonymisierter Form dokumentiert habe.

üVR: Hallo Herr Professor – schön Sie zu sehen, kennen Sie eigentlich unser neues, supergeiles Investmentprodukt, mit dem wir risikominimierend eine systematische Outperformance im Vergleich zum risikoadjustierten Benchmark bei gleichzeitiger KI-algorithmusbasierter Volatilitätsreduktion unter Einbezug eines Monte-Carlo-Simulations-Modells zur Sharpe-Ratio-Steigerung zwecks Optimierung des maximalen Draw-Down-Risikos bei gleichzeitigem Smoothing-Effekt anbieten?

gHP: Nein.

üVR: Das enttäuscht mich nun aber doch sehr – denn schließlich sind Sie doch ein Mann der Wissenschaft, lehren für junge Studierende und sollten daher doch mit der Zeit gehen und solche tollen Finanzmarktentwicklungen mitverfolgen und auch Ihren Studierenden erklären.

gHP: Nein, das tue ich überhaupt nicht.

üVR: Sollten Sie aber, denn Sie werden doch als Professor aus Steuergeldern bezahlt und müssten daher doch relevante Entwicklungen an den Finanzmärkten verfolgen und auch fördern.

gHP: Relevante Entwicklungen verfolge ich sehr gründlich.

üVR: Und warum informieren Sie sich dann nicht in unseren überall publizierten Anzeigen über unser tolles Produkt und berichten in Ihren Vorträgen und Publikationen darüber?

gHP: Ganz einfach, weil ich für Grimms Märchen zu alt bin. Und für Finanzpornographie und platte Werbelügen zu schlau und gut informiert. Ich halte Ihr Investmentvehikel allein von den Versprechungen her für eine Mogelpackung und glaube Ihnen einfach nicht, dass Sie aus Abfall Gold für die Anleger herstellen können. Die von Ihnen behaupteten Renditeerwartungen sind im Verhältnis zu den Anlegerrisiken unrealistisch und können – wenn man Wunder ausschließt – nicht funktionieren.

Ergebnis: Ruhe für den gesamten restlichen Messetag, zumindest vor diesem üVR.

Zwingend erforderlich: Unterscheidung zwischen Inhalt und Verpackung (also: Anlageklassen und Anlagevehikeln)

Bei der schier unendlichen Auswahl und Vielfalt an Finanzprodukten wird Sie folgender sehr wichtiger Satz wahrscheinlich sehr verdutzen: **Es gibt nur ganz wenige Dinge, in die Sie Ihr Geld letztendlich investieren können.** So einfach und wahr dieser Satz ist, so überlebenswichtig ist seine Botschaft: Es gibt einen entscheidenden Unterschied zwischen Inhalt und Verpackung. Im Finanzsprech: zwischen Anlageklassen und Anlagevehikeln. Mit dieser Unterscheidung gehen Sie im Finanzdschungel nie wieder verloren.

Eine **Anlageklasse** ist das, worin Ihr Geld letztlich wirklich ruht bzw. gebunden ist. Das Geld steckt in der Anlageklasse.

Ein **Anlagevehikel** hingegen ist lediglich eine Hülle – eine Umverpackung um die Anlageklasse herum. Das nachfolgende Bild macht den Unterschied gut verständlich.

Anlagevehikel bieten eine Möglichkeit, die Anlageklasse zu portionieren

Wenn Sie zum Abendbrot ein paar Scheiben Käse – möglichst noch verschiedene Sorten – essen möchten, dann wollen Sie nicht ganze Käselaibe erwerben. Sie zahlen bereitwillig einen höheren Kilopreis dafür, dass Sie den Käse in kleinen Mengen und „mundfertig" gestückelt kaufen können. Exakt so ist das bei den Anlageprodukten. Anlagevehikel bieten eine Möglichkeit, die Anlageklasse zu portionieren, dem Privatanleger den Zugang zu der Anlageklasse zu erleichtern – und natürlich auch, um aus Sicht der Finanzindustrie schöne Margen zu verdienen und unattraktive Anlagen durch die Umverpackung aufzuhübschen und überhaupt verkäuflich zu machen. Um hier im Bild zu bleiben: Aus den unattraktiven Randstücken kann man immer noch Reibekäse herstellen, den sich die Leute dann auf die Pizza oder den Auflauf streuen.

Aus Kundensicht sollten Sie also stets sehr genau und kritisch abwägen, ob der zusätzliche Nutzen von Anlagevehikeln deren Kosten und Risiken rechtfertigen.

Die Welt der Anlageklassen – das Anlageuniversum

Kommen wir noch einmal zu dem Satz: Es gibt nur ganz wenige Dinge, in die Sie Ihr Geld letztlich investieren können. Das sind nämlich nur die Anlageklassen. Und das Angebot an Anlageklassen ist sehr überschaubar. Abgesehen von **„exotischen Anlagen"** – dazu gleich mehr – gibt es letztlich nur folgende Aufbewahrungsmöglichkeiten für Ihre Reserven, die als traditionelle Anlageklassen bezeichnet werden und sich im

Grundsätzlichen seit hunderten von Jahren nicht geändert haben. Im Einzelnen sind es:

1) **Geld/Cash** (Bargeld, Münzen, Scheine, Einlagen auf Girokonten, sonstigen Geldmarktkonten, Sparkonten etc.)
2) **Anleihen** (also festverzinsliche Wertpapiere aller Arten und mit unterschiedlichen Schuldnern wie Bund, Kommune, Unternehmen unterschiedlicher Größen und Bonitäten bis hin zu windigen „High-Yield-Bonds", siehe Kapitel B 15)
3) **Aktien** (aus unterschiedlichsten Branchen, Ländern, Währungsgebieten, Unternehmensgrößenklassen ... insgesamt gibt es weltweit nur rund 12.000 Aktien, die für deutsche Privatanleger ohne Weiteres erhältlich sind)
4) **Immobilien, Land, Wald:** Falls gewünscht, kann man hier näher unterscheiden – zum Beispiel in Wohnimmobilien und Gewerbeimmobilien sowie in Bauland, Bauerwartungsland und sicher für Bebauung nicht in Frage kommendes Land sowie nach landwirtschaftlicher und forstwirtschaftlicher Nutzung.
5) **Gold, Edelmetalle, Diamanten:** Auch hier ist eine weitere Differenzierung, je nach konkretem Interesse, möglich und sinnvoll. Denn die Preisentwicklung von Gold zu Silber oder anderen Edelmetallen verhält sich keineswegs immer proportional – und auch die Märkte für Diamanten und andere Edelsteine folgen ihren ganz eigenen Regeln. Das ändert jedoch nichts daran, dass es sinnvoll ist, diese Anlagegegenstände zu einer einzigen Anlageklasse zu verdichten.
6) **Rohstoffe, Energieträger:** Oft werden diese zur Anlageklasse (5) hinzugerechnet – das ist reine Definitionssache. Kupfer, Aluminium, Eisenerz und viele andere Industriemetalle gehören ebenso in diese Gruppe wie auch seltene Erden, Erdöl, Erdgas. Dies wären die nicht nachwachsenden Rohstoffe. Zu den nachwachsenden gehören dann beispielsweise Grundnahrungsmittel wie Sojabohnen, Raps, Reis, Mais, aber auch Schweine, Rinder und Zuchtlachse.

Neben diesen traditionellen Anlageklassen gibt es noch eine weitere Klasse, die aus sogenannten **exotischen Anlageformen** besteht. Diese werden als exotisch bezeichnet, da sie randständig sind und nur von vergleichsweise wenigen Menschen – manchmal geradezu Fans mit hoher emotionaler Bindung – genutzt werden. Beispiele gibt es zuhauf: von Briefmarken über Porzellan-Puppen, über wertvolle Damen-Handtaschen und Herren-Piloten-Armbanduhren bis hin zu Oldtimern, digitalen Kunstwerken oder Währungen (z. B. Bitcoin), altem Rotwein oder Whiskey, Schmuck, Skulpturen und vielem anderen. Gemeinsame Eigenschaften all dieser „Exoten" sind sowohl die starke Emotionalität, die sie in ihrer Fangemeinde auslösen als auch ihre schlechte Veräußerbarkeit (Liquidierbarkeit).

Nun zu den Beispielen für Anlagevehikel

Ein Anlagevehikel ist die Hülle – also lediglich eine Umverpackung um die Anlageklasse. Man könnte auch sagen, eine Verkaufsverpackung. FPVs werden Ihnen fast ausschließlich Anlage*vehikel* anbieten, nämlich eben die Produkte, die Banken, Bausparkassen, Versicherungsunternehmen, Kapitalanlagegesellschaften usw. im Produktportfolio haben. Die wichtigsten sind:

- Einlagenkonten aller Art (Giro-, Spar-, Tagesgeld-, Festgeldkonten),
- Investmentfonds (aktive und passive), vermehrt auch börsengehandelte (= ETFs),
- Investment-Zertifikate,
- Bausparverträge und weitere Produkte rund um die Immobilienfinanzierung,
- kapitalbildende Versicherungsverträge (private kapitalbildende Lebens- und Rentenversicherungen, Riester- und Rürup-Verträge, Versicherungen der betrieblichen Altersvorsorge und zahllose Varianten und Scheininnovationen mit verwirrenden – meist englischsprachigen – Begrifflichkeiten).

Allein bei den Investment-Zertifikaten soll es angeblich über eine Million Produkte geben – wir konnten diese noch nicht alle nachzählen. Gemeinsam ist allen: Sie enthalten lediglich eine oder wenige Anlageklassen. Beispielsweise ist der Aktienfonds eine Hülle um mehrere Aktien. Ein Mischzertifikat besteht z. B. aus Anleihen, Rohstoffen und Aktien – ebenfalls mit einer Hülle drumherum. Und so weiter und so fort.

Zwischenergebnis

Einer sehr geringen und gut überschaubaren Gruppe von Anlageklassen, die sich über Jahrtausende kaum verändert hat, steht eine völlig unüberschaubare Vielzahl sich ständig verändernder, zum Vertrieb zugelassener „Verpackungen" gegenüber, die Sie durch Wandel und Scheininnovationen verwirrt (vgl. obiges Beispiel „Voll aus dem Leben").

Dilemma der Vehikel verstehen

Einerseits benötigen Privatanleger – insbesondere Normalverdiener – Anlagevehikel. Wer kauft schon einen ganzen Käselaib. Genauso wenig wie einen ganzen Wald, ein Einkaufszentrum als Gewerbeimmobilie oder einen kompletten Wohnpark. Also sind sie froh, dass sie den Käse als Aufschnitt in einer Verpackung erwerben können. Jedoch sollte die Verpackung nicht allzu teuer sein, so dass wir uns den Käse noch leisten können. Und den Inhalt verderben oder vergiften sollte eine Verpackung auch nicht.

Vehikelrisiken verstehen

Die Plastikhülle, die den Käse verpackt, sollte z. B. lebensmittelgeeignet sein. Würden aus einer minderwertigen Plastikverpackung Schadstoffe in den Käse diffundieren, so wäre das sinnbildlich exakt das Problem eines Vehikelrisikos. Der eigentlich gute Käse wird durch die ungeeignete Hülle vergiftet. Ebenso kann eine für sich genommen gute Anlageklasse durch Wahl eines schlechten Anlagevehikels plötzlich zusätzliche Risiken erhalten. Dass diese Problematik nicht nur theoretisch auftritt, sondern höchst relevante Praxis ist, haben Anleger erlebt, die mittels Investmentzertifikaten der US-amerikanischen Investmentbank *Lehman Brothers* ihre Ersparnisse mehren wollten. Aufgrund der Insolvenz von *Lehman Brothers* wurden die Zertifikate nahezu wertlos, da sie juristisch eine nicht weiter gesicherte Forderung gegen die Bank darstellten.

Unrealistische Erwartungen hinsichtlich Anlagevehikeln erkennen

Wie im obigen Einstiegsbeispiel aufgezeigt, provozieren viele FPVs unrealistische Vorstellungen darüber, was Anlagevehikel angeblich alles leisten können. Oft vermitteln sie den Eindruck, dass die Verpackung den

Inhalt verbessern könne. Das ist natürlich völlig unmöglich. Denn Käse bleibt Käse – ganz unabhängig davon, wie schön Sie ihn verpacken.

Wer glaubt, er könne mit einem Anlagevehikel auf eine bestimmte Anlageklasse dauerhaft mehr Rendite erzielen, als die Anlageklasse selbst, der glaubt auch, er könne beim Joggen seinem eigenen Schatten davonlaufen. Wer glaubt, er könne mit einem Anlagevehikel, welches eine Mischung von mehreren Anlageklassen abbildet, mehr Rendite erzielen, als es der Mischung der Anlageklassen selbst entspricht ... Sollen wir fortfahren?

Anlagevehikel erbringen nie eine eigene Rendite. Ein Anlagevehikel kann folglich nur so viel Rendite erbringen, wie von der über die Verpackung genutzten Anlageklasse zugeflossen ist. Es ist wie mit dem Strom, der ja nicht von sich aus der Steckdose kommt. Irgendjemand muss den Strom am anderen Ende der Leitung eingespeist haben.

In der fortdauernden Nullzinswelt gibt es sogar nur noch zwei relevante Anlageklassen mit einer intrinsischen (also fortlaufenden) Rendite, nämlich Aktien und Immobilien. **Aktien** schütten eine regelmäßige Dividende aus (auch wenn ihre Höhe nicht garantiert ist), und **Immobilien** ermöglichen Mieteinkünfte. Bei allen anderen Anlageklassen sind Gewinne nur durch Preissteigerungen möglich.

Hinzu kommt: Anlagevehikel verursachen zusätzliche Kosten, welche die Rendite der eigentlichen Renditebringer (Anlageklasse) mindern. Es ist also immer zu hinterfragen:

- Wie hoch sind die Kosten des Anlagevehikels?
- Sind diese gerechtfertigt, um die Anlageklasse nutzen zu können?

Was Sie aus diesem Kapitel mitnehmen

Sie haben den Unterschied zwischen Anlageklasse und Anlagevehikel verstanden. Und Sie haben erkannt, dass die von Ihnen angestrebte Werterhaltung oder Wertsteigerung sowie auch laufende Erträge letztlich nur aus der Anlageklasse stammen und Vehikel nichts anderes sind als Umverpackungen. Die Nutzung von Vehikeln verursacht stets Kosten und erzeugt zusätzliche Gefahren – nämlich Vehikelrisiken. Trotzdem kann die Nutzung von Vehikeln sinnvoll sein. Insbesondere dann, wenn

Kosten und Risiken überschaubar sind und durch die „Portionierung" der Zugang zu einer attraktiven Anlageklasse erleichtert wird. Zudem, wenn Sie durch die Vehikel bei geringen Kosten eine breite Streuung (= Diversifikation) von Risiken erreichen. Leistungsfähige Aktien-ETFs (Exchange Traded Fonds) lassen an dieser Stelle grüßen.

7. Vorgeschobene Zielkonflikte: Das „magische Dreieck der Geldanlage"

Der Trick bzw. das Muster

Häufig behauptet man, dass zwischen den von Ihnen angestrebten Zielen ein unauflösbarer Konflikt bestünde. Meist ist das reine Manipulation. Ein einfaches Beispiel: Im Schnellrestaurant (in das wir nie gehen, aber alle kennen) lautet eine typische Frage: „Wollen Sie Ihre Pommes mit Majo oder mit Ketchup?" Kaum ein Kunde antwortet „mit beidem", und wenn dann „Majo plus Ketchup" einen Aufpreis kostet, dann würde es den Kunden auch nicht wundern.

Auch bei nicht ganz so trivialen Entscheidungen wie den Pommes werden wir häufig mit solchen „Entweder-oder-Fragen" bzw. Abwägungen konfrontiert. Meist wird uns ein Zielkonflikt zwischen dem „entweder" und dem „oder" vorgegeben. Sie können eben nicht alles haben, also wägen Sie bitte ab: Hätten Sie gerne mehr von diesem – natürlich zu Lasten des anderen oder lieber umgekehrt? Die scheinbar selbstverständlichen – wie von Naturgesetzen vorgegebenen – Zielkonflikte werden dabei nicht mehr in Frage gestellt. Sie scheinen gesetzt. Ein typischer Fall von „in der Box denken", also „thinking in the box" statt „out of the box thinking".

Der mit großem Abstand am weitesten verbreitete Klassiker dieser höchst manipulativen Vorgehensweise ist im Bereich des Finanzvertriebs das seit Jahrzehnten ins Spiel gebrachte „Magische Dreieck der Geldanlage". Es behauptet einen gottgegebenen Zielkonflikt zwischen Rendite, Liquidität[54] und Risiko[55]. Auch hier soll gelten: Sie können nicht alles haben. Sie müssen sich entscheiden.

Sehen wir uns die manipulative Suggestion des „magischen Dreiecks der Geldanlage" genauer an:

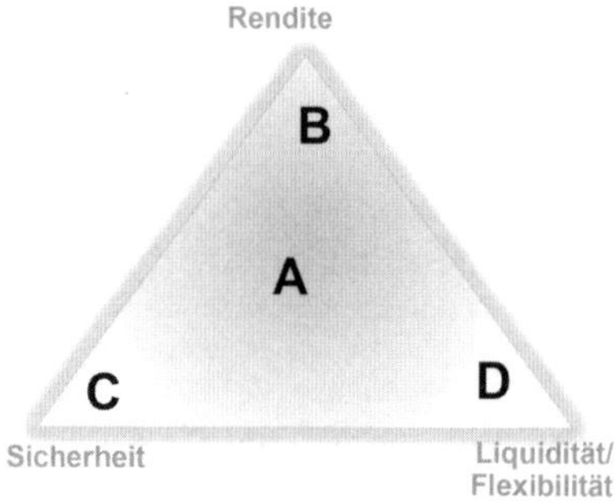

Manipulative Suggestion des „magischen Dreiecks der Geldanlage"

Um Ihre Entscheidung für ein Finanzprodukt in die gewünschten Bahnen zu lenken, stellt Ihnen der FPV das „magische Dreieck der Geldanlage" vor und fragt Sie dann, wo Sie im konkreten Fall Ihren „Dartpfeil" hinwerfen wollen. Wünschen Sie einen ausgewogenen Kompromiss zwischen Rendite, Sicherheit und Liquidität Ihrer Anlage, dann kommt Alternative „A" in Frage. Streben Sie jedoch nach hoher Rendite, dann sind Sie der „B-Typ", der sich zwangsläufig von den Zielen Sicherheit und Liquidität entfernt. Und falls Ihre Priorität bei der Sicherheit liegt und Sie sich bei „C" positionieren, dann müssen Sie eben Ihre Erwartungen sowohl an Rendite als auch an Liquidität zurückschrauben.

Das ist doch völlig klar! ***Ist es das wirklich?***

Sollen wir an die Magie und Zwangsläufigkeit des magischen Dreiecks glauben, oder könnte es sein, dass wir mit diesem Bild ganz kräftig „verschaukelt" werden?

Lassen Sie uns die magischen Begriffe Rendite, Sicherheit und Liquidität einmal durch die Begriffe Singen, Tanzen und gut aussehen ersetzen. Dann erhalten Sie folgendes – didaktisch äußerst wertvolle – magische Dreieck: Nehmen Sie einmal die Märchenfigur Rumpelstilzchen: Diese kann weder gut singen noch gut tanzen. Nach der Logik des magischen Dreiecks müsste sie daher wunderschön aussehen. Das tut sie aber nicht. Der Verdacht liegt nahe, dass Ihnen mit dem Bild des magischen Dreiecks der Geldanlage eine **Zwangsläufigkeit suggeriert** wird, die in Wahrheit nicht gegeben ist.

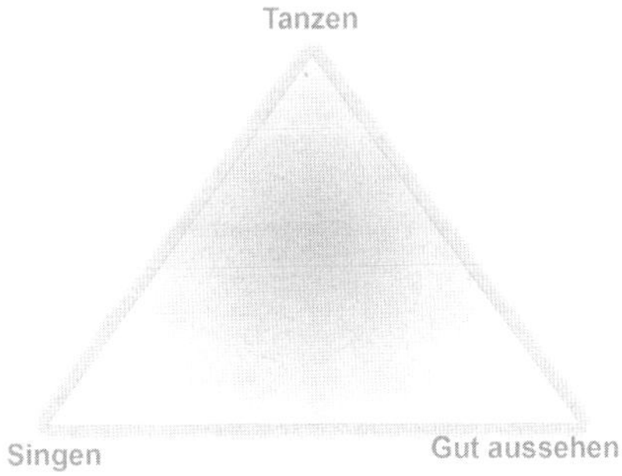

Nicht jeder, der nicht Tanzen und Singen kann, sieht dafür gut aus ...

Wahrscheinlich kommt das folgende Bild Ihrer Entscheidungssituation erheblich näher:

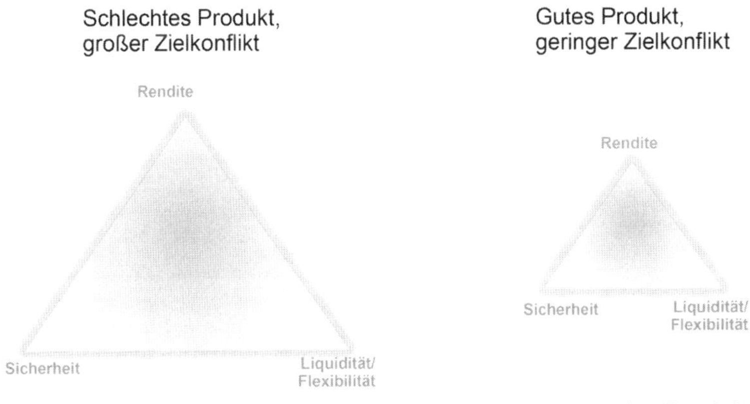

Mit einem guten Produkt können Sie in Wahrheit gleichzeitig zwei oder allen drei Zielen näher kommen

Die kritikwürdige Suggestion des magischen Dreiecks besteht darin, dass so getan wird, als ob die Distanzen zwischen Ihrer Wunschposition A, B, C oder D und den Maximalausprägungen der drei Ziele fest vorgegeben seien. Bildhaft gesprochen: Es wird so getan, als sei die Größe des magischen Dreiecks fix vorgegeben. Jedoch können Sie in Wahrheit

gleichzeitig zwei oder allen drei Zielen näher kommen, wenn ein gutes Produkt im Vergleich zu einem schlechten einen geringeren Zielkonflikt auslöst. Um im obigen Bild zu bleiben: Gute Produkte ermöglichen Ihnen eine geringere Distanz zwischen den angeblich in Konflikt stehenden Zielen – und zwar ganz unabhängig davon, wo Sie sich innerhalb des Dreiecks positionieren.[56]

Reine Theorie? Keineswegs

Lassen Sie uns als Gegenbeispiel einen einfachen ETF mit Bindung an den Deutschen Aktienindex (DAX) einem vergleichbaren Anlagezertifikat gegenüberstellen. Die folgende Tabelle zeigt das Ergebnis:

Kriterium	Zertifikat	ETF	Begründung
Rentabilität	unterlegen	überlegen	Trotz identischem Index (nämlich DAX) ist die Rentabilität des Zertifikates aufgrund höherer Einmalkosten und laufender Kosten geringer. Und wenn Sie nicht aufpassen, werden Sie außerdem nicht am Performance-DAX, sondern nur am Kurs-DAX beteiligt. Unangenehme Folge: Ihnen entgeht die Dividenden-Rendite.
Liquidität	unterlegen	überlegen	Der ETF ist börsenfähig und damit sekündlich handelbar. Abgesehen von exotischen Ausnahmen ist auch das Handelsvolumen der ETFs recht hoch. Die Handelbarkeit des Zertifikates wird hingegen lediglich durch einen Market-Maker (→ Glossar), meist sogar identisch mit der herausgebenden Bank, gewährleistet. Da das Handelsvolumen der meisten Zertifikate vergleichsweise gering ist, kommt es zu höheren Differenzen (Spannen) zwischen Kauf- und Verkaufspreisen – zum Nachteil des Anlegers.
Sicherheit	unterlegen	überlegen	Während Anleger bei Zertifikaten das Insolvenzrisiko des herausgebenden Kreditinstitutes tragen, genießen Sie beim ETF die Sicherheit eines Sondervermögens. Die Insolvenz der ETF-Gesellschaft bleibt also ohne Auswirkungen auf die Anleger.

Der ETF entspräche bei der obigen Abbildung also dem rechten Dreieck. Die Zielkonflikte sind hier geringer. Denn der ETF ermöglicht Ihnen gleichzeitig mehr Rendite, mehr Liquidität und mehr Sicherheit als das vergleichbare Zertifikat. Doch warum wird Ihnen dann ein ETF vom FPV meist nicht empfohlen? Wahrscheinlich ahnen Sie die Antwort bereits. Die Erträge für den Finanzdienstleister und die Vergütung für den FPV sind natürlich erheblich größer, wenn Sie das Zertifikat zeichnen. Wenn Sie dann noch ein Zertifikat auf den Kurs- statt Performance-Index kaufen, dann lohnt es sich für den Finanzdienstleister ganz besonders.

Andere Beispiele

Auch wenn das „magische Dreieck der Geldanlage" im Bereich des Finanzvertriebs mit Abstand das meistgenutzte Beispiel für einen künstlich herbeigeführten Zielkonflikt darstellt, so gibt es noch einige weitere.

Anlegern, die **nachhaltige Investments** suchen, wird häufig eingeredet, dass dies nur bei gleichzeitigem Renditeverzicht möglich sei. Dazu sei die Frage erlaubt: „Wer sagt das – und womit lässt sich diese Behauptung beweisen?". Der wichtigste Faktor für eine schlechtere Rendite von Anlageprodukten sind hohe Kosten. Jedoch müssen Nachhaltigkeitsprodukte nicht zwangsläufig hohe Kosten aufweisen – vor allem, wenn wir dies nicht einfach so akzeptieren. Der Markt und der Wettbewerb werden es dann schon richten.

Gleiches gilt für die Unterstellung, dass nachhaltige Anlagen zwangsläufig Einbußen in der Risikostreuung bewirken. Es gibt zwar Produkte, bei denen dieser Zusammenhang besteht, jedoch gibt es auch positive Gegenbeispiele, die sowohl Nachhaltigkeitsansprüchen genügen als auch eine gute Risikostreuung ermöglichen.

Wie Sie vorgeschobenen Zielkonflikten entkommen

Eine wirkungsvolle Abhilfe gegen die Suggestion von Zielkonflikten besteht darin, dass Sie prüfen, ob sich das suggerierte „entweder oder" durch ein „sowohl als auch" ersetzen lässt. Als Folge hinterfragen Sie nämlich, ob die behauptete Abhängigkeit zwischen Variablen oder Eigenschaften wirklich objektiv gegeben oder nur *vor*gegeben ist. Das gilt im Negativen wie im Positiven. Negativ: Es kann sein, dass der Zielkonflikt zwischen bestimmten Produkteigenschaften gar nicht vorliegt. Umgekehrt ist eine Schwäche in einem Kriterium noch lange kein Beweis für eine Stärke bei einem anderen. Sie erinnern sich an Rumpelstilzchen ...

Noch ein Beispiel: Ein neuentwickelter Autoreifen mit schlechten Aquaplaning-Eigenschaften hat noch lange nicht bewiesen, dass er auf trockener Fahrbahn besonders gute Bremswege ermöglicht.

---

8. Verkaufsrhetorik (2): Auslösen von Zeitdruck und Verknappung

Mitten aus dem Leben

Das Altonaer Thor in Hamburg im August, Abends kurz vor der Sperre. Zu sehen ist die 1819/20 neu erbaute klassizistische Toranlage von Carl Ludwig Wimmel – Autoren Gebrüder Suhr (Christoffer und Peter), Quelle: https://commons.wikimedia.org/w/index.php?curid=65997650

Als Johannes Rost mit seinem Sohn im Juli des Jahres 1834 von Einkäufen in Harvestehude mit dem Pferdewagen nach Hamburg zurückkehrte, bemerkte er mit sorgenvollem Blick zum Himmel, dass die Dämmerung bereits angebrochen war. Bei Einbruch der Dunkelheit wurden die Stadttore jeden Abend aus Sicherheitsgründen geschlossen. Falls er Hamburg nicht rechtzeitig erreichte, bestand die Gefahr, dass er mit Sack und Pack vor den Toren übernachten musste, und dort Räubern und wilden Tieren ausgeliefert war. Oder er musste auf Umwegen gegen Entrichtung eines zusätzlichen „Sperrgeldes" um Einlass in die Stadt nachsuchen. Also feuerte Johannes Rost seine zwei Pferde mächtig an, winkte heftig mit der großen Peitsche, verzichtete auf die eigentlich geplante Pause auf halber Strecke, und erreichte Hamburg gerade eben noch mit dem letzten hellen Schein der Dämmerung.

Was es ist

Diese Urmutter der „**Torschlusspanik**" enthält eine Reihe von Elementen, wie sie grundsätzlich auftreten, wenn der verfügbare **Zeitrahmen** für Wünsche, Tätigkeiten und Entscheidungen verkürzt wird. Man fügt sich in der Regel in den neuen Zeitrahmen, investiert zusätzliche Energien und Kräfte und erreicht ein besonderes Maß an Zufriedenheit, wenn man „es doch noch geschafft" hat.

Jeder kennt wahrscheinlich das Gefühl, wenn man das letzte Komfortzimmer im Hotel hat buchen können, die letzten zwei Karten für ein Konzert mit Anna Netrebko oder Metallica ergattert hat (natürlich vorausgesetzt, es ist der präferierte Musikstil). Dazu gesellt sich gerne dann auch ein Gefühl von Überlegenheit denjenigen gegenüber, die das nicht geschafft haben. **Verknappung** eines Guts erhöht offenbar häufig die Attraktivität und trennt die Interessenten in Gewinner und Verlierer. („Wer zu spät kommt ...")

Typische Beispiele

- QVC-Online-Werbung für „Decken und Kissen" einer bestimmten Marke am 21.09.2021: „Oh, traurig ist nur, dass nicht mehr alle das Kissen und die Decke zusammen bekommen können, denn die Kissen sind nur noch in geringer Stückzahl vorrätig ..."
- Limitierte Auflagen bei Kunstwerken.
- Das Sonderangebot gilt nur für drei Tage, anschließend müssen wir wieder den vollen Preis berechnen.
- Testversionen im Internet, die für 30 Tage mit Einschränkungen genutzt werden können.
- Der „Wühltisch" im Sommerschlussverkauf.
- „Nur solange der Vorrat reicht ..."

Gute Verkäufer vermitteln ihren Kunden also glaubhaft, dass sie sich schnell entscheiden müssen, da sie sonst leer ausgehen.

Warum wirken Zeitdruck und Verknappung

Obwohl der Entscheidungs- und Handlungsspielraum des Kunden eingeengt wird, bleibt das Kauferlebnis positiv. Man denke nur an die Schlangen vor den Apple Stores bei z. B. der Einführung eines neuen iPhones. Durch Verknappung und zeitliche Limitierung gewinnt das Gut an Interesse, es scheint eine höhere Qualität zu haben, wir haben das Gefühl, zu den Gewinnern zu gehören, wenn wir es trotz der Einschränkungen erwerben können. Und wir möchten auf keinen Fall zu den Verlierern gehören, die diese besondere Chance verpasst haben.

Hinzu kommt, dass das Gehirn unbedingt Verluste vermeiden möchte und schon *mögliche* Gewinne eine besondere Ausschüttung von Endorphinen, also positive Verstärkung und Belohnung verheißen.

Welche Folgen entstehen

Wenn wir der Einengung unseres Entscheidungs- und Handlungsspielraumes zustimmen, begeben wir uns auf ein **fremdes Spielfeld** und sind nicht mehr diejenigen, die die Spielregeln bestimmen. Die verlorene Souveränität schätzen wir allerdings normalerweise hoch ein. Durch die Limitierung des Zugangs zu dem Produkt erscheinen plötzlich Verhaltensweisen als attraktiv, die den Erwerb nicht nur als Gewinn für Sie selbst erscheinen lassen, sondern auch als ein Gewinnen gegen die Mitbewerber. Der Kauf wird zu einem Kampf, und es geht um **Gewinnen oder Verlieren**. Auf der Strecke bleiben naturgemäß die kritische Prüfung von Produkt und wirklichem Nutzen und Wert, eine Abwägung von Einsatz und Ertrag. Nachdenken wird nicht mehr als sinnvolle Strategie gesehen. **Wir richten unser Verhalten auf die Limitierung aus**, geben dem erzeugten Kaufdruck nach.

Und manchmal ist der Gewinn ja attraktiv genug, wenn man dann zu den Gewinnern gehört ...

Was Sie tun können, um sich nicht durch Zeitdruck und Verknappung drängen zu lassen

Machen Sie sich klar, dass in aller Regel Verknappung an Zeit und Produkt ein gezieltes Marketinginstrument des Anbieters ist. Ziel ist es, den Wunsch der Kunden, nach eigenen Regeln und Gewohnheiten zu kaufen, auszuhebeln, um schneller und mehr Umsatz zu generieren. Dabei ist der Wunsch eines Unternehmens nach mehr Umsatz ja durchaus legitim. Ob es allerdings aus Unternehmenssicht nachhaltig sinnvoll ist, Entscheidungs- und Handlungsspielräume einzuengen, kann in unterschiedlichen Branchen divers eingeschätzt werden. Bei der Entscheidung für die eigene Vorsorge für spätere Jahre, für mehr finanzielle Handlungsspielräume, wenn sich die Investition auszahlt, scheinen Zeitdruck und Verknappung nicht die besten Ratgeber zu sein. Überzeugung und Mehrwert sollten nicht allein von kurzfristigen Marketingaktionen abhängig gemacht werden, schließlich handelt es sich ja um Vertrauensgüter (vgl. Kapitel A 5) und Entscheidungen mit langfristigen Folgen. Wenn Verknappung und Zeitdruck im Verkaufsgespräch dazu eingesetzt werden, um Sie daran zu hindern, konkret nachzudenken, eine Nacht darüber zu schlafen, eine zweite Meinung einzuholen, dann sollen Sie als Kunde wohl eher überrumpelt als überzeugt werden.

Wenn ein Angebot des FPV, das von Ihnen geprüft wurde, tatsächlich genau zu Ihrem Bedarf passt, Sie wirklich zufriedenstellt, Ihre Entscheidung nur noch durch die Unterschrift bestätigt werden muss und das alles in eine Phase von aktuellen Sonderkonditionen fällt, nehmen Sie diese gerne in Anspruch. Aber eben nur dann. „Nichts ist teurer als das, was du umsonst bekommst.", lautet ein japanisches Sprichwort.

Woran Sie Ihren Fortschritt erkennen

Wenn Sie merken, dass Sie ein Schild im Kaufhaus, auf dem „Sale" steht, nicht nur als Ort für Verkauf verstehen, sondern wissen, dass an dieser Stelle Waren angeboten werden, die scheinbar zu besonders günstigen Preisen (deutsch: „Ausverkauf") nur eine kurze Zeit lang zur Verfügung stehen.

Wenn Sie merken, dass Sie gelassen bleiben können, wenn ein Produkt, das Sie durchaus interessant finden, gerade jetzt, und nur jetzt zu einem Sensationspreis angeboten wird. (Die Autoren gestehen gerne ein, dass das alles andere als leicht ist.)

Die Empfehlung bezieht sich hier natürlich gezielt auf Produkte der Finanz- und Vorsorgeplanung, also Vertrauensgüter. Natürlich kann und soll und wird es weiterhin Spaß machen, als Schnäppchenjäger auf die „Pirsch" zu gehen.

9. Verkaufsrhetorik (3): Kunden auf die „Ja-Straße" führen

Was die „Ja-Straße" ist

„Wer fragt, der führt!" ist eine der ersten Regeln, die angehende Vertriebler im Verkaufstraining lernen. Und da ist natürlich eine Menge dran. Wer die Fragen stellt, kann zum einen das Thema vorgeben und darüber hinaus durch die Art der Fragestellung die Antwortmöglichkeiten des Gegenübers stark beeinflussen. Eine geschlossene Frage („Ist es für Sie wichtig, mit Ihrer Anlage eine vernünftige Rendite zu erzielen?") kann normalerweise nur mit „Ja" oder „Nein" beantwortet werden. Und in diesem Fall in der Regel mit „Ja". Hat man nun mehrere Fragen (mindestens drei) nacheinander mit „Ja" beantwortet, steigt die Wahrscheinlichkeit, dass auch auf die nächste Frage mit „Ja" geantwortet wird. Der Volksmund kennt das als: „Wer A sagt, muss auch B sagen".

Typische Beispiele

Terminvereinbarung

Das Telefon klingelt, ich melde mich mit meinem Namen. Die Dame am anderen Hörer säuselt: „Spreche ich mit Herrn Ulrich Bosetti persönlich?" „Ja." „Herr Bosetti, sind Sie als Geschäftsführer auch zuständig für ... in Ihrem Unternehmen?" „Ja." „Ist es für Sie grundsätzlich interessant, im Zusammenhang mit ... Kosten einzusparen?" „Ja." „Dann schlage ich vor, dass wir uns zeitnah zusammensetzen, um eine für Sie passende Lösung zu entwickeln. Wann passt es denn für Sie?"

Vertragsabschluss einer Versicherung

„Herr B., ist es für Sie wichtig, dass Sie und Ihre Familie dann, wenn Sie nicht mehr arbeiten, genügend finanziellen Spielraum haben, um ein sorgenfreies Leben zu genießen?" „Ja." „Kann ich davon ausgehen, dass Sie besonders interessiert sind an Produkten, die genau zu Ihrer persönlichen Situation passen?" „Ja." „Habe ich richtig verstanden, dass Sie bereits jetzt den Grundstein legen wollen für eine unbeschwerte finanzielle Zukunft?" „Ja, sicher." „Dann kann ich Ihnen heute ein Produkt vorstellen, das Sie überzeugen wird! Bitte unterzeichnen Sie hier, damit Sie schon heute von den Vorteilen profitieren können."

Warum die „Ja-Straße" Sie manipuliert und welche psychologischen Phänomene wirksam sind

Es geht um die eigene Glaubwürdigkeit, das konsistente eigene Verhalten bezüglich eines Sachverhalts. Uns Menschen ist es einfach unangenehm, unterschiedliche Positionen in ein und derselben Situation einzunehmen. Dazu kommt: Ein „Ja" fördert **Zustimmung und Harmonie** und vermeidet mögliche **Konflikte mit dem Gegenüber,** die durch ein „Nein" typischerweise ausgelöst werden **könnten**.

Welche Folgen es hat, wenn Sie sich über die „Ja-Straße" führen lassen

Die für Sie in aller Regel teuren Folgen liegen darin, dass Sie Ihre Unterschrift unter einen Vertrag setzen, der möglicherweise gar nichts mit Ihren Wünschen und Erwartungen an Ihre finanzielle Zukunft zu tun hat. Sie sind dem Verkäufer in eine rhetorische Falle getappt, die Ihre Zustimmung allein dadurch möglich macht, dass eine Reihe von „Ja"-Antworten die Wahrscheinlichkeit eines weiteren „Ja" deutlich erhöht. Und Sie wollten in der Verkaufssituation keinen Konflikt riskieren. Leider ist eine spätere Auflösung des für Sie unvorteilhaften Vertrages immer deutlich teurer, als in der Verkaufssituation den Mut zu einem „Nein" zu haben.

Woran Sie „Ja-Straßen" erkennen

Wann immer Sie im Verkaufsgespräch mehrere Fragen nacheinander gestellt bekommen, auf die Sie eigentlich nur mit Ja oder Nein antworten können, sollten Sie hellhörig werden. Besonders in der Phase des Verkaufsgesprächs, in welcher der Verkäufer das Produkt präsentiert, ist besondere Vorsicht geboten, wenn Sie bei mehreren Fragen nahezu automatisch mit Ja antworten möchten. Jetzt gilt es, nicht in die Falle eines unbedachten Abschlusses zu tappen, sondern den automatisierten Gesprächsablauf zu unterbrechen.

Was Sie dagegen tun können

Machen Sie sich bewusst, dass Sie gleichsam gezwungen werden, Fragen mit Ja zu beantworten. Der Leitsatz dabei heißt: Besser einmal bewusst nachdenken, bevor man zweimal zustimmt.

- Sagen Sie zum Beispiel: „Ich habe gerade den Eindruck, dass Sie mich in eine Richtung führen wollen, zu der ich noch nicht bereit bin."
- Stellen Sie Fragen wie: „Bevor wir zum nächsten Schritt gehen, habe ich noch einige Fragen ..."
- Sagen Sie einfach einmal „Nein" statt des erwartbaren Ja. Das überraschte Gesicht Ihres Gegenübers können Sie freundlich kommentieren: „Mein Nein bezog sich nicht auf die Beantwortung der Frage, die man vernünftigerweise nur mit einem Ja beantworten kann. Mein Nein bezog sich auf den Gesprächsverlauf. Ich mag es nicht, auf diese Art zu einer Entscheidung geführt zu werden."
- Diese letzte kommunikative Möglichkeit lässt sich auch sehr gut als „Preframing" (→ Glossar) ins Gespräch einbauen. Das könnte etwa so klingen: „Ist es okay für Sie, wenn Sie mir bei der Entscheidungsfindung jeweils Zeit zum Nachdenken einräumen?"

Woran Sie Ihren Erfolg im Umgang mit der „Ja-Straße" erkennen

Dass Sie sich beim Lesen dieses Kapitels spontan an eine oder mehrere Ja-Straßen erinnern, über die Sie in bisherigen Verkaufsgesprächen geführt wurden, mag eine schmerzhafte, aber trotzdem für Ihre Zukunft hilfreiche Erkenntnis sein. Sie werden es ab sofort bemerken, wenn Ihr Gesprächspartner mit Ihnen auf eine „Ja-Straße" einbiegt.

Wenn Ihnen eine oder mehrere der vorgestellten Abwehrstrategien gefallen, um sich gegen eine „Ja-Straßen"-Manipulation zu wehren, dann sollte diese Manipulationsfalle für Sie keine Gefahr mehr darstellen. Wichtig ist Ihre Bereitschaft, auch gegebenenfalls eine Unstimmigkeit auszuhalten, um die eigenen Interessen zu wahren. Der Philosoph Max Scheler sagt dazu: „Der Mensch ist das Tier, das ‚nein' sagen kann."

10. Geldillusion beim Kunden ausnutzen: Systematisch falsches Ankern durch Nominalorientierung

Mitten aus dem Leben

Der angestellte Junglandwirt Mario Floranti, erst 21 Jahre alt und trotzdem schon seit mehreren Jahren voll in Brot und Arbeit, wird von seiner sympathischen FPV für seine kluge Weitsicht und hohe Selbstverantwortung gerade sehr ausführlich und wortreich gelobt. Denn er hat bei ihr soeben einen Vertrag über eine kapitalbildende Rentenversicherung abgeschlossen. Wenn er diesen Vertrag bis zum Ende durchhält, wird er bei Renteneintritt eine garantierte Leistung von 208.000 Euro von seinem Versicherer erhalten. Wenn es gut laufen sollte, könnten sogar noch Überschüsse dazu kommen. Aber darauf setzt Mario Floranti gar nicht so stark, sondern ist viel mehr durch das **Versprechen der garantierten Leistung** motiviert. Diese ist nach Aussage der FPV felsenfest sicher.[57] Mario Floranti hat dann nach Abschluss seines Arbeitslebens die Wahl, sich den Betrag entweder als Einmalbetrag auszahlen oder in eine lebenslange private Zusatzrente umwandeln zu lassen. Eine schöne Stange Geld, die ihm einen komfortablen Ruhestand garantieren wird.

Ist das wirklich so?

Mario Floranti hat wahrscheinlich seine schöne Rechnung ohne den Wirt – im konkreten Fall ohne die **Inflation** – gemacht. Er konzentriert sich auf **nominelle Größen anstatt auf reale Größen**. Er unterliegt also der **Geldillusion**. Und seine freundliche FPV hat diesen Wahrnehmungsfehler durch den irreführenden Fokus auf die „Garantierten Werte" stark befördert und ihn sozusagen auf die „falsche Fährte" geführt.

Florantis „Garantierte Versicherungsleistung" wird parallel zum nach heutigem Stand geplanten Renteneintritt mit 67 Jahren fällig. Also in 46 Jahren. Bis dahin ist es eine lange Zeit, in der viel passieren kann. Die Zukunft ist ungewiss, jedoch eines ist ziemlich sicher. Der Wert des Geldes wird in den nächsten 46 Jahren sinken, und Mario wird sich bei Renteneintritt und Erhalt der garantierten 208.000 Euro mit diesem Geld erheblich weniger leisten können, als er sich heute erträumt.

Marios Denken und Entscheiden würde davon profitieren, wenn er das Geld beispielhaft in konkrete Dinge umrechnen würde, deren Preis durch die Inflation nach oben getrieben wird. Er könnte sich zum Beispiel fragen, wie viel Hektar Ackerland, wie viele Traktoren, wie viele Besuche seiner Lieblings-Pizzeria mitsamt Freundin (2 Piccolo, zwei Export, zwei Pizzen mit gemischtem Salat, ein Espresso, ein Obstler) er mit dem Geld in 46 Jahren wohl genießen könnte.

Das folgende Bild spricht Bände: Weniger ist schon bald leer.

Nominelle Garantien enthalten das Inflationsrisiko: Die Höhe der Inflation in den nächsten 46 Jahren (21–67) ist unbekannt, jedoch angesichts der Geldschwemme eher bedrohlich. Der Kaufkraftverlust in den letzten 46 Jahren (1974 bis 2020) betrug 68,5 % - das ist also ein Verlust von 100 % auf 31,5 %

Da sich die künftige Höhe der Geldentwertung nicht vorhersagen lässt, liegt es nahe, einfach mal die Inflation der letzten 46 Jahre als erste Orientierung zu wählen. Hierzu gibt das Zahlenwerk des Statistischen Bundesamtes in Wiesbaden eine eindeutige Auskunft.[58] Angesichts der historischen rund 2,5 % jährlicher Durchschnittsinflation (bitte die Exponentialwirkung beachten) trat im 46-jährigen Zeitraum zwischen 1974 und 2020 ein Kaufkraftverlust von 68,5 % ein. Es verblieb also nur eine Kaufkraft von knapp einem Drittel – exakt waren 31,5 % – übrig.

Wissenswert ist, dass die Deutsche Bundesbank früher das Ziel von Geldwertstabilität, also null Prozent verfolgte, wenn auch nicht erreichte. Heute veröffentlicht die EZB ein Inflationsziel von 2 %. Würde sie dies in den nächsten 46 Jahren erreichen, so blieben Mario rund 40 % Kaufkraft. Denkbar ist jedoch, dass die EZB, genau wie früher die Bundesbank, das Inflationsziel verfehlt. Bei 3 % tatsächlicher Durchschnittsinflation blieben Mario nur noch knapp über ein Viertel und bei 4 % weniger als ein Sechstel der heutigen Kaufkraft. Ob Mario möchte, dass wir mit 5 % weiterrechnen ...?

Warum wir der Geldillusion unterliegen, obwohl wir es „eigentlich besser wissen"

Geldillusion ist zwar die Ursache für äußerst schwerwiegende Entscheidungsfehler, schädigt uns sehr und trifft uns hart. Und doch ist es so verständlich und naheliegend, dass Menschen, die nicht besonders darüber informiert wurden, in diese Falle tappen. Seit Kindesbeinen messen (besser kalibrieren) wir alle Werte in unserer Währung, früher vielleicht in Deutscher Mark, dann in Euro. Bereits die lange angekündigte Währungsumstellung von DM auf Euro löste bei manchen Bürgern mentalen Stress aus, da ein seit Kindesbeinen bekannter und täglich verwendeter Maßstab plötzlich fehlte. Aufgrund unserer Fixierung auf absolute Währungsgrößen bemerken wir den langfristigen Kaufkraftschwund nicht oder messen ihm zu wenig Bedeutung bei. Das Vergessen bzw. Überlagern historischer Preise durch die täglich auf uns einprasselnden neuen Daten tut ein Übriges. Ganz ehrlich gesagt: Wie häufig denken Sie heute im Alltag daran, was eine Kugel Eis oder ein Brause-Lutscher am Kiosk gekostet haben, als Sie ein Kind waren?

Welche Folgen entstehen

Wir **unter**schätzen Kapitalanlagen in **Sach**vermögen, z. B. Gold oder Bauland. Deren Wert steigt durch Inflation langfristig mit an – natürlich unter Schwankungen, denen wir aber nicht zu viel Aufmerksamkeit zukommen lassen sollten. Gleichzeitig überschätzen wir systematisch alle Anlageformen in **Geld**vermögen, z. B. Tagesgeldkonto oder Lebensversicherung, da wir deren Wert und Ausschüttungen stets um die kumulierte Inflationsrate bereinigen müssten. Wenn Sie dies tun und reale statt nominelle Verzinsungen oder Renditen ermitteln, stellen Sie fest, dass es auch schon weit vor dem Beginn der Nullzinswelt zu Verlusten beim Sparen in inflationsgefährdetem Geldvermögen kam.

Warum nominelle Garantien in Altersvorsorgeverträgen völlig wertlos sind

Altersvorsorgeverträge haben stets lange Laufzeiten und bieten somit der exponentiell wirkenden Inflation eine hohe Wirkungsdauer. Inflation ist für Ihre Altersvorsorge wie Rost an Ihrem Eisenzaun. Sie sehen es zwar nicht täglich, dass der Rost zunimmt, aber nach einer längeren Zeit verliert der Zaun seine Standfestigkeit.

Die folgende Abbildung zeigt den Wertverlust nomineller Garantien in Abhängigkeit von der Laufzeit und der durchschnittlichen Inflationsrate.

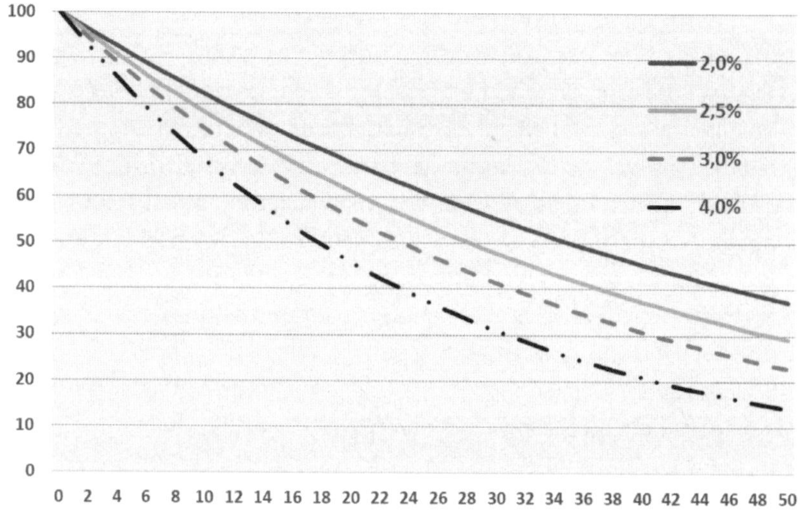

Entwicklung des realen Wertes von Garantieleistungen bei unterschiedlicher Inflationsrate und unterschiedlichen Zeiträumen

Aus Sicht der Anbieter langfristiger Vorsorgeverträge ist es sehr einfach, Ihnen eine nominelle Garantie zu versprechen, die über die Jahre real jedoch immer weniger wert ist. Stellen Sie sich vor, Sie würden einem Versicherer zehn Goldmünzen überlassen und erhielten die Garantie, bei Renteneintritt drei davon zurückzuerhalten.

Wahrscheinlich hätte der ganz überwiegende Teil der Bundesbürger keine private Renten- oder Lebensversicherung abgeschlossen, wenn sie nicht in die Falle der Geldillusion getappt wären. Denn die Analyse vieler Verträge ergibt, dass die Kunden real weniger zurückbekommen, als sie im Laufe der Zeit eingezahlt haben. Mit anderen Worten: ein **negativer Realzins** trotz langfristiger Anlage.

Wie Sie Geldillusion bei sich selbst in den Griff bekommen

Sie werden die stark verzerrende Wirkung des Denkens in Nominalwerten schnell los, indem Sie die schönen großen Zahlen der Zukunft mit Hilfe der folgenden Tabelle **deflationieren**, also in realistische kaufkraftbereinigte Werte umrechnen. Dabei kommt es überhaupt nicht auf Genauigkeit an. Vielmehr genügt es völlig, so ganz ungefähre Größenordnungen zu kennen. Multiplizieren Sie den Ihnen zugesagten oder garantierten Betrag einfach mit dem entsprechenden Prozentsatz und schon kommen Sie der Wahrheit erheblich näher.

Tabelle zum einfachen Deflationieren künftiger Geldbeträge

Anzahl der Jahre	5	10	15	20	25	30	35	40	45
Verbleibende Kaufkraft in Prozent bei 2 % Inflation	90,5	82,0	74,3	67,3	61,0	55,2	50,0	45,3	41,0
Verbleibende Kaufkraft in Prozent bei 3 % Inflation	86,3	74,4	64,2	55,4	47,8	41,2	35,5	30,7	26,4
Verbleibende Kaufkraft in Prozent bei 4 % Inflation	82,2	67,65	55,5	45,6	37,5	30,8	25,3	20,8	17,1

Lesebeispiel: Sie erwarten eine Zahlung von 250.000 Euro in 20 Jahren bei einer Inflationsannahme von 3 %. Auf heutige Kaufkraft deflationiert beträgt der Wert lediglich 55,4 % von 250.000 Euro, also grob 138.500 Euro. Würde die durchschnittliche Inflation nur 2 % betragen, dann wären es immerhin 168.000 Euro (67,3 % von 250.000 Euro). Steigt die Inflationsrate jedoch auf einen Durchschnittswert von 4 %, dann sinkt der reale Gegenwert auf nur noch 114.000 Euro.

Woran Sie Ihren Fortschritt erkennen

Daran, dass Sie immer häufiger und oftmals geradezu automatisch nominelle Geldbeträge **in reale Größen umrechnen**.

Und dass Sie kritisch, ja geradezu allergisch darauf reagieren, wenn man versucht, Sie mit großen Zahlen, die jedoch weit in der Zukunft liegen, zu beeindrucken.

Schließlich daran, dass Sie ganz unabhängig davon, wie Sie ansonsten persönlich zu Gold als Anlageklasse stehen, immer mal wieder Preise oder Werte in Gold umrechnen. Wie viel Feinunzen oder Gramm Gold hätten Sie vor zwanzig Jahren für Ihr Haus geben müssen? Und wie viel würden Sie dafür erhalten, wenn Sie den heutigen Schätzwert Ihres Immobilienmaklers einmal in Gold umrechnen? Wenn sich das deutlich anders anfühlt als der verzerrende Vergleich von Zahlen in schnöder Währung, dann haben Sie gewonnen. Zumindest schon mal geistig und als Folge bald auch wirtschaftlich!

11. Ankern und der Köder-Effekt

Mitten aus dem Leben

Das junge Paar Eva Klein und Mike Gärtner sitzt bei ihrer FPV der örtlichen Hausbank. Obwohl nicht verheiratet, haben sie schon lange gemeinsame Konten und auch ein Wertpapierdepot, bei dem gerade ein Anlagezertifikat im Volumen von 20.000 Euro zur Wiederanlage ansteht. Da die beiden sich zwischenzeitlich gemeinsam „aufgeschlaut" haben, kommt **kein** neues Anlagezertifikat mehr in Frage, sondern eher ein möglichst breit streuender Investmentfonds oder ETF. Die FPV empfiehlt klar *aktive* Investmentfonds und bietet die drei Alternativen A, B und C an.

Wofür würden Sie sich entscheiden?

Das Paar entscheidet sich für die Alternative A, um den deutlichen Kostenvorteil gegenüber B zu nutzen. Außerdem erscheint ihnen A auch deshalb als gute Wahl, da Alternative C genauso teuer wäre, jedoch schon etwas weniger streut (= diversifiziert). Also klare Entscheidung für A (siehe Abbildung rechte Seite oben).

Zum gleichen Zeitpunkt sitzt ein anderes Paar – Heike und Charly Klein – nur ein paar Kilometer weiter beim FPV der Bank einer anderen Institutsgruppe. Auch bei ihnen geht es um möglichst breit streuende Investmentfonds und – so ein Zufall – auch hier sind die beiden Fonds-Alternativen A und B im Spiel. Jedoch bringt der FPV hier eine dritte Alternative namens D mit ins Spiel. Sie erraten schon, wie sich das Paar Klein entscheidet ... natürlich für den Investmentfonds B.

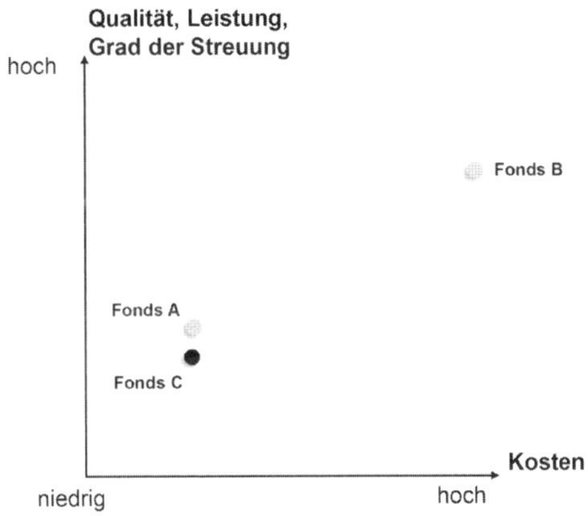

Beeinflussung zugunsten Alternative A

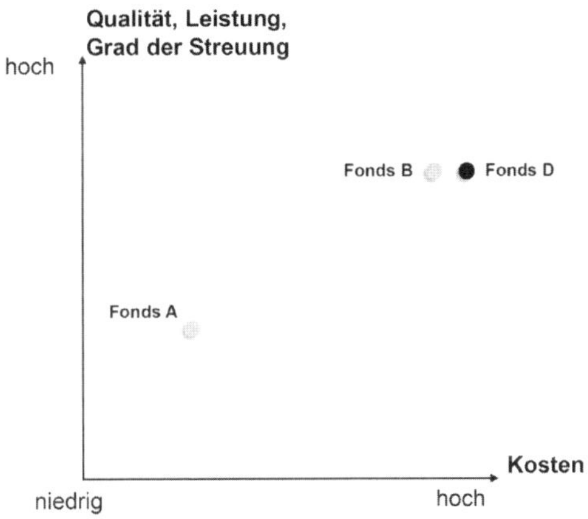

Beeinflussung zugunsten Alternative B

Was steckt hier dahinter?

Was steckt hinter dieser (leider wahren und sich zig tausendfach wiederholenden) Geschichte? Sowohl die FPV der ersten Bank als auch ihr Kollege der zweiten Bank haben **hausintern klare Vorgaben** darüber, **welche Fonds** sie bevorzugt verkaufen sollen. Sie werden durch zu erreichende Stückziele, Volumenziele und/oder unterschiedliche Bonifikationshöhen der beiden Fonds durch ihren Arbeitgeber gelenkt. Man könnte auch sagen: Sie werden an einer sehr kurzen Leine geführt. Vertriebscontrolling nennt man das.

Und ganz offenbar möchte die **erstgenannte Bank**, dass ihre FPV lieber den Investmentfonds **A** verkaufen, während die **zweitgenannte Bank** lieber den Investmentfonds **B** „pushen" möchte. Die Gründe können vielfältig sein. Entweder gehört die Fondsgesellschaft jeweils zur Muttergesellschaft der jeweiligen Bank, oder die erste Bank hat mit Fondsgesellschaft A und die zweite mit der Fondsgesellschaft B bessere Konditionen abgeschlossen.

Wie auch immer: Sie sind gerade Zeuge des fast immer funktionierenden Köder-Effektes (in der Fachsprache: Decoy-Effekt) geworden.

Der Köder-Effekt kurz und knapp erklärt

Das menschliche Gehirn tut sich mit der Bewertung von Alternativen extrem schwer, wenn es keine Bezugs- oder Ankerpunkte hat, mit der es diese vergleichen kann. Der Mond am Horizont wirkt riesengroß, zwei Stunden später und höher aufgestiegen wirkt der gleiche Mond auf einmal viel kleiner. Nehmen Sie ein Lineal in die Hand des ausgestreckten Arms und messen Sie den Mondumfang nach. Nicht der Mond, sondern unser Maßstab hat sich verändert – eine sehr ernüchternde Erkenntnis.[59]

Exakt das passiert beim Ködern. Der Köder wird vom FPV manipulativ als zusätzlicher **Anker** in die Entscheidungssituation eingebracht. Hierdurch vergleicht der Kunde unwillkürlich die „echten" Alternativen mit diesem Anker. Folge ist, dass sich die empfundene Präferenz der „echten" Alternativen verändert.

Möchte der FPV lieber Alternative A verkaufen, fügt er eine ansonsten identische, aber in einem Kriterium zu A etwas schlechtere Alternative C im Angebot hinzu. Und will er lieber Abschlüsse für Alternative B haben, findet er im ansonsten identischen, aber in einem Kriterium zu B etwas schlechteren Köder D die optimale Ergänzung. Und wenn Sie das riesige Angebot an Investmentfonds betrachten, die in Deutschland zum Vertrieb zugelassen sind, dann ist es offensichtlich, dass ein FPV eine große Auswahl an Ankern[60] besitzt, die sich situativ als Köder nutzen lassen, um Ihre Entscheidung zu lenken.

Zwischenergebnis

Jeder Köder wirkt als Anker und verzerrt unsere Entscheidung. Wir können ***nicht*** **nicht** vergleichen!
Deshalb werden Köder stets bei den Menschen funktionieren, die diese Technik und die nachfolgend beschriebenen Abwehrstrategien nicht kennen.

Nur ohne Köder können Ihre Entscheidungen gut sein

Köder wirken immer. Köder wirken selbst, wenn wir sie als Köder erkannt haben. Denken Sie doch bitte mal nicht an den berühmten rosaroten Elefanten. Schon ist es passiert!

Sie werden die unerwünschte Beeinflussung durch den Köder nur los, indem Sie den **Köder selbst loswerden**, also nachhaltig aus Ihrer Wahrnehmung entfernen. Denn Wahrnehmung kommt ja davon, dass wir etwas „für wahr nehmen". Es genügt also nicht, dass Sie das Köderangebot mit Kugelschreiber flüchtig durchstreichen. Mit schwarzem Stift zur völligen Unkenntlichkeit übermalen oder einfach ausschneiden wäre besser.

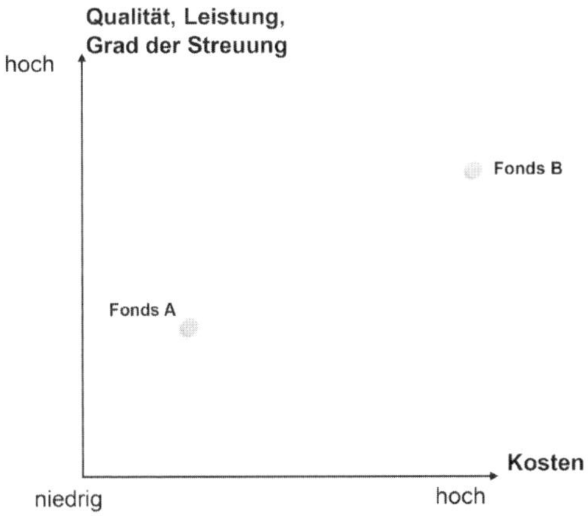

Nur ohne Köder treffen Sie gute Entscheidungen!

Gut zu wissen – Verständnis der Köder-Technik

Ihr Entscheidungsfehler entsteht durch bewusste Manipulation eines Dritten (z. B. Verkäufer oder Berater). Es wird absichtlich eine **schlechte**

(dominierte) Alternative als „Köder" zu den Wahlmöglichkeiten hinzugefügt. Zwar werden Sie den Köder selbst nicht wählen, jedoch gewinnt eine dem Köder ähnliche, etwas bessere Alternative durch ihn scheinbar an Attraktivität und wird häufiger vorgezogen. Damit lässt sich die Nachfrage von ansonsten schlecht verkäuflichen Finanz- und Vorsorgeprodukten sehr gut „fördern".

Der ideale Köder weist also eine hohe Ähnlichkeit mit der Alternative auf, die er „fördern" soll. Er kann auf zwei Arten entstehen. Entweder man wertet die zu fördernde Alternative gegenüber dem Köder in einem Punkt auf (z. B. zeitweiliger Preisvorteil) oder man bildet den Köder, indem man die zu fördernde Alternative mit einer kleinen Verschlechterung versieht und dann als Köder-Alternative anbietet.

Fahrplan zur konsequenten Bekämpfung von Ködern

Erster Schritt: Überprüfen Sie die Ihnen unterbreiteten Angebote daraufhin, ob eine sehr unvorteilhafte Alternative enthalten ist. Insbesondere eine Alternative, die einer anderen Alternative recht ähnlich ist, aber in einem Kriterium klar schlechter erscheint. Solche Alternativen nennt man „dominierte Alternativen". Diese sind reine Köder.

Zweiter Schritt: Falls Sie eine solche Alternative gefunden haben, eliminieren Sie diese. Sie wissen schon: Schwarzer Stift oder mit Schere ausschneiden – auf alle Fälle völlig unkenntlich machen.

Dritter Schritt: Entspannen Sie sich **noch nicht**, sondern suchen Sie weiter nach dominierten Alternativen – also Ködern. Denn es kann durchaus sein, dass man Ihnen mehrere Köder ins Angebot gelegt hat. Und falls Sie solche Köder gefunden haben, verfahren Sie gemäß dem zweiten Schritt und wiederholen den dritten Schritt.

Vierter Schritt: Erst wenn Sie sicher sind, dass Sie keine Köder mehr unter Ihren Alternativen haben, vergleichen Sie diese verbliebenen Möglichkeiten und wägen zwischen ihnen ab.

Einfach und schwer zu erkennende Köder

Die bildhaften Beispiele zeigten jeweils einfach zu erkennende Köder. Wenn alle sonstigen Kriterien identisch sind und nur eines unterschiedlich ist, dann fällt die Aussonderung der Köder leicht. Beispiele:

- Hotelübernachtung für 100 Euro mit Frühstück und Übernachtung im gleichen Hotel ohne Frühstück zum gleichen Preis.
- Stadtrundfahrt für 10 Euro 1 x mit und 1 x ohne Erfrischungsgetränk.
- Oder: Bundesanleihe mit 5 Jahren Laufzeit zu 0,4 % Effektivzins oder zu 0,3 % Effektivzins.

Schwieriger wird es, wenn Sie intelligente Köder vorgelegt bekommen. Also z. B., wenn das Zimmer ohne Frühstück oder die Stadtrundfahrt ohne Erfrischungsgetränk einen geringeren Preis hätte. Würde das Frühstück mit einem Euro und das Erfrischungsgetränk mit 20 Cent bepreist, wäre der Charakter eines Köders trotzdem offensichtlich. Aber bei anderen Preisgestaltungen wird es schwieriger, und Sie können Köder und echte (mittelmäßige) Alternativen nicht mehr so sicher unterscheiden. Probieren Sie es trotzdem, es lohnt sich.

Woran Sie Ihren Fortschritt im Umgang mit Ködern erkennen

Zunächst schon einmal daran, dass Sie sofort an die Möglichkeit von manipulativem Ankern durch Köderangebote denken, wenn man Ihnen eine Vorauswahl von Alternativen für Ihre Entscheidung anbietet.

Dabei ist die Überprüfung der Vorauswahl der erste und noch wichtigere Schritt (vgl. Kapitel B 5 eingeschränkter Alternativenraum). Denn wenn Sie innerhalb eines manipulativ eingeschränkten Alternativenraums einen Köder entdecken, dann könnte es passieren, dass Sie eine Falle erkennen, jedoch gleichzeitig in die nächste treten. So haben z. B. beide FPV in den Beispielen oben nur aktive Fonds als Alternativen vorausgewählt – passive, kostengünstige Varianten fehlten ganz!

Dass Sie eindeutig unterlegene (dominierte) Alternativen als klare Köder und auch weitgehend unterlegene Alternativen als mögliche Köder erkennen, ist das nächste Erfolgsmerkmal.

Wenn Ihr FPV dann noch rot anläuft auf Ihre Frage, warum er Ihnen so schlechte Alternativen als Köder angeboten hat, dann wissen Sie, dass Sie hinsichtlich Ködererkennung den Meistergrad erreicht haben.

12. Krasse Fehl- und Falschinformationen

Voll aus dem Leben

Installateur- und Heizungsbauermeister Ilić, 66, mit seinem kleinen Betrieb kurz vor dem Ruhestand, sitzt mit schwitzenden Händen vor dem FPV seiner Hausbank. Dieser hat ihn mehrfach – zuletzt in immer kürzeren Abständen – angerufen und mehr oder weniger zum persönlichen Gespräch „vorgeladen". Hintergrund ist, dass Ilić etwas mehr als 200.000 Euro auf seinem Girokonto und einem Geldmarktkonto der Bank liegen hat. Die Hausbank in Gestalt des FPV möchte das Einverständnis von Ilić, alle Beträge über 50.000 Euro mit einer Verwahrgebühr – also Negativverzinsung von 0,5 % p. a. zu belasten. Alternativ könne Ilić ja das Geld in einem hauseigenen Investmentfonds anlegen. Meister Ilić ist die Situation sehr unangenehm, da er angesichts der bevorstehenden Veränderungen unbedingt liquide und handlungsfähig bleiben möchte. Aber die Argumentation des FPV ist eindeutig und leider allzu verständlich. Mit dem Negativzins von 0,5 % gäbe die Bank ja nur genau die Belastung weiter, die sie selbst seitens der EZB zu tragen habe. Ilić knickt ein, unterschreibt und trägt fortan die „Verwahrgebühr".

Wie soll er auch wissen, dass die Behauptung des FPV nicht den Tatsachen entspricht. Es kann übrigens gut sein, dass der FPV von Ilić es selbst auch nicht besser weiß und folglich nicht absichtlich die Unwahrheit erzählt hat.

Die Hausbank von Ilić verwendet nämlich die Kundeneinlagen – wie jede Geschäftsbank – ganz überwiegend zur Kreditvergabe an andere Kunden. Geld weiter zu verleihen ist ja das völlig übliche Geschäftsmodell einer jeden Bank. Im Durchschnitt liegen vielleicht nur rund 10 % der gesamten Kundeneinlagen tatsächlich auf dem EZB-Konto der Hausbank. Hinzu kommt: 6 % all ihrer Kundeneinlagen bleiben für die Hausbank als Freibetrag bei der EZB völlig strafzinsfrei. Im Ergebnis sind dies nur 0,02 % auf die gesamten Einlagen.[61]

Das alles kann Meister Ilić natürlich nicht wissen. Er akzeptiert das falsche Narrativ, dass seine Bank für alle Einlagen 0,5 % Strafzins an die EZB zahle und ihm somit lediglich den eigenen Schaden weiterbelaste. So wird die angebliche Belastung der Banken durch die EZB zu einer hübschen und völlig risikofreien neuen Ertragsquelle für die Geschäftsbanken.

Die häufigsten Beispiele von Fehlinformationen zu Lasten der Kunden
An dieser Stelle legen die Autoren Wert darauf, vorauszuschicken, dass sie keinesfalls den Eindruck erwecken möchten, dass bewusste Fehlaussagen zu Lasten der Kunden durch FPV die Regel seien. Denn erstens verhalten sich viele FPV sicherlich ethisch und schrecken davor zurück, ihre Kunden zu belügen. Und zweitens sind die FPV, die im direkten Kundenkontakt stehen, oftmals selbst unzureichend über die wahren Zusammenhänge und Hintergründe informiert. Nehmen Sie nur das Beispiel von oben „Voll aus dem Leben". Welcher FPV weiß schon, dass „seine" Bank keine oder kaum Negativzinsen an die EZB bezahlt, wenn er den Kunden das Narrativ der Weiterleitung von 0,5 % erzählt? Und wer hat schon verstanden, dass algorithmenbasierte Investmentfonds eben nicht automatisch den Markt schlagen?[62]

Daher hier ein Appell an all die ehrlichen FPV: Bitte grenzen Sie sich stärker von Ihren unehrenhaften Kollegen ab. Helfen Sie mit, Qualitätsstandards, Wohlverhaltensregeln und einfach erkennbaren Kundenschutz zu etablieren. Und stellen Sie sicher, dass Sie nicht mit Neppern, Schleppern und Bauernfängern verwechselt werden.

Nun aber ein paar ausgewählte Beispiele im Einzelnen (es gibt leider viele mehr!):

Lebensversicherungsprodukt als Schatzbrief bezeichnen
Indem ein bekannter Versicherer ein kapitalbildendes Lebensversicherungsprodukt als Schatzbrief bezeichnet, erzeugt er die irreführende Verwechslung mit dem einst so beliebten Bundesschatzbrief (→ Glossar). Wie geschädigte Kunden berichten, erläuterte ihr FPV hierzu: „Früher war der **Bundesschatzbrief** (→ Glossar) ja eine rentable und sichere Geldanlage. Aber nachdem der Bund ja keine Zinsen mehr bezahlt, haben wir für Sie eine Alternative geschaffen und bieten Ihnen nun einen XY-Schatzbrief an, mit dem Sie doch noch Zinsen erhalten."

Garantiezins auf falschen Nenner angegeben

Sehr häufig erwecken FPV den Eindruck, dass die – ohnehin mageren – Prozentwerte der Garantieverzinsungen von versicherungsbasierten Produkten (wie private Rentenversicherungen) sich auf das vom Kunden eingezahlte Kapital – also seine Beiträge – bezögen. Dies ist jedoch falsch. Die Prozentwerte beziehen sich **lediglich auf den Sparanteil,** der erheblich geringer ist als die Kundenbeiträge und zudem von den Versicherern nicht bekannt gegeben wird. Der Sparanteil ist lediglich der Betrag, der von den Kundenbeiträgen nach Abzug der Kosten übrig bleibt. Vielen FPVs scheint dieser fatale Unterschied selbst nicht klar zu sein. Und nach entsprechender Aufklärung waren diese sehr betroffen und zweifelten an ihren Arbeitgebern bzw. Produktpartnern. Manche haben nach dieser Erkenntnis auch die Branche verlassen.

Garantiezinssenkung mit Inflation erklären

Ein bekannter Finanzstrukturvertrieb wirbt Ende 2021 mit völlig abstrusen Anzeigen für sehr unvorteilhafte kapitalbildende Versicherungsverträge mit einem Garantiezins von 0,9 % p. a. (wie Sie wissen, ja nur auf die Sparbeiträge nach Kosten, siehe den vorhergehenden Absatz). Hier wird in geradezu perfider Weise etwas sehr Schlechtes dadurch als attraktiv beworben, dass man es mit etwas noch Schlechterem vergleicht. Völlig unzutreffende Vergleiche und irrelevante Bilder von Inflation sollen suggerieren, dass Altersvorsorge über kapitalbildende Lebensversicherungen ab 2022 erheblich teurer würde. Alle Alternativen außerhalb des Versicherungsbereiches werden dabei völlig ausgeblendet. Legaler Betrug und eindeutige Volksverdummung. Doch mit Speck fängt man Mäuse ...

Emittentenrisiko von Anlagezertifikaten verleugnen

Wenn Sie Geld in einen Investmentfonds (egal ob traditioneller aktiver Fonds oder einen Index abbildenden ETF) investieren, so erwerben Sie ein vor der Pleite des Anbieters geschütztes **Sondervermögen**. Sie sind also insolvenzgesichert, im Falle der Insolvenz z. B. von Depotbank oder Herausgeber des Fonds (Emittent) bekommen Sie Ihr Vermögen heraus. Anders ist es bei einem Investment**zertifikat**, bei dem Sie lediglich eine Forderung gegen die Emittentin erwerben und im Falle der Insolvenz in der Schlange aller Gläubiger stehen – meist ziemlich weit hinten. Wenn nun Anbieter von Anlagezertifikaten explizit behaupten, die Anlage sei so sicher wie bei einem Fonds, dann ist dies einfach falsch und unwahr.

Linearer Zins als Rendite verkaufen

Stellen wir hierzu ein kleines Rechenbeispiel an: Wenn Sie 100 Euro zu 5 % p. a. über 10 Jahre gemeinsam mit den jährlich erhaltenen und sofort wieder angelegten Zinsen investieren,[63] dann entwickelt sich Ihr Kapital wie folgt:

Jahr 1	Jahr 2	Jahr 3	Jahr 4	Jahr 5	Jahr 6	Jahr 7	Jahr 8	Jahr 9	Jahr 10
105	110,25	115,76	121,55	126,63	134,01	140,71	147,75	155,13	162,89

Angenommen, ein Investmentfonds, der seine Erträge nicht ausschüttet, sondern ebenfalls jährlich wieder anlegt, würde Ihnen aus 100 Euro nach 10 Jahren 162,89 Euro generieren. Welche Rendite würde er Ihnen wohl ausweisen?

Wenn Sie auf 5 % tippen, dann liegen Sie falsch. Denn der Fonds würde Ihnen **6,3** % angeben. Und das errechnet er so: Aus 100 Euro macht der Fonds ja 162,89 Euro – also einen kumulierten Gewinn von 62,89 Euro. Das sind in 10 Jahren 62,89 % und somit – einfach durch zehn geteilt 6,289 % – gerundet **6,3** %.[64]

Wenn Sie nun fragen, wer so „beschönigend" rechnet, dann lautet die Antwort: Alle Investmentfonds, denn sie folgen der sogenannten BVI-Methode.[65] Die Kennziffer wird als „durchschnittliche Wertentwicklung p. a." bezeichnet und erfreut sich in vielen Prospektangaben von Investmentfonds großer Beliebtheit. Die oben genannten 5 % p. a. werden dagegen als jährlicher Effektivzinssatz bezeichnet. Wie Sie unschwer erkennen können, ergibt sich der höhere Prozentwert der „durchschnittlichen Wertentwicklung p. a." (6,3 %) im Vergleich zum effektiven Jahreszins dadurch, dass ein **linearer Durchschnittszins** errechnet wird, der den **Zinseszinseffekt als Renditeerhöhung** darstellt. Mit anderen Worten: Die Zinsen werden stets auf das ursprüngliche Kapital von 100 bezogen, obwohl Ihr Guthaben ja nach Ende jedes Jahres schon durch die Erträge größer geworden ist (siehe die obigen Tabellenwerte). Und somit liegt die „durchschnittliche Wertentwicklung p. a." eben stets über dem effektiven Jahreszins – und zwar umso stärker, je länger der Betrachtungszeitraum ist.

Zu einer Kundentäuschung kommt es immer dann, wenn dieser die „durchschnittliche Wertentwicklung p. a." mit dem Effektivzins verwechselt. Das passiert leider ständig. Und zusätzlich wird diese Verwechslung durch viele FPV im Gespräch provoziert bzw. diese geben den Wertzuwachs explizit falsch als Rendite an. Die Autoren haben mehrfach das Falschargument gehört, dass die mit dem Zeitablauf steigenden durchschnittlichen Wertzuwächse eben zeigten, dass sich Langfristigkeit und Treue bei der Anlage lohnten.

Die Aufzählung ließe sich noch beliebig fortsetzen, ohne dem Anspruch der Vollständigkeit zu genügen. Beliebt sind noch:

- Falsche Aussagen zur steuerlichen Vorteilhaftigkeit von Anlageprodukten.
- Argumentation mit weit in der Zukunft liegenden Leistungen an den Kunden, deren Höhe jedoch auf „unverbindlichen Modellrechnungen" basiert und dem Kunden nicht garantiert sind.
- Aussagen zu Rentenfaktoren und Sterbetafeln, an die sich die Versicherer jedoch nicht halten müssen.

Den Vogel schießt aber die nachfolgende Behauptung eines Versicherungslobbyisten ab, der seine kruden Thesen in vielen Youtube-Videos verbreitet und aus diesem Grunde gerade nicht namentlich genannt werden soll. Seine selbst noch im Jahr 2021 aufgestellte Behauptung: „Lebensversicherung ist ein tolles Produkt mit einer guten Rendite". Eine mutige Aussage über eine Produktklasse, bei der in über 90 % der Fälle die Rendite nicht einmal den Inflationsschaden kompensiert.

Das Zeitalter der Aufklärung hat die Finanzmärkte im Jahr 2021 noch immer nicht erreicht!

Woran Sie die Bereitschaft Ihres FPVs zu Falschaussagen erkennen

Solange sich – die vor allem mündlich gemachten – Falschaussagen auf Inhalte oder Zusammenhänge beziehen, die Sie nicht kennen, haben Sie so gut wie keine Chance, diese zu enttarnen. Eine Ausnahme besteht lediglich in Situationen, in denen sich ein FPV bei seinem Sachvortrag durch verräterische Körpersprache selbst überführt.

Jedoch können Sie einen Test wie folgt durchführen: Machen Sie sich anhand neutraler und wissenschaftlich abgesicherter Quellen (z. B. Finanztest-Hefte der Stiftung Warentest) in einigen wenigen – aber besonders erfolgskritischen Punkten – kundig und fachlich kompetent. (Ein bequemes Beispiel wäre, dass Sie den obigen Unterschied zwischen „Effektivzins p. a." und „durchschnittlicher Wertentwicklung p. a." selbst verstanden haben.) Befragen Sie Ihren FPV dann im Laufe des Gesprächs zu exakt diesen Punkten und testen Sie damit seine Ehrlichkeit in Hinblick auf Kosten, Leistungsmerkmale und Garantien. Wenn Sie aufgrund Ihres Nachfragens die typischen körpersprachlichen Merkmale wie Augenflackern, Vermeiden des Blickkontaktes, Erröten, Stottern sowie Wortfindungs- und Satzbildungsprobleme beobachten, dann wissen Sie, dass Sie Ihrem Gesprächspartner nicht länger vertrauen dürfen. Und wenn Sie klare Falschaussagen wie z. B. die Darstellung von Nominalrenditen (vor Inflation) mit Realrenditen (nach Inflation) erleben, dann sollten Sie sich von dem FPV endgültig verabschieden.

Hart, aber wahr:

Auf einer Verbraucherschutztagung mit reger Publikumsbeteiligung im Jahr 2018 erweckt eine hochrangige Repräsentantin des GdV (Gesamtverband der Versicherungswirtschaft) durch ihre Aussagen den falschen Eindruck, dass sich die Garantierendite von kapitalbildenden Altersvorsorgeprodukten auf das von den Kunden einbezahlte Kapital bezöge. Nach mehrfachem, immer konkreterem Nachfragen eines anwesenden Sachverständigen muss sie schließlich einräumen, dass die Garantierendite sich nur auf den Sparanteil, also einen erheblich geringeren Nenner als die Beiträge bezieht. Später zieht sie sich auf einen „geistigen Aussetzer" zurück. Erheblich schlechter bezahlte Ärzte, Lokführer oder Busfahrer wären nach solch einem „geistigen Aussetzer" ihren Job los.

---

13. Argumentation mit dem Survivorship Bias

Aus dem wahren Leben

Herr Schmal war „eigentlich" mit dem gut vorbereiteten Ziel ins persönliche Gespräch bei seiner Hausbank gegangen, dort einen kostengünstigen und weltweit streuenden ETF zu erwerben, über den er sich in der Zeitschrift „Finanztest" informiert hatte. Seine FPV, eine selbstbewusste und resolute Fachfrau, winkt jedoch schon nach dem ersten Satz von ihm ganz entschieden ab und empfiehlt nachdrücklich einen von der Bank standardmäßig vermittelten aktiven Hausfonds. Natürlich sei der von ihr vorgeschlagene aktive Fonds ein gutes Stück teurer – räumte Sie unumwunden ein. Aber für die höheren Gebühren erhalte Herr Schmal auch einen nachweisbaren Mehrwert. Und dieser sei nicht nur so dahergeredet, sondern wissenschaftlich anhand statistischer Daten belegbar.

Die FPV schwärmt Herrn Schmal vom besonderen Geschick des genialen Fondsmanagers vor. Natürlich gehört der so toll aktiv gemanagte Fonds einer Fondsgesellschaft der Allfinanzgruppe der Bank. Die FPV beteuert, dass die Fonds dieser Gruppe schon seit Jahren die Marktentwicklung bei Weitem überträfen (das nennt sie *Outperformance*). Die höheren Kosten seien also mehr als gerechtfertigt und eine gute Investition in den zukünftigen Anlageerfolg von Herrn Schmal. Zum Beweis legt die FPV ein Prospekt der Fondsgesellschaft vor, in dem eine Gegenüberstellung der durchschnittlichen Fondsperformance der letzten fünf Jahre mit dem entsprechenden Benchmark (= Vergleichsmaßstab) dargestellt wird.

Der Vergleich von Fonds und Benchmark erscheint Herrn Schmal als fair (also kein Äpfel-mit-Birnen-Vergleich, siehe Kapitel B 17). Ihm gehen die Argumente aus. In einer Stimmungslage zwischen überzeugt und überredet gibt er den Widerstand auf und zeichnet den teuren Outperformance-Fonds anstatt den eigentlich auf seinem Einkaufszettel stehenden ETF. Und damit wird er trotz aller intensiven Vorbereitung leider zum LeO (Leicht erreichbaren Opfer).

Der große Friedhof der stillen Verlierer

Warum hat die resolute FPV mit ihrer statistisch gestützten Aussage einerseits recht? Und warum ist es andererseits trotzdem nur die halbe Wahrheit und wird Herrn Schmal so nicht zum Vorteil gereichen?

Tatsächlich scheinen die Fonds der Hausbank von Herrn Schmal erfolgreicher zu laufen als der Markt. Dummerweise jedoch eben *nur diejenigen* Fonds, die aktuell noch von der Gesellschaft angeboten werden. Etliche nicht so erfolgreiche Fonds – die „Underperformer" – hat die Fondsgesellschaft nämlich im Laufe der Zeit aus dem Sortiment genommen. Sie wurden entweder mit einem erfolgreichen Fonds verschmolzen oder einfach eingestellt. Häufig wurde den Anlegern der gebührenfreie Umtausch der (kräftig gesunkenen) Fondsanteile in solche eines „Gewinner-Fonds" angeboten. Die erfolglosen hässlichen Entlein wurden im Ergebnis also ganz diskret aus dem Schaufenster genommen. Zur Schau gestellt werden allein noch die Gewinner-Fonds.[66] Unglaublich, aber wahr. Das machen unserer Beobachtung nach alle Fondsgesellschaften mehr oder minder intensiv mit ihren Verlierer-Fonds. Und ebenso wahr: Die Daten der geschlossenen Verlierer-Fonds verschwinden damit aus den Statistiken und allen relevanten Datenbanken. Auch die Gesellschaften, die mit dem Geschäftsmodell des „Fonds-Rating", die also Fonds nach bestimmten Kriterien bewerten (z. B. Morningstar und Lipper) ihr Geld verdienen, führen die Verlierer nicht weiter. Wie sollten sie das auch bewerkstelligen, wenn keine Fondsdaten mehr geliefert werden?

Übrig und sichtbar bleiben also nur die angeblich Erfolgreichen, sozusagen die „Überlebenden". Dadurch entsteht eine verzerrte Betrachtung, nämlich die völlig falsche und irreführende Orientierung an den **erfolgreichen** bzw. überlebenden Teilnehmern einer Stichprobe. Und das kommt nicht nur bei Investmentfonds vor, sondern auch in vielen anderen Wirtschaftsbereichen und wird als **Survivorship Bias** bezeichnet. Auch hier sagt ein Bild mehr als viele Worte:

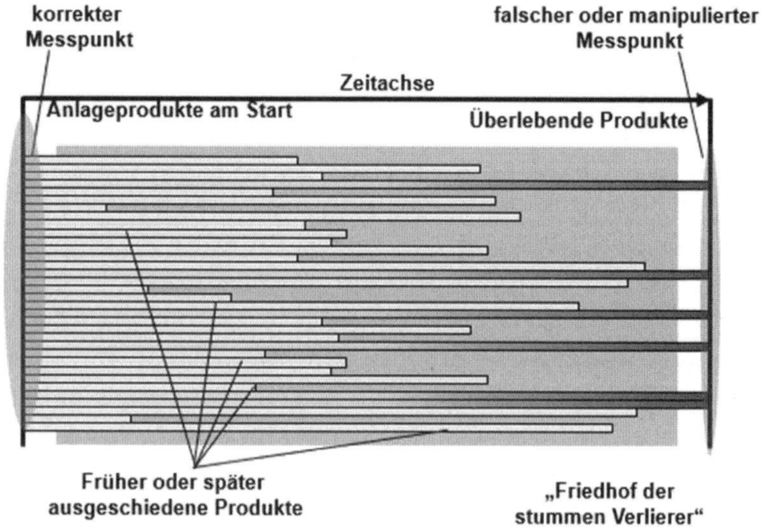

Survivorship Bias – falsche Orientierung an den Überlebenden

Spätestens nach diesem Bonmot werden Sie den Survivorship-Bias nie mehr vergessen:

Was ist der wahre Grund für das gute Bild, das wir von Chirurgen haben? Die erfolgreich Operierten laufen herum und erzählen von der gut verlaufenen OP. Und die Misserfolge werden „vergraben".

Allgegenwärtig: Der große Friedhof der stummen Verlierer

Es gibt viele weitere Bereiche, in denen die falsche Orientierung an den „Überlebenden" uns täuscht – hier nur zwei davon:

Wenn **Hochschulen über die Notendurchschnitte ihrer Absolventen** berichten, bedenken Beobachter vielleicht nicht, dass rund die Hälfte der Erstsemester-Studierenden auf dem Weg bis zum Examen ausgeschieden sind und somit gar nicht mehr in das Notenbild eingehen.

Regionale Tageszeitungen lassen ihre **hundertjährigen Jubilare** mit Empfehlungen zu einer gesunden Lebensweise zu Wort kommen. Von Sekt direkt nach dem Aufstehen über die Zigarre nach jedem Mittagessen bis zur täglichen Flasche Rotwein am Abend ist da alles dabei. Doch auch eine Kombination all dieser „wertvollen Tipps" wird Ihre Wahrscheinlichkeit auf ein langes Leben nicht erhöhen.

Insgesamt findet der Survivorship Bias überall dort Nahrung, wo wir eine Stichprobe (Menschen, Unternehmen, Produkte ...) über die Zeitachse hinweg untersuchen und bei der eine Reihe von denjenigen, die am Start mit dabei sind im Laufe der Zeit aus der Stichprobe ausscheiden. Die verbleibende Stichprobe weist einen immer stärker wirkenden **systematischen Fehler** (→ Glossar) aus. Typischerweise ist das Ergebnis der Überlebenden **positiv verzerrt**. Es kann jedoch auch völlig erratisch oder unsinnig sein. Auffällig ist jedoch in jedem Falle die hohe Anzahl von Literaturstellen und Studien[67], welche die werbliche Nutzung des Survivorship Bias in der Finanzdienstleistungsbranche thematisiert. Es gibt wohl kaum eine Fondsgesellschaft, die sich nicht ihrer wenig erfolgreichen Fonds dadurch entledigt, dass sie diese auf dem großen „Friedhof der stummen Verlierer" bestattet. Ein Schelm, wer Böses dabei denkt.

Warum Sie gute Chancen haben, den Survivorship Bias zu erkennen

Nachdem Sie das Prinzip verstanden und das obige Bild verinnerlicht haben, hinterfragen Sie bei Erfolgsmeldungen und positiven oder werblich geschönten Berichterstattungen künftig zwei Dinge.

Zunächst prüfen Sie, ob sich die Aussagen auf einen (längeren) Zeitraum beziehen. Alle Kennziffern, die zeitpunktbezogen (= statisch) oder nur auf einen kurzen Zeitraum (z. B. Jahresgewinn, Umsatzsteigerung gegenüber Vorjahr) referenzieren sind unproblematisch.

Nur wenn sich die Aussagen auf einen längeren Zeitraum beziehen, prüfen Sie, ob die ermittelten Kennziffern auf Basis der ursprünglichen Stichprobe (also am Anfang) berechnet wurden oder ob sie sich nur noch auf die „Überlebenden" beziehen (als Endzeitpunkt des Betrachtungszeitraums).

Welche Folgen durch den Survivorship Bias entstehen

Da die Stichprobensterblichkeit stets die schwächeren Teile der Stichprobe reduziert, kommt es ständig zu einem „Overreporting", also einer geschönten Darstellung der Leistungsbilanz. Im Einstiegsfall wird Herr Schmal im Falle eines sich schlecht entwickelnden Fonds seine Verluste beim Umtausch in einen besseren schlichtweg realisieren müssen. Und zwar ohne dass dies in spätere Kennziffern eingehen wird. Schöne heile Welt!

Woran Sie Ihren Fortschritt erkennen

Daran, dass Sie bei effektheischenden Werbebotschaften, also pro-domo-Darstellungen misstrauischer sind, als Sie das früher waren. Und dass Sie bei Werbeaussagen, die zu schön sind, um wahr zu sein die einzig richtige Schlussfolgerung treffen: Die Aussagen sind nicht wahr.

Wenn die aktiven Fonds doch alle oder fast alle den Markt schlagen, also eine Überrendite realisieren, und die passiven Fonds exakt die Marktrendite erzielen, wo bleiben dann bloß die Verlierer? Im Durchschnitt sind die Marktteilnehmer eben doch – durchschnittlich.

14. Verkaufsrhetorik (4): Mit Trigger-Worten locken

Aus dem wahren Leben

Der gutverdienende Architekt Harry Reif steht am Rande der Privatinsolvenz. Wie konnte es so weit kommen – nach vielen fetten Jahren? In den letzten beiden Jahrzehnten hatte Reif insgesamt 14 steueroptimierte Kapitalanlagen abgeschlossen – Schiffsbeteiligungen, Anteile an Jojoba-Plantagen, Flugzeugfonds und Filmproduktionen. Der Aspekt des Steuersparens beherrschte sein wirtschaftliches Denken und Handeln. Durch diese Einstellung war Herr Reif vor rund fünfzehn Jahren zum idealen Kunden eines FPV geworden, der im gehobenen Privatkundensegment einer Bank tätig war und sich auf „Alternative Investmentfonds" spezialisiert hatte. In der Folge vermittelte der FPV nahezu jedes Jahr um die Adventszeit eine weitere „Steuersparanlage" und stellte über die Kreditabteilung der gleichen Bank auch parallel die zugehörige Fremdfinanzierung – regelmäßig um 90 % des Anlagevolumens – sicher. Mit diesen Rundum-Sorglos-Paketen machte sich Reif dann – wie er selbst prahlte – Jahr für Jahr sein persönliches Steuerspar-Weihnachtsgeschenk. Auch einen entsprechend aggressiven Steuerberater hatte sich Reif ausgesucht. Dieser rechnete ihm die nötigen Beteiligungsvolumina aus, die erforderlich waren, um Reifs persönliche Einkommensteuerlast gegen null zu senken. Während die meisten Steuerberater schon ein wenig auf das „große Ganze" achten, war Reifs Steuerberater ein einseitiger „legaler Steuerminimierungsexperte".

Im Ergebnis wurde die Privatbilanz des Architekten Reif immer länger. Auf der Aktivseite häuften sich die Steuersparanlagen, naturgemäß schwer veräußerbar, auf der Passivseite sammelten sich neben etwas Eigenkapital die Kredite, mit denen diese finanziert waren. In Probleme geriet Reif, als der für ihn zuständige Kreditsachbearbeiter wechselte. Dieser bewertete Reifs Bonität – trotz unverändertem Ratingsystem – schlechter und verweigerte zunächst einen weiteren Kredit für das geplante Steuerspar-Weihnachtsgeschenk. Auch knüpfte er an die Verlängerung auslaufender Finanzierungen für Altbeteiligungen bonitätssteigernde Maßnahmen, so eine Erhöhung der Eigenmittel. Zunächst reagierte Reif in Selbstüberschätzung beleidigt und drohte mit Bankwechsel. Da nach Bewertung seiner Beteiligungen jedoch auch andere Kreditinstitute keine vollumfänglichen Anschlussfinanzierungen vornehmen wollten, blieb Reif nur ein bitterer Ausweg zur Vermeidung der Privatinsolvenz. Er veräußerte mehrere der Fonds weit unter Wert am grauen Kapitalmarkt. So wurden aus den angestrebten steuerlichen Verlusten dann echte Verluste für ihn.

Der sprachliche Kniesehnen-Reflex

Kniesehnen-Reflex

Sicher kennen Sie die Situation, in der Sie beim Arzt auf einer Liege oder Pritsche sitzen und er mit einem kleinen Hämmerchen vorsichtig gegen eine Stelle direkt unter Ihrer Kniescheibe schlägt. Wie von Zauberhand bewegt, schnellt Ihr Unterschenkel sofort nach vorne – Ihr Kniesehnen-Reflex funktioniert. Diesen Reflex kann man kaum unterdrücken. Nur wenig besser steht es mit unserer Reaktion auf bestimmte Worte, auf die wir auch nahezu **reflexartig reagieren**. Solche Worte werden als **Reizworte** oder **Trigger-Worte** bezeichnet. Je nach Kindheitserfahrungen, Sozialisation und Kulturkreis haben Menschen unterschiedliche Trigger-Worte erlernt. Jedoch gibt es eine erhebliche Schnittmenge an gemeinsamen Trigger-Worten, die bei nahezu jedem Menschen durch starke Emotionen eine reflexartige

Reaktion auslösen. Trigger-Worte funktionieren am besten, wenn wir mit ihnen ein geistiges Bild oder eine Erinnerung verbinden.

Starke negative Emotionen sind regelmäßig Ängste in unterschiedlichen Erscheinungsformen (Todesangst, Angst um geliebte Menschen, Angst vor großen Vermögens- oder Einkommensverlusten, Angst vor Verlust des guten Rufs etc.). Viele Trigger-Worte adressieren daher spezielle Ängste und werden folglich als Angst-Trigger bezeichnet.

Starke positive Emotionen sind häufig triebgeleitet. Neben der Befriedigung triebgeleiteter Grundbedürfnisse (Trinken, Essen, Schlafen, Sicherheit und Schutz, Sex) adressieren Trigger-Worte jedoch auch Bedürfnisse auf „höheren" Ebenen im Sinne der Maslowschen Bedürfnispyramide.[68] Obwohl sich nicht alle Trigger-Worte, die starke positive Emotionen auslösen, auf Gier richten, wird häufig die Bezeichnung „Gier-Trigger" verwendet.

Trigger-Worte in verschiedenen Lebensbereichen

In der nachstehenden Wortwolke finden Sie eine Auswahl typischer Trigger-Worte, von denen Sie sicher einen großen Teil aus Alltagssituationen bereits kennen. Machen Sie sich doch einmal bewusst, welche Trigger positiv oder negativ auf Sie wirken und ob Worte darunter sind, die sofort Ihren „sprachlichen Kniesehnen-Reflex" auslösen.

Lassen Sie die Trigger-Worte auf sich wirken. Welche lösen spontan starke gute Gefühle bei Ihnen aus? Welche spontan schlechte Gefühle?

Trigger-Worte im Verkauf von Finanzdienstleistungen

Die folgende Wortwolke konzentriert sich nun auf Trigger-Worte, die überwiegend von FPVs im persönlichen Gespräch, jedoch auch in den Medien im Zusammenhang mit Finanz- und Vorsorgedienstleistungen häufig verwendet werden. Auch hier lohnt sich Ihre individuelle Prüfung, welche dieser Begriffe bei Ihnen besonders starke Emotionen auslösen.

Lassen Sie die Trigger-Worte auf sich wirken. Für welche sind Sie besonders empfänglich – sowohl in Hinblick auf Ängste als auch Begehrlichkeiten?

Trigger-Worte in den Medien: Finanzpornografie

Verantwortungsvoller Vermögensaufbau und finanzielle Vorsorge folgen stets einem wohldurchdachten Plan, der dann auch langfristig durchgehalten wird. Ständige Kurskorrekturen, hektisches Handeln (traden) sowie Spekulation sind eindeutig schädlich. Jedoch verdient die Finanzdienstleistungsbranche am besten an denjenigen, die – meist durch starke Emotionen sowie Selbstüberschätzung geleitet – viele Handelsaktivitäten vornehmen. Es gilt die im Volksmund bekannte Weisheit „hin und her – Taschen leer", jedoch ist Ihr Geld ja nicht einfach weg, sondern es ist durch unnötige Kosten in Form von unterschiedlichen Gebühren, Handelsspannen oder Maklercourtage von Ihnen in die Hände der Finanzindustrie gewandert. Trigger-Worte, deren alleiniges Ziel es ist, Sie durch wechselweise Vermittlung von starker Angst und Gier zum häufigen Handeln an den Finanzmärkten zu bewegen, werden als „Finanzpornografie" bezeichnet. Sie sollten diese Zusammenhänge durchschauen, um solchen Medienlärm möglichst gelassen zu ignorieren. Die nachstehende Abbildung zeigt Ihnen eine beispielhafte Auswahl an finanzpornografischen Titelseiten. Die Bilder dazu wechseln regelmäßig, aber die Aussagen dahinter wiederholen sich ständig und immerfort:

Kaufe! – Verkaufe! – Kaufe! – Verkaufe! – Rein in den Markt! – Raus aus dem Markt! – Hol Dir die tolle Rendite! – Bring Dich in Sicherheit!

Finanzpornografie

Warum wir unerkannten Triggern kaum entkommen

Der Vergleich mit dem Kniesehnen-Reflex zeigt das Hauptproblem. Trigger funktionieren nahezu **automatisch**. Sie lösen blitzschnell eine **Reiz-Reflex-Reaktion** aus und sind eindeutig dem „schnellen Denken“[69], also Gehirnaktivität im Energiespar-Modus zuzurechnen. R. B. Cialdini spricht hier von „Klick-Surr-Effekten“, die ganz überwiegend unbewusst oder unterbewusst stattfinden und damit die Entscheidungsrichtung schon festlegen oder zumindest weitgehend vorprägen.[70]

Warum Sie bei Ihnen noch unbekannten Triggern schlechte Karten haben

Wenn Sie mit Trigger-Worten konfrontiert werden, die Sie zuvor noch nicht als solche erkannt haben, ist es sehr unwahrscheinlich, dass Sie der Wirkung entkommen. Ganz einfach deshalb, weil die „Klick-Surr-Effekte" ja sehr schnell und zumeist unterbewusst ablaufen.[71] Eine kleine Hoffnung besteht darin, dass Ihnen Ihr eigenes Umschwenken in Bewertungen oder Einschätzungen bewusst wird. Gerade weil Sie bei den Ihnen noch unbekannten Trigger-Worten so schlechte Karten haben, ist es sehr wertvoll, dass Sie Ihre Sammlung bekannter Trigger-Worte ausbauen. Daher sind die beiden obigen Wortwolken sehr wertvoll für Sie. Wollen Sie vielleicht nochmals kurz zurückblättern und diese durchschauen?

Was Sie gegen bekannte Trigger tun können

Haben Sie erst einmal erkannt, dass Ihre Entscheidung durch einen Trigger manipuliert werden soll, so haben Sie schon fast gewonnen. Ihre Aufmerksamkeit und Ihr Bewusstwerden führen zu einem wachen Analysieren der Situation und Sie werden den Sachverhalt Ihrem „langsamen Denken" anvertrauen und somit ein bewusstes, bedachtes, überlegtes Handeln ermöglichen. Es kann sogar sein, dass Ihr Erkennen des Triggers zu einer spontanen Trotzreaktion und gemäß dem Motto „Jetzt gerade nicht!" dazu führt, dass Sie der empfohlenen Alternative nun eher emotional ablehnend gegenüberstehen. Das Wichtigste jedoch ist: Durch das Identifizieren eines Triggers sind Sie dem Automatismus des Klick-Surr-Effektes entkommen.

Woran Sie Ihren Fortschritt erkennen

Daran, dass Ihre persönliche Sammlung von Worten oder Wortfolgen, deren manipulative Trigger-Wirkung Sie erkannt haben, mit der Zeit immer größer wird.

Und dass Sie beim Erkennen von Trigger-Worten stets tief durchatmen und sicherstellen, dass Sie Ihre Entscheidung „im langsamen Denken" fällen.

Auch daran, dass Sie die Anlegerzeitschriften mit „Finanzpornografie" einfach ungelesen direkt ins Altpapier werfen. Und zwar selbst dann, wenn Sie diese als **kostenloses Abonnement** zugesandt bekommen. Die

Kosten für die Finanzpornografie werden nämlich von den Produktanbietern übernommen, die an Ihrem „Hin und Her" verdienen würden.

15. Provozierte Verwechslung von Zins mit Risikoprämien

Wie die Verwechslung entsteht

In der aktuellen Null- und Negativzinswelt gibt es keinen risikolosen Zins mehr. Das ist so - und das ist seitens der EZB auch so gewollt. Auf den recht effizienten Finanzmärkten der hoch entwickelten Industriestaaten gibt es keine erwähnenswerten Ausnahmen mehr von der These „kein risikoloser Zins".

Während wir über Jahrzehnte hinweg von einem risikolosen Zins sprachen, finden Anleger heute ein zinsloses Risiko vor. Das ist leider mehr als nur ein nettes Wortspiel. Es kann nämlich sehr wohl passieren, dass Geldanlagen in festverzinsliche Produkte durch Ausfallrisiken oder Kursverluste sowie weitere - seltenere - Risikoarten an Wert verlieren.

Trotzdem hoffen noch immer viele Private auf eine - zumindest geringe - risikolose Rendite. Und der Wunsch nach ein wenig Kapitalvermehrung ohne Risiko sitzt eben so tief wie die Erfahrung vieler Menschen, dass dies ja auch in ihrem bisherigen Leben stets realisierbar war.[72]

Viele FPV nähren diese Hoffnung, indem sie versuchen, irgendwelche Anlageprodukte zu empfehlen, die - bei meist schwer durchschaubaren Konstruktionen - eine zumindest kleine Rendite in Aussicht stellen. Diese *potenzielle* Rendite, die in Wahrheit keineswegs risikolos ist, wird dann fälschlich als „Zins" oder „Verzinsung" bezeichnet. Dass ihre Empfehlung auch den Anforderungen der Geeignetheitsprüfung entspricht, lässt sich mit ein wenig Verkaufsrhetorik leicht erreichen.[73]

Wunder über Wunder: Während die Finanzmärkte also keinen risikolosen Zins mehr kennen, weiß der FPV einen tollen Ausweg und bietet Ihnen dank seines Spezialwissens oder besonderer Zugänge zu Renditequellen eine der seltenen Chancen, nun doch eine (fast) risikolose Rendite zu erhalten.

Wenn etwas zu schön klingt, um wahr zu sein,
dann ist es meistens auch nicht wahr.

Kern der Manipulation zu Ihren Lasten

Zinsen sind ein Entgelt dafür, dass Sie heute auf Konsum verzichten und bereit sind, diesen in die Zukunft zu verschieben. Sie erhalten einen Anreiz dafür, dass Sie in diesem Jahr z. B. zehn Brezeln weniger essen, jedoch dafür in zwei Jahren elf mehr essen dürfen. **Zins hat mit Risiko oder Risikoprämien überhaupt nichts zu tun.**

Risikoprämien sind ein Entgelt dafür, dass Sie heute einem Dritten Geld oder Güter überlassen, deren Rückerhalt nicht hundertprozentig sicher ist. Die 100 Euro, die Sie dem Dritten geben, stehen für Sie bis zur Rückzahlung im Risiko. Um Sie hierfür zu entschädigen, bietet Ihnen der Dritte einen höheren Rückzahlungsbetrag, also z. B. 102 oder 103 Euro. Und wenn es ein „windiger Zeitgenosse" ist, muss er vielleicht sogar 110 oder noch mehr Euro bieten, damit Sie ihm Geld geben. Dies muss er auch in einer Nullzinswelt tun. Würde es Zinsen geben, so würde die Risikoprämie einfach zu dem (marktüblichen) Zins hinzugerechnet. Also vereinfacht: Zwei Prozent Zins und drei Prozent Risikoprämie macht fünf Prozent in Summe. **Risikoprämien haben also mit Zins überhaupt nichts zu tun!**

In der derzeitigen Nullzinswelt gibt es zwar noch Risikoprämien, jedoch keinen positiven risikofreien Zins mehr. Im Gegenteil: Für die aus der Sicht deutscher Anleger risikoärmste (nicht komplett risikofreie) Möglichkeit, ihr Geld zu investieren, nämlich in Anleihen der Bundesrepublik Deutschland, nehmen diese sogar einen kleinen negativen Zinssatz in Kauf. Dieser betrug in den Jahren 2020/2021 zwischen minus 0,4 und minus 0,8 % pro Jahr.

Da die meisten Anleger jedoch nicht zwischen Zinsen und Risikoprämien unterscheiden, bieten sich für FPVs „schöne" Täuschungsmöglichkeiten. Sie können nämlich durch versteckte *Risiko*erhöhung der von ihnen angebotenen Anlagen eine Scheinrendite darstellen und damit Geschäfte machen, bei denen Anleger Risiken eingehen, die sie früher abgelehnt hätten. Ebenso können Anleger dazu bewegt werden, Risiken für eine zu geringe Prämie zu akzeptieren.

Typische Beispiele

Bonitätsschwache Anleihen – High-Yield Bonds

Wirklich hundertprozentige Risikolosigkeit gibt es erst im nächsten Leben. In diesem Leben kann es – unter extremen Umständen – passieren, dass selbst die als Vorbild an Zuverlässigkeit und Stabilität gepriesene deutsche Bundesanleihe einmal zum Zahlungsausfall wird. Da die deutsche Bundesanleihe jedoch – zumindest innerhalb der Eurozone – im Vergleich zu allen alternativen festverzinslichen Anlagemöglichkeiten als überlegen und „beste Alternative" bewertet wird, stellt sie die „Nulllinie" für alle festverzinslichen Investments dar. Je höher das Bonitätsrisiko anderer Schuldner im Vergleich zur deutschen Bundesanleihe ist, desto mehr Risikoprämie (nicht Zins!) müssen diese anbieten, um Anleger zu finden, die ihnen Kredit geben. Diese Risikoprämien (auch Bonitätsprämien genannt) können von institutionellen Anlegern – also Profis – ziemlich zuverlässig eingeschätzt werden. Für Private hingegen ist die Einschätzung des Bonitätsrisikos, also des Ausfallrisikos, schwierig. Als Folge interessengeleiteten Finanzprodukteverkaufs besteht also die Gefahr, dass Privatanleger das Ausfallrisiko von bonitätsschwächeren Schuldnern *unter*schätzen und sie die Risikoprämie als außergewöhnliche Zinschance missverstehen. Ein Fehlschluss, welcher in der aktuellen Finanzmarktlage täglich zigtausendfach durch FPVs provoziert wird.

Langjährige Marktbeobachter verstehen die Welt nicht mehr, wenn hochriskante Anleihen – in der Fachsprache beschönigend als „High-Yield-Bonds" oder „Hochzinsanleihen" bezeichnet – bei Zinssätzen von nur 2 % in die Depots ahnungsloser Privatanleger gehen. Die sich vorläufig glücklich schätzen, mit „Festverzinslichen" eine positive Rendite zu erwirtschaften ... Ob das wohl gut geht?

Zertifikate in Form von Aktienanleihen

Eine Steigerung der Fehleinschätzung zwischen Risiko und Risikoprämie (nein – immer noch kein Zins!) stellen bestimmte Erscheinungsformen von Zertifikaten dar. Aus der Pleite der US-amerikanischen Investmentbank Lehman Brothers, in der sogar im fernen Deutschland beheimatete Privatanleger rund eine Milliarde Euro verloren haben, lernten die Anbieter ganz enorm dazu. Nein, nicht dass sie solche Produkte nicht mehr anboten, sondern dass Sie das Wort Zertifikat durch „Anleihe" ersetzten. Und vor das Wort „Anleihe" noch einen attraktiven Vornamen setzten, also z. B. Turbo-Anleihe, Bonitäts-Anleihe, Express-Anleihe etc.

Hier soll nur in Kürze die sogenannte **Aktien-Anleihe** erläutert werden. Diese Produkte bieten eine irreführend als Festzins bezeichnete jährliche Risikoprämie von meist 2–3 %. Das erscheint in der Nullzinswelt vielen Anlegern schon als attraktiv. Diese Anleihen mit Vornamen weisen jedoch eine Zusatzbedingung auf, die dem Anleger ein erhebliches Risiko aufbürdet. Er trägt nämlich die Kursverluste einer konkret benannten Aktie, falls diese im Wert fällt.

Ein einfaches Beispiel: Eine fünfzigjährige Anlegerin – seit vielen Jahren stolze Mercedes-Fahrerin – erhielt von ihrem FPV ein Angebot für eine Mercedes-Anleihe (na ja – es war eher eine Daimler-Anleihe). Und auch diese Bezeichnung war irreführend, denn die Daimler-Aktienanleihe ist in Wahrheit ein Investment-Zertifikat, welches in guten Zeiten zwar tatsächlich rund 2,5 % Rendite abwirft. Jedoch trägt die Anlegerin– ohne an möglichen Kurschancen des Daimler-Konzerns zu profitieren – das volle Kursrisiko der Daimler-Aktie.

Das ist eine „Schiefe Wette" (→Glossar). Die fehlende Chance auf mögliche Kursgewinne wird mit einer überschaubaren Risikoprämie von ca. 2,5 % abgegolten. Gleichzeitig schlagen Kursrisiken, welche durchaus 40 % oder 50 % betragen können, unbegrenzt auf die Anlage durch. Die Mercedes-Fahrerin versichert also für schmale 2,5 % p. a. einen Dritten (wahrscheinlich eine ihr unbekannte Investment-Bank) gegen das Kursrisiko fallender Daimler-Aktien. Wahrscheinlich ohne das wirklich verstanden zu haben, da man ihr ja die Risikoprämie als Zins verkauft hat.

Für Fachleute ist das aus zwei Gründen ein klares No-Go. Nämlich erstens, weil viele Privatanleger das Prinzip der „Schiefen Wette" nicht verstanden haben, und zweitens, weil die am Expertenmarkt verlangte Prämie für diese Kursabsicherung bei weit über 2,5 % p. a. läge. Aber vielen Laien, die das Risiko nicht einschätzen und bewerten können, erscheint es trotzdem scheinbar attraktiv und ist damit ein gefundenes Fressen für eigennützig denkende FPV.

Warum scheinbar risikolose Gewinne uns faszinieren und welche psycho-logischen Phänomene dahinter stecken

Die Fehleinschätzung in den obigen Fällen ist schnell erklärt. Bei den High-Yield-Bonds unterschätzen wir einfach Risiken, die in jüngster Vergangenheit nicht eingetreten sind und geben uns daher – durch das Bauchgefühl gesteuert – mit zu kleinen Risikoprämien zufrieden.

Beispiel: Bei einer Risikoprämie von 2,5 % müssten wir – ohne Steuern, Zinsen und Inflation zu berücksichtigen – schon 40 Jahre erfolgreich investieren, nur um den einmaligen Ausfall des vergebenen Darlehens auszugleichen. Ganz einfach errechnet nämlich 100 % Verlust bei Ausfall der Anlage geteilt durch 2,5 % pro Jahr als Risikoprämie = 40 Jahre.

Folgendes kommt bei den „Schiefen Wetten" noch hinzu: Wir können uns wohl meist nicht vorstellen, dass es nicht nur auf das Verhältnis möglicher Gewinne und Verluste ankommt, sondern gleichzeitig auch auf deren Eintrittswahrscheinlichkeiten. Und welcher Laie kann schon beide Parameter gleichzeitig simulieren und faire Risikoprämien berechnen?

Ein ärgerlicher topaktueller Fall: nachhaltige Geldanlagen

Der Wunsch nach Nachhaltigkeit betrifft alle Lebensbereiche und schließt damit auch den Bereich der Geldanlage ein. Jedoch bietet dieser für eigennützige FPV eine simple Möglichkeit auf lukrative Zusatzerträge durch folgendes Leistungsversprechen, mit dem bislang risikoarme Reserven unter dem Deckmantel der Nachhaltigkeit in risikoreiche Anlagen überführt werden:

„Wenn Sie dieses attraktive Nachhaltigkeitsprodukt erwerben, können Sie sowohl etwas Gutes für die Umwelt tun als auch Ihre Rendite steigern!"

Oh – das sind ja gleich zwei Vorteile auf einmal. Und wenn es sich um Liquiditätsreserven handelte, die als Einlagen plötzlich einem Verwahrentgelt (= Minuszins) unterworfen würden und durch diese nachhaltige Geldanlage dem „Strafzins" entgehen, dann sind es sogar gleich drei Vorteile auf einmal. Das klingt zu schön, um wahr zu sein ...

Vorab: Die Autoren sind absolute Befürworter von Nachhaltigkeit und tun ihr Bestes, um möglichst nachhaltig zu leben. Ob über den Weg nachhaltiger Geldanlagen jedoch tatsächlich ein Beitrag zum Besseren geleistet werden kann oder ob dies zu weiten Teilen lediglich sogenanntes Greenwashing darstellt, soll hier nicht weiter analysiert werden.

Die Masche „zusätzlicher Ertrag mit nachhaltigem Investieren" kann jedoch schnell enttarnt werden: Es handelt sich um einen typischen „Äpfel-mit-Birnen-Vergleich" (vgl. Kapitel B 17).

Die versprochene Renditesteigerung erfolgt nämlich, indem eine risikoarme Anlageform (z. B. Sichtguthaben, Festgeld, Geldmarktanlage), die in der aktuellen Nullzinswelt keine oder nur geringe Rendite erbringt, mit einer Anlage verglichen wird, die neben Kursrisiken auch zusätzliche Illiquiditätsrisiken, Ausfallrisiken und sonstige Vehikelrisiken in sich trägt.

Die Entscheidung für einen nachhaltigen Investmentfonds (oder sogar entsprechenden alternativen Investmentfonds) mag für einen informierten und rationalen Anleger, der die zusätzlichen Risiken der erzielbaren Rendite gegenüberstellen kann, nachvollziehbar sein. Tatsache ist jedoch, dass viele Privatpersonen sich durch die Argumentation mit der Nachhaltigkeit in Anlagen „hineinberaten" lassen, die nicht zu ihrer Risikobereitschaft[74] passen und denen das schlechte Verhältnis von Risiko zu Rendite ansonsten auch nicht vermittelbar gewesen wäre.

Welche Folgen entstehen

Das starke Bedürfnis nach Zinsen führt in jüngerer Vergangenheit viele Anleger in Risiken, die diese früher nicht eingegangen wären. Ein Urteil darüber, ob diese Menschen früher zu risikoscheu waren oder jetzt zu risikofreudig sind, kann man als Außenstehender nicht fällen, zumal Wahrnehmung und Bewertung von Risiken ohnehin sehr kontextabhängig sind.[75] Soweit es sich bei den eingegangenen Risiken um *Bonitäts*risiken (also das Risiko von Zahlungsausfällen) handelt, trägt das beschriebene Verhalten zum Entstehen einer Anlageblase bei und insgesamt zum allgemeinen Sinken von Risikoprämien.

Was Sie dagegen tun können, im Beratungsprozess eine ungewollte und unvorteilhafte Risikoerhöhung einzugehen

Wie so oft ist das Wissen um die Zusammenhänge der zentrale Ausgangspunkt. Wenn Sie Ihren FPV zwei- oder dreimal fragen mussten, ob er wirklich „Zins" meinte, oder sich versprochen hat und „Bonitätsprämie" sagen wollte, ist sein Manipulationsversuch aufgeflogen. Und wenn Sie ein Ihnen noch nicht bekanntes Risiko übernehmen sollen, z. B. durch eine Zinsdifferenz-Anleihe, dann sollten Sie konsequent ablehnen. Wenn Ihr FPV nicht ganz schnell einschwenkt und von solchen Angeboten abrückt, brauchen Sie nicht nur andere Produkte, sondern statt des FPV einen echten Berater, der nicht nur an seine Provision denkt.

16. Verkaufsrhetorik (5): Reziprozität beim Kunden auslösen

Was das Reziprozitätsprinzip ist

Die Wirkung und Bedeutung von Reziprozität ist bereits in Teil A, Kapitel A 9 umfänglich beschrieben worden. Im geschäftlichen Umfeld hat sich in vielen Bereichen die Formel „Wie Du mir, so ich Dir" verändert zu „Man hilft sich" oder „Eine Hand wäscht die andere" und ist damit auch zu einer Bezeichnung von eher negativ besetzten Formen der Zusammenarbeit, wie „Klüngelwirtschaft" oder „Kungelei" geworden. Nicht umsonst gelten in vielen Unternehmen Compliance Regeln, die Mitarbeitern untersagen, Geschenke anzunehmen oder zu verteilen.

Typische Beispiele

In der Tat wirkt die Einladung, sich auf Kosten des Gegenübers eine eigene Vorstellung von der Qualität eines Produkts zu machen, auf den ersten Blick eher großzügig. Die Pralinen in der Konditorei („Bitte bedienen Sie sich!"), die Käseauswahl auf dem Markt, mundgerecht mit kleinen Probierspießen versehen, das kleine Glas Wein, um im Feinkostladen den Charme des neuen Jahrgangs kosten zu können, die Testversion der Software, die Sie gratis herunterladen können, kostenfreie Anleitungen als Downloads im Internet zu aktuellen Themen und viele weitere Beispiele kommen als freundliche Einladung daher. Sind sie aber nicht (nur).

Welche rhetorischen Techniken setzen Verkäufer ein, um bei Ihnen als Kunden das Gefühl entstehen zu lassen, ihnen etwas schuldig zu sein? Und ohne genau zu wissen, warum Sie dieses Gefühl haben.

- „Ich nehme mir Zeit für Sie ..."
- „Nach unserem Telefonat habe ich eine kleine Aufstellung gemacht, was wir für Ihre besondere Situation im Blick behalten müssen."

- „Ich habe für unser Gespräch heute folgendes vorbereitet ..."
- „Wenn es für Sie interessant ist, stelle ich Ihnen hier einmal die Eckdaten Ihres persönlichen Finanzplans zusammen."
- „Ich habe Ihnen hier unsere Hochglanzbroschüre mitgebracht, in der Sie alle Informationen zu unserem Thema noch einmal nachlesen können."
- „Waren Sie mit meiner Beratung zufrieden? Dann würde ich mich freuen, wenn Sie mir drei Adressen aus Ihrem Bekanntenkreis nennen können, für die dieses Thema auch interessant sein kann."

Achtung, besondere Falle:

„Reject – then retreat" (etwa: „zurückweisen – dann zurückweichen")
Professionelle FPV nutzen diese Technik gerne als Sonderform der Reziprozitätsfalle. Sie nennen dem Kunden zunächst einen überhöhten Preis, der vom Kunden zurückgewiesen wird. Sie akzeptieren (scheinbar) diese Zurückweisung, geben dem Kunden damit das Gefühl besonderer Souveränität in der Entscheidung und hoffen, damit die Wahrscheinlichkeit einer Zusage zu einem zweiten Angebot mit kleinen Zugeständnissen deutlich leichter zu erhalten. Der Kunde fühlt sich durch die Zurückweisung des vorhergehenden Angebots zwar in einer starken Position, aber gleichzeitig auch irgendwie verpflichtet, sich dafür zu „entschulden" bzw. etwas wiedergutmachen zu müssen.

Warum das Prinzip der Reziprozität so wirksam ist

Alle oben beschriebenen Angebote haben eines gemeinsam: Sie sollen in Ihnen eine Verpflichtung auslösen, ein Gefühl, dem Gegenüber etwas schuldig zu sein. Sich nicht erkenntlich gezeigt zu haben für eine in Anspruch genommene (scheinbare) Großzügigkeit. Dieses Gefühl erhöht erfahrungsgemäß deutlich die Wahrscheinlichkeit, dass Sie sich für einen Kauf entscheiden.

„Geben und Nehmen" wird in nahezu allen Gesellschaften als intrinsische (also in uns selbst angelegte) Handlungsaufforderung (→ Glossar) nahezu unbewusst gelernt und angewendet bzw. vorausgesetzt. Wer das Gleichgewicht stört und nur nimmt, ohne zu geben, wird schnell als egoistisch, als unfair gesehen. Er gilt als jemand, der auf Kosten anderer lebt, oder wird als „Schnorrer" gescholten. Es droht der Ausschluss aus der „Wir-Gemeinschaft".

Welche Folgen entstehen

Das Prinzip der Reziprozität wirkt weitgehend unbewusst und das kritische Denken wird gleichsam ausgehebelt. Wenn man (scheinbar) eine Leistung ohne Gegenleistung erhalten hat, entsteht eine soziale Verpflichtung, etwas zurückgeben zu wollen. Das kann dazu führen, dass wir als Kunden einen Vertrag ohne kritische Bewertung unterzeichnen, um nicht länger etwas „schuldig" zu bleiben.

Woran Sie die Reziprozitätsfalle erkennen können

Natürlich können Sie spüren, ob etwas für Sie als nicht stimmig erscheint. Noch besser: Sie sollten die Wirkung des Reziprozitätsprinzips einfach kennen. Es ist enorm hilfreich zu wissen, dass dieses mächtige Prinzip bewusst gegen Sie eingesetzt wird, und damit seine Wirkung entfaltet. Als Orientierung können die oben aufgeführten Beispiele dienen, um Sie wachsam werden zu lassen, ehe Sie in die Reziprozitätsfalle laufen.

Wie können Sie sich gegen die Wirkung wappnen?

Gefahr bekannt, Gefahr gebannt! Machen Sie sich bitte bewusst, dass Sie sich als Kunde in einem Verkaufsgespräch zu nichts, aber auch gar nichts verpflichtet fühlen müssen. Alle möglichen Aktivitäten und Vorbereitungen für und auf den Kunden stellen Verkaufshilfen dar und es sind keine Gefälligkeiten. Und wann immer der FPV seine Vorarbeiten als zusätzlich für Sie investierten Aufwand darstellen möchte, seien Sie auf der Hut und umso stärker gewarnt. Nichts davon sollten Sie als Verpflichtung Ihrerseits übernehmen.

Denn es liegt in der Natur der Sache, dass ein möglichst individuell auf Sie zugeschnittenes Angebot bedeutet, dass der FPV Fragen stellt, zuhört, die Informationen gewichtet und bewertet, um aus seinem Portfolio dann (hoffentlich) ein passendes und für Sie vorteilhaftes Angebot zusammenzustellen.

Und bitte denken Sie daran, dass, wenn es zu einem Vertragsabschluss kommt, Ihre Gegenleistung in aller Regel üppig ausfällt und sich in den entsprechenden Provisionen für den Verkäufer niederschlägt. Deshalb können Sie auch ohne schlechtes Gefühl einiges an Vorarbeit erwarten und ohne Verpflichtung annehmen.

Eine Leserin des Finanzblogs „Schließlich ist es Ihr Geld" steuert eine charmante Idee zum Wappnen gegen das Gefühl der Verpflichtung bei: Sie hat sich angewöhnt, immer einige Exemplare eines kleinen Büchleins vorzuhalten, um dem Verkäufer gleich zu Beginn der Verhandlung eines davon zu schenken. So hat sie das Gefühl, frei von jeder Verpflichtung, etwas zurückgeben zu müssen, eine Entscheidung zu treffen, in der ihre Interessen im Mittelpunkt stehen.

Woran Sie Ihren Fortschritt im Umgang mit der Reziprozitätsfalle erkennen

Sobald Sie sich bewusst geworden sind, dass die Reziprozitätsfalle Einfluss auf Ihre Entscheidung nehmen kann, haben Sie einen wichtigen Schritt dafür getan, nicht mehr in diese Falle zu tappen. Und je mehr Sie sich bewusst werden, dass die Finanz- und Vorsorgeberatung letztlich durch Ihre Investition getragen und finanziert wird, dürfte Reziprozität für Sie keine Gefahr mehr bedeuten, sich beim Kauf von Finanzprodukten verpflichtet zu fühlen. Auch die Tatsache, dass Sie einige kleine Geschenke in Reserve haben, um Gefälligkeiten damit auszugleichen, zeigt, dass Sie nun auf die Reziprozitätsfalle gut vorbereitet sind.

17. Verkaufsrhetorik (6): Irreführung – Äpfel mit Birnen vergleichen

Voll aus dem Leben

Die sympathische FPV lief gerade zur Höchstform auf. Sie war nämlich am entscheidenden Punkt angelangt, ihrer eher risikoscheuen Kundin einen aktiv gemanagten Mischfonds zu verkaufen, um die Kundin vor den drohenden Strafzinsen auf deren Girokonto-Guthaben zu bewahren. Zwei Kaufwiderstände hatte die Kundin noch: Zum einen hatte sie Angst vor Kursverlusten in der von der FPV empfohlenen Fondsanlage. Zum anderen waren ihr die Kosten des aktiv gemanagten Mischfonds zu hoch. Mit überzeugter Miene schob die FPV der Kundin einen laminierten Farbdruck über den Tisch, der die vier Kursverläufe des deutschen Aktienindex (DAX) sowie des von ihr empfohlenen Mischfonds im Vergleich enthielt. Alle vier Charts zeigten Phasen starker Kursverluste beziehungsweise Aktiencrashs. Ein Chart bezog sich z. B. auf die Finanzkrise des Jahres 2008, ein anderer auf den Corona-Crash des Frühjahrs 2020. Konkret am Beispiel des Corona-Crashs zeigte die FPV, dass der DAX einen maximalen Kursverlust von etwas über 38 % erlitt, während der von ihr empfohlene Fonds lediglich 22 % verlor. Auch in den anderen Fällen ergab sich stets das gleiche Bild: Der Mischfonds sah immer besser aus als der DAX. Und dass für diese „tolle Managementleistung" entsprechend auch Kosten anfallen und gerechtfertigt seien, dass müsse doch klar sein, so die FPV.

Dieser Manipulationsversuch ist schnell aufgeklärt, handelt es sich doch um einen primitiven „Äpfel-mit-Birnen-Vergleich". Denn während der DAX zu 100 % Aktien enthält, verteilt der von der FPV empfohlene Mischfonds das Geld auf verschiedene Anlageklassen, z. B. Aktien, Anleihen und Geldmarktanlagen. Nehmen Sie nur den stark vereinfachten Fall, dass der Mischfonds 50 % Aktien großer deutscher Gesellschaften und 50 % Anleihen oder Geldmarktpapiere enthielte, dann dürfte er nicht mit dem Benchmark „DAX" verglichen werden, sondern eben mit einem Benchmark, der nur 50 % DAX enthält und 50 % Rentenwerte (also z. B. dem „REX"). Und schon relativiert sich die „tolle Managementleistung" von 22 % Kursverlust. Denn nun wird sie mit nur 19 % Kursverlust des 50/50-Misch-Benchmarks verglichen. Und sieht überhaupt nicht mehr toll aus.

Hitliste der von FPVs am häufigsten genutzten „schiefen Vergleiche"

Es gibt unzählige Fälle und Beispiele von nicht passenden bzw. manipulativen „Äpfel-mit-Birnen-Vergleichen". Um Ihnen das Entdecken solcher „Argumentations- oder Verkaufshilfen" zu erleichtern, finden Sie in der nachstehenden Tabelle eine Übersicht der zehn beliebtesten Muster, nach denen derartige Vergleiche ablaufen.

Nr.	Beschreibung	Erläuterung
1	Falsche Bezugsgröße oder für Kunden nicht verständliche Bezugsgröße	Renditeangaben oder Garantiezinsen von kapitalbildenden Lebens- und Rentenversicherungsverträgen werden auf den Sparanteil, statt auf – wie Kunden meist denken – die Beitragszahlungen (Beitragsrendite) bezogen. Eine Kundin bezahlt z. B. monatlich 100 Euro, erhält jedoch die Garantieverzinsung nur auf z. B. 78 Euro Sparanteil. Der Rest wird vorab für Kosten abgezogen.
2	Rendite auf unbekannten oder sich verändernden Nenner bzw. große Rendite auf kleinen Nenner	Verwirrende Renditeangaben werden bei geschlossenen Fonds, bei denen sich das investierte Kapital durch Ausschüttungen jährlich ändert, gemacht. Kunden interpretieren die Rendite als Angabe auf das von ihnen ursprünglich eingesetzte Kapital und überschätzen den erhaltenen Ertrag. Ein weiteres Beispiel: Die Nutzung des Durchschnittskosteneffektes = Cost Averaging (→ Glossar) bei einer sukzessiven regelmäßigen Investition wird mit einer höheren Rendite auf das angelegte Kapital begründet. Jedoch bleibt das nicht angelegte zinslose Kapital, welches für die schrittweise Anlage auf Vorrat gehalten werden muss, unberücksichtigt.
3	Vergleich mit Alternativen anderer Risikoklassen und somit Darstellung von Risikoprämien als Zins oder Rendite	Mit dem Hinweis auf höhere Renditen wird gern zum Erwerb von Anlagen, deren Renditevorsprung durch nicht sofort erkennbare Risiken begründet ist, motiviert. Die höhere Rendite einer gleichzeitig riskanteren Anlagealternative ist aber noch lange kein Vorteil. Ein fairer Renditevergleich ist nur bei identischem bzw. zumindest ähnlichem Risikoniveau möglich. (vgl. hierzu auch Kapitel B 15 „Provozierte Verwechslung von Risikoprämien mit Zins", vgl. hierzu auch die nachstehende Abbildung)
4	Vergleich mit Alternativen abweichender Liquiditätsklassen und Darstellung von Illiquiditätsprämien als Zins oder Rendite	Es werden Anlagealternativen einander gegenübergestellt, die sich unterschiedlich gut liquidieren, also wieder zu Geld machen lassen. Da Anleger es schätzen, bei Bedarf schnell wieder an ihr Geld zu kommen, bezahlen die Märkte notgedrungen höhere Renditen in Form von Illiquiditätsprämien für weniger liquide Anlagen wie z. B. Immobilien oder geschlossene Fonds (=alternative Investmentfonds). Den hinkenden Vergleich zeigt die nachstehende Abbildung auf einen Blick.

Nr.	Beschreibung	Erläuterung
5	Willkürliche Auswahl von (meist kurzen) zurückliegenden Zeiträumen, in denen das empfohlene Produkt besonders gut aussieht	Charts von Investmentfonds beginnen z. B. „zufälligerweise" meist gerade am Ende eines Abschwungs oder Crashs und bilden somit – bei diesen geringen Anfangswerten – eine beeindruckende Wertentwicklung ab.
6	Vergleich eines Anlageproduktes mit einem anderen, welches entweder in eine andere Anlageklasse oder mehrere Anlageklassen investiert	Es wird z. B. ein Aktienfonds mit einem Mischfonds aus Aktien, Anleihen und Geldmarktpapieren verglichen. Dieser Fall wurde im Einstiegsbeispiel erläutert und kann je nach aktueller Situation und gewünschtem Ergebnis – mal in die eine und mal in die andere Richtung – als Verkaufsargument genutzt werden.
7	Vergleich einer thesaurierenden Anlage mit einer ausschüttenden Anlage	Es wird z. B. ein thesaurierendes Zertifikat (also ein Zertifikat, bei dem die Erträge einbehalten und wieder angelegt werden) verglichen mit der Wertentwicklung eines ausschüttenden Fonds oder ETF. Viele Käufer von Anlagezertifikaten verstanden z. B. den kleinen, aber entscheidenden Unterschied zwischen Kursindex (Beteiligung am reinen Kursgewinn ohne Dividenden) und Performanceindex (Beteiligung am Kursgewinn und den Dividenden) nicht (→ Glossar). Ergebnis war, dass ihnen die Dividendenrendite (rund 3 % pro Jahr) entging, welche die Emittentin derweil – völlig legal – einbehielt, da sie eben nur eine Beteiligung am Kursindex (→ Glossar) versprach, was ein fachkundiger Leser im Kleingedruckten des Produktinformationsblattes hätte ersehen können, jedoch ein „Normalkunde" gerne überliest.
8	Verwendung eines „weichen" Vergleichsmaßstabs	Ein aktiver Fonds oder ETF wird mit einem Index verglichen, bei dessen Wertermittlung ein pauschaler (Quellen-)Steuerabzug auf die Erträge unterstellt wird. Die im Anlagevermögen enthaltenen Positionen unterliegen jedoch überhaupt nicht diesem Abzug. Folglich kann der Fonds oder ETF ohne besondere Mühe einen Mehrertrag (=Outperformance) gegenüber dem „weichen" bzw. verwässerten Vergleichsmaßstab erzielen.

Nr.	Beschreibung	Erläuterung
9	Ausnutzen des Rückschaufehlers (= Hindsight Bias)	Mit „Hätte, hätte …" wird Ihnen hier der Mund wässerig gemacht. Hätten Sie letzte Woche auf diese Lottozahlen gesetzt, wären Sie heute superreich. Dummerweise waren damals die „richtigen" Lottozahlen nicht bekannt und kommenden Samstag werden es nicht wieder die gleichen sein … Der Trick wird ausführlicher in Kapital B 28 erläutert.
10	Ausnutzen der falschen Orientierung an Überlebenden (Survivorship Bias)	Hier wird mit historisch besonders erfolgreichen Produkten geworben, während die weniger erfolgreichen oder gar verlustbringenden „unter den Tisch fallen". Der Trick wird ausführlicher in Kapital B 29 erläutert.

Die Rendite einer Anlage lässt sich auf funktionierenden Finanzmärkten durch zwei Komponenten erklären - den konkreten **Risikogehalt** der Anlage einerseits und die **Liquidierbarkeit** (Monetarisierbarkeit, einfache Umwandelbarkeit in Geld) andererseits. Dies gilt zumindest auf funktionierenden Finanzmärkten - also nicht bei Fehlbewertungen auf den Finanzmärkten, die zwar durchaus vorkommen, aber nicht systematisch ausgenutzt werden können, sondern zufällig sind.

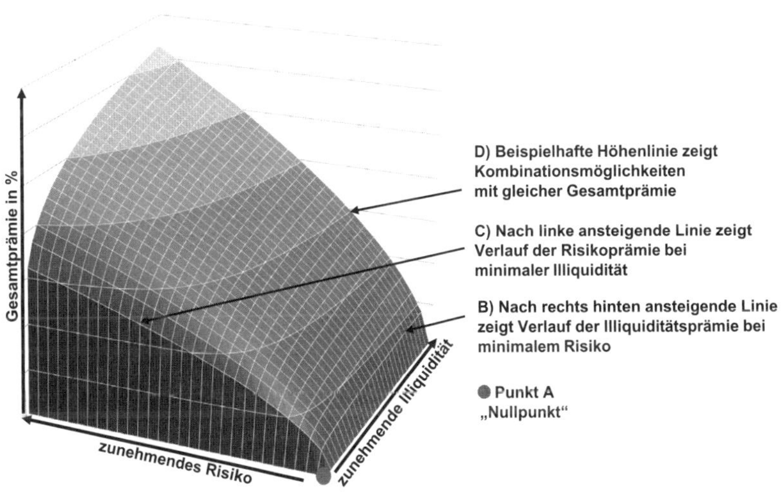

Renditeunterschiede von Anlagen lassen sich durch Illiquiditäts- und Risikoprämien erklären - daher bitte niemals Äpfel mit Birnen vergleichen

Ein sachgerechter Vergleich von Anlagealternativen miteinander ist also nur dann möglich, wenn diese sowohl in Hinblick auf ihre Risiken, als auch auf ihre Liquidierbarkeit übereinstimmen. Alles andere ist ein Äpfel-mit-Birnen-Vergleich. Und diese gibt es wie Sand am Meer.

Warum Äpfel-mit-Birnen-Vergleiche mitunter so schwer zu erkennen sind

Die Antwort ist einfach – die Lösung oder Abhilfe ist es nicht. Die „schiefen" Vergleiche sind so schwer erkennbar, weil die irreführenden Differenzierungen für Sie als Laie kaum verständlich sind. Wer den Unterschied zwischen Kursindex und Performanceindex (→ Glossar) nicht kennt, hat keinerlei Chance, den Nachteil zu identifizieren, wenn er eben nur an dem für ihn ungünstigeren Index beteiligt wird. Umso mehr lohnt es sich, dass Sie die in der obigen Tabelle aufgeführten **zehn Muster** gut verstanden haben und in der konkreten Situation wiedererkennen. Denn diese zehn Muster decken wahrscheinlich weit über 90 % der für Sie nachteiligen Äpfel-mit-Birnen-Vergleiche ab. Das Wiedererkennen eines der beschriebenen Muster in Ihrer konkreten Situation ist also entscheidend für Ihre erfolgreiche Gegenwehr gegen „Äpfel-mit-Birnen-Vergleiche".

Woran Sie Ihren Fortschritt erkennen

Ganz einfach daran, dass Sie bei allen Vergleichen und Gegenüberstellungen, die Ihnen mündlich oder schriftlich präsentiert werden, kritisch hinterfragen ...

- wo die Daten herkommen,
- ob der Vergleich auch wirklich vollständig ist,
- was von den Kennziffern, die auf einen Faktor oder Prozentsatz lauten, der Nenner ist und ob dieser Nenner bekannt und auch über die Zeit konstant oder mindestens bei allen Alternativen gleich ist,
- ob sowohl Risiken als auch Liquidität der Alternativen identisch sind,
- ob auch ansonsten Gleiches mit Gleichem verglichen wird, oder ob Sie Ansatzpunkte für einen „Äpfel-mit-Birnen-Vergleich" erkennen,
- und warum der Vergleich exakt zu diesem Zeitpunkt beginnt und wie er aussähe, wenn man ihn ein paar Jahre früher oder später aufgesetzt hätte,

- ob der Zeitraum für den Vergleich lange genug ist, um verlässlich bzw. vertrauenswürdig zu sein. So ganz nach dem Motto: Wenn jemand einmal eine „Sechs" würfelt, so ist er noch lange kein Würfelgenie. Aber wenn jemand langfristig immer „Sechs" würfelt, dann ist wahrscheinlich der Würfel manipuliert.

Indem Sie diese Prüfung anstellen, sortieren Sie eine ganz erhebliche Anzahl von ungünstigen Angeboten aus, die nur durch den „Äpfel-mit-Birnen-Vergleich" attraktiv erscheinen. Freunde machen Sie sich mit dieser klugen Fähigkeit zwar nicht immer – aber das war auch nicht das Ziel der Übung.

18. Fokussierung und De-fokussierung

Voll aus dem Leben

Das junge Ehepaar Yvonne und Kevin Hausmann hat trotz aller Widrigkeiten endlich seine Wunschimmobilie gefunden und sucht nun eine möglichst günstige Immobilienfinanzierung. Scheinbar fündig werden sie bei einer Bausparkasse. Und zwar ohne, dass sie überhaupt einen Bausparvertrag haben. Das ihnen angebotene Bauspar-Vorabdarlehen (→Glossar) schlägt die günstigste Bankalternative mit gleicher Zinsfestschreibungszeit um **glatte 0,2** %, was Yvonne und Kevin geradezu elektrisiert. Dass sie für diesen **Zinsvorteil** des aktuellen Bauspar-Vorabdarlehens parallel einen Bausparvertrag abschließen müssen und gezwungen sind, diesen unter Berücksichtigung der Gebühren mit einem negativen Effektivzins anzusparen, bemerken Sie hierbei nicht. Im Gegenteil, die „zinssichere Anschlussfinanzierung" durch den nach Fälligkeit des ersten Darlehens zuteilungsreifen Bausparvertrag lassen sie sich als zusätzlichen Vorteil verkaufen. Auch die Tatsache, dass die Höhe der Annuität (= Summe aus Zins und Tilgung) des späteren Bauspardarlehens ihre monatliche Zahlungsfähigkeit stark übersteigen wird, nehmen sie noch nicht wahr. Hier wird später – ganz überraschend – ein relativ teures Zusatzdarlehen (zum Beispiel ein sogenanntes **Tilgungsstreckungsdarlehen** →Glossar) mit guter Gewinnmarge für die Bausparkasse nötig werden. Der Fokus des Paares liegt zu Unrecht einfach voll und ganz auf dem bemerkenswert niedrigen Zins des Bauspar-Vorabdarlehens. Von den zwangsläufig damit verbundenen Nachteilen und Problemen werden sie erfolgreich abgelenkt.

Was geschieht hier gerade?

Es klingt vielleicht ein wenig überzogen, ist aber wahr: „Finanzvertrieb funktioniert wie Zaubern". Während das Publikum gebannt auf den Zylinder starrt, aus dem das Häschen guckt, wird mit der anderen Hand des Zauberers hinter dessen Rücken bereits die nächste „Überraschung" vorbereitet.

Oder auf die Vermittlung von Finanzdienstleistungen bezogen: Während Ihre Aufmerksamkeit auf ganz bestimmte Gesichtspunkte, Produktmerkmale oder -vorteile gelenkt wird, erfolgt gleichzeitig die bewusste Ablenkung von anderen Merkmalen, Nachteilen oder hohen Kosten und Risiken des Produktes. Gerne spricht der FPV auch Ihre stärksten Triebe (Angst und Gier) an und fokussiert Sie gegebenenfalls auf irrelevante Aspekte und Kriterien, während die eigentlich erfolgskritischen unter den Tisch fallen oder zumindest in den Hintergrund gedrängt werden.

Im Ergebnis wird Ihre Entscheidung also dadurch in einer für Sie wahrscheinlich ungünstigen Weise beeinflusst, so dass Ihre Aufmerksamkeit auf vorteilhafte Aspekte des Produktes gelenkt wird, die Sie dann überbewerten. Gleichzeitig werden Sie von unvorteilhaften Aspekten bzw. Nachteilen abgelenkt, so dass Sie diese im Extremfall völlig übersehen oder verdrängen und ansonsten zumindest unterschätzen bzw. als zu gering bewerten.

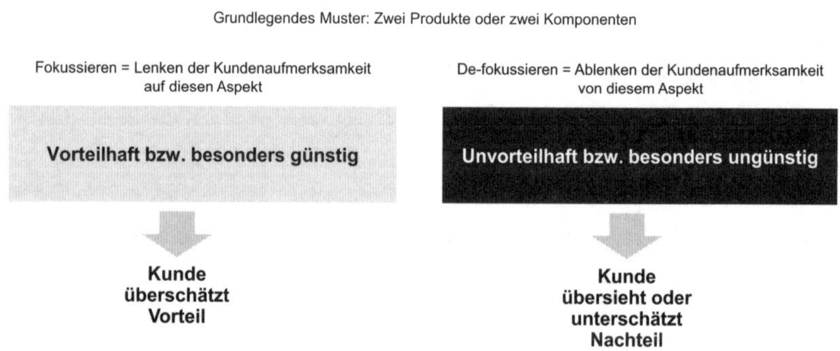

Für den Kunden unvorteilhafte Fokussierung und De-fokussierung

Fallbeispiel 1: Fokussierung auf nominellen Kapitalerhalt durch Garantie – De-fokussierung des Kaufkraftrisikos (Inflation)
Ende 2021 verfügen die Deutschen über ein beträchtliches Finanzvermögen von über 7 Billionen Euro, von denen rund 3 Billionen[76] weitgehend zinslos oder sogar mit Negativzinsen belastet auf Einlagenkonten (z. B. Giro-, Spar- oder Festgeldkonten) liegen. Achtung: Eine Billion hat 12 Nullen – das ist eine Menge! Gleichzeitig werden diese Guthaben – da Geldvermögen – durch die steigende Inflation (zuletzt über 5 % p. a.) entwertet. Wieso weichen die Anleger nicht schon lange in Sachvermögensanlagen wie z. B. Gold oder Aktien bzw. Aktien-ETFs aus? Ganz offenbar fokussieren sie ihre Aufmerksamkeit stark auf die Kursrisiken der Sachvermögensanlagen, die ja bei Geldvermögen nicht bestehen. Und sie vernachlässigen gleichzeitig das Inflationsrisiko, welches – abgesehen von Phasen der Hyperinflation – schleichend und „unter dem Radar" daherkommt. Kursrisiken sind spektakulär (man denke nur an Aktiencrashs) und erzielen hohe Aufmerksamkeit. **Inflationsrisiken sind unauffällig** wie Rost an der Kapitalanlage und werden daher nicht angemessen wahrgenommen.

Das Eigeninteresse des Finanzvertriebs verstärkt diese nicht sachgerechte Fokussierung und De-fokussierung zusätzlich durch das Bewerben von Garantieprodukten. Garantien lassen sich unter Einsatz der entsprechenden Verkaufsrhetorik immer gut verkaufen, wenn der FPV den Kunden auf die Vermeidung von nominellen Verlustrisiken fokussiert. Dass nominelle Garantien (Sie geben 100 und erhalten in 30 Jahren auch garantiert die 100 zurück) jedoch in einer Welt der Inflation sehr schnell wertlos werden, wird aufgrund der De-fokussierung des Kaufkraftverlustes (Ablenken von der Inflation) von vielen Kunden nicht ausreichend wahrgenommen.

Gerne garantiere ich Ihnen, dass ich Ihnen Ihr Auto abkaufe. Sind Sie jetzt beruhigt? Für wie viel, habe ich nicht gesagt. Was ist meine Garantie dann wert?

Vom Risiko der Inflation weg, hin zur nominellen Garantie

Es wäre unfair, die falsche Fokussierung auf nominelle Sicherheit (garantierten Kapitalerhalt) und De-fokussierung von Inflationsrisiken (kein Kaufkrafterhalt) allein auf eigennützige Produktvermittlung von FPV zurückzuführen. Es mag sein, dass die verzerrte Wahrnehmung der beiden Risikoarten in der Natur des Menschen liegt oder durch kulturelle Rahmenbedingungen verursacht wird. Jedoch verstärkt die Informationspolitik der Finanzdienstleister (z. B. durch Anzeigen und Produktwerbung) und die Kommunikation der FPVs zweifellos die nicht sachgerechte Wahrnehmung und Bewertung verschiedener Risikoarten.

Fallbeispiel 2: Tilgungsaussetzungsdarlehen

Hier wird die Aufmerksamkeit des Kunden auf steuerliche Vorteile und ein günstiges tilgungsfreies Darlehen gelenkt und gleichzeitig davon abgelenkt (De-fokussierung), dass die als Tilgungsersatz dienende Kapitalanlage ein kostenintensives und renditeschwaches Finanzprodukt ist.

Hunderttausende von Handwerkern, Freiberuflern, Besserverdienenden und Immobilieninvestoren wurden in den letzten Jahrzehnten Opfer dieser Ausprägung des systematischen Fokussierens und Defokussierens: Finanzdienstleister verkauften ihnen unter dem Namen „Tilgungsaussetzungsmodell" eine Kombination von zwei Produkten. Das erste war ein Darlehen zur Finanzierung einer Praxis- oder Büroimmobilie – oft auch einer vermieteten Wohnimmobilie. Das zweite war eine Kapitalanlage – meist eine kapitalbildende Versicherung –, welche die Darlehenstilgung ersetzt. Als Ersatz für die planmäßige Darlehenstilgung sollten die Kunden also einen Gegenwert ansparen. Erst im Rentenalter sollte die Verwertung des Gegenwertes (also z. B. die Ablaufleistung der kapitalbildenden Versicherung) zur Tilgung des Darlehens verwendet werden, so dass während der gesamten Darlehenslaufzeit die vollen Zinsaufwendungen **steuerlich geltend** gemacht werden konnten.

Der Fokus der Kunden wird bei solchen Konstruktionen ganz stark auf steuerliche Aspekte gelenkt, nämlich die Tatsache, dass sie die Finanzierungszinsen für ihr Darlehen als steuerlichen Aufwand geltend machen können, während die Erträge aus der als Tilgungsersatz dienenden Versicherung steuerfrei oder steuerbegünstigt sind.

Als zweiten – irreführenden – Fokus dienten die vergleichsweise günstigen Darlehenszinsen. Diese wurden in manchen Fällen sogar durch die Vermittler subventioniert. Das konnten sich die Vermittler gut leisten, da sie ein Vielfaches ihres „Zinszuschusses" an den Provisionen für die als Tilgungsersatz vermittelten kapitalbildenden Lebensversicherungen verdienten.

Völlig abgelenkt wurden die Kunden dabei von der schlechten Qualität und den hohen Kosten der als Tilgungsersatz dienenden kapitalbildenden Versicherung. Die nachstehende Abbildung zeigt, wie Fokussierung und De-fokussierung in diesem Fall konkret aussehen.

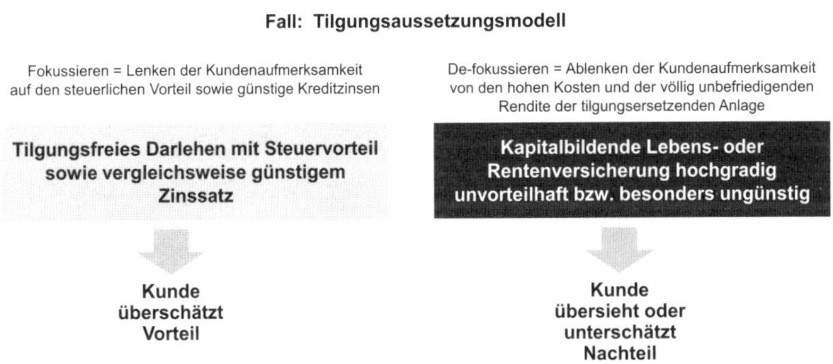

Von den hohen Kosten und der völlig unbefriedigenden Rendite weg, hin zu Steuervorteil und günstigen Kreditzinsen

Fallbeispiel 3: Steuerbegünstigtes Versicherungssparen versus kostenarmes steuerpflichtiges Sparen

Ein drittes Beispiel bezieht sich auf private Altersvorsorge mittels kapitalbildenden Versicherungsprodukten, also ungeförderte kapitalbildende

Lebens- und Rentenversicherungen. Hier genießt der Versicherte vielleicht einen (kleinen) steuerlichen Vorteil, denn seine Erträge bleiben während des Ansparprozesses innerhalb des Versicherungsmantels zunächst steuerfrei. Erst bei Auflösung der Versicherung und Ausschüttung der Ablaufleistung wird die Hälfte der Erträge mit dem persönlichen Steuersatz des Versicherten der Einkommensteuer unterworfen, während die andere Hälfte völlig steuerfrei bleibt.

Bei der Bewertung des genannten steuerlichen Vorteils müsste durch einen rationalen Entscheider eine Abwägung gegenüber alternativen Ansparformen (z. B. kostengünstigen und renditestärkeren ETF-Sparplänen) erfolgen, die jedoch nicht den o. a. steuerlichen Vorteil aufweisen.

Um den Vertrieb der hoch provisionierten Versicherungsprodukte zu erleichtern, wird nun wieder die Methode des Fokussierens und Defokussierens angewandt. Konkret sieht dies in diesem Beispiel so aus:

Die Aufmerksamkeit des Kunden wird auf die steuerlichen Vorteile des Versicherungssparens gelenkt (Fokussierung). Gleichzeitig wird davon abgelenkt (De-fokussierung), dass kapitalbildende Lebensversicherungen aufgrund hoher Gebühren und Kosten sowie der renditearmen Anlage (schon allein wegen der Kapitalgarantie) in den meisten Fällen nicht einmal die Inflationsrate erwirtschaften. Somit tritt über den langfristigen Ansparprozess ein realer Vermögensverlust ein, der durch den steuerlichen Vorteil keineswegs ausgeglichen wird.

Fall: Kapitalbildende Lebens- oder Rentenversicherung

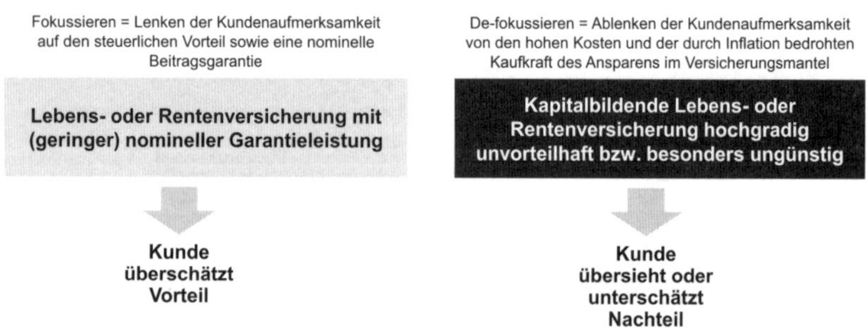

Von den hohen Kosten und der durch Inflation bedrohten Kaufkraft des Ansparens im Versicherungsmantel weg, hin zu Steuervorteil und nomineller Beitragsgarantie

Warum Fokussieren und De-fokussieren Ihre Entscheidung massiv beeinflusst

Ihre Entscheidung wird in einer für Sie stets unvorteilhaften Weise beeinflusst, weil das menschliche Gehirn völlig überfordert ist, mehreren Argumenten oder Fakten gleichzeitig die eigentlich korrekte Bedeutung zuzuweisen. Es kommt zwangsläufig zu einem Konflikt zwischen schnellem und langsamem Denken zwischen Spektakulärem und Nachhaltigem (vgl. Kapitel B 3 und B 12). Und wer sich in der heutigen Aufmerksamkeitsökonomie auf das Spektakuläre und Vordergründig-plausible einlässt, dem geht es so wie den Zuschauern, die das Kaninchen im Zylinder bestaunen (vgl. Kapitel B 14 „Trigger-Worte).

Woran Sie erkennen, dass Sie gerade fokussiert und de-fokussiert werden

Allein Ihr Vorwissen ist hierfür entscheidend. Und vielleicht ein wenig gesundes Misstrauen, welches aus Lebenserfahrung und nicht zuletzt der aufmerksamen Lektüre dieses Buches resultiert. Sobald Sie Ihren Reflexen folgen und Ihre Aufmerksamkeit einseitig fokussieren lassen, haben Sie verloren.

Was Sie dagegen tun können, durch Fokussierung und De-fokussierung manipuliert zu werden

Selbst wenn Sie keine konkreten Anhaltspunkte für Fokussierung und De-fokussierung haben, sind Sie nicht ganz chancenlos. Hinterfragen Sie mehrfach, welche weiteren Gesichtspunkte oder Entscheidungskriterien noch zusätzlich zu berücksichtigen sein könnten. Wenden Sie die Methode des fortgesetzten Hinterfragens an. Fragen Sie: „Welche weiteren Aspekte sollte ich berücksichtigen?" Und danach: „und sonst, und sonst, und sonst?"[77]

Woran Sie Ihren Fortschritt erkennen

Daran, dass Sie – respektvoll, aber gezielt – die Verkaufsargumente Ihres FPV hinterfragen und prüfen, wie belastbar diese sind.

Dass Sie zunehmend auf Lücke denken: Sie registrieren zwar aufmerksam, welche Sachverhalte und Kaufgründe man Ihnen nennt. Aber Sie überlegen stets gleichzeitig, welche Argumente eben nicht genannt werden.

Daran, dass Sie die acht Bewertungskriterien des „einfach genialen Achtecks" vor einer Entscheidung für ein Finanzprodukt systematisch abprüfen. Denn wichtig ist nicht nur die Information, die Sie erhalten, sondern vor allem die Information, die Sie **nicht** erhalten. Sobald Sie Ihre Entscheidung nicht vorschnell auf die dargebotene Information stützen, sondern sich auf die nicht vom FPV genannten Aspekte beziehen, verbessern Sie Ihre Erfolgschancen ganz enorm.

Ein Satz wie: „Und jetzt wollen Sie mir sicher noch fairerweise die Gegenargumente bzw. Nachteile Ihres Vorschlags erläutern" kann Wunder bewirken.

19. Verkaufsrhetorik (7): Einsatz in der Angebotsphase

Mitten aus dem Leben

Claudia Bath sitzt jetzt seit knapp 45 Minuten mit dem FPV in ihrem Wohnzimmer, um sich in Fragen der Altersvorsorge beraten zu lassen. Sie könnte sich gut vorstellen, monatlich etwa 150 Euro zur Seite zu legen und hat eine ganze Reihe von Fragen zu ihren Wünschen für die finanzielle Zukunft beantwortet, ebenso wie weitere Fragen zu ihrer aktuellen wirtschaftlichen Situation. Der FPV fasst die Punkte noch einmal zusammen, die Claudia B. als wesentliche Voraussetzung für eine Kaufentscheidung genannt hat, und fährt fort: „Nun interessiert es Sie sicherlich, in welcher Form sich Ihre Vorstellungen realisieren lassen. Ich kann Ihnen grundsätzlich drei Vorschläge machen, die allesamt Ihre Erwartung an das Produkt in besonderem Maße erfüllen. Sie haben die Wahl und können selbst bestimmen, über welchen finanziellen Spielraum Sie später verfügen möchten."

Er legt Claudia Bath drei verschiedene Optionen zu einer Privatrente auf den Tisch, die sich deutlich in der Höhe der zu tätigenden Investitionen unterscheiden.

Option 1	Option 2	Option 3
mtl. Beitrag: 50 € Laufzeit: 30 Jahre mtl. Gesamtrente: 104 €	mtl. Beitrag: 200 € Laufzeit: 30 Jahre mtl. Gesamtrente: 417 €	mtl. Beitrag: 350 € Laufzeit: 30 Jahre mtl. Gesamtrente: 729 €

Daten entnommen einer im Internet angebotenen Modellrechnung eines namhaften Versicherers

Sicher werden Sie hier leicht die Köder-Technik (Decoy Effekt) aus Kapitel 11 wiedererkennen. Der Verkäufer versucht damit, Claudia Bath zu einer Entscheidung zu verleiten, die unbewusst das mittlere Angebot bevorzugt, auch wenn es eine höhere als die zunächst geplante monatliche Beitragsrate erfordert.

Was geschieht in der Angebotsphase?

Was in der Angebotsphase nicht positiv vom Kunden angenommen wird, wird in der Regel auch in späteren Phasen nicht mehr verkauft. Der FPV wird also in dieser Phase das ansprechen, was er auch verkaufen möchte. In der Abschlussphase wird dann nur der „Haken drangemacht", und eventuell ein Zusatzprodukt (Cross-Selling) oder eine höherwertige Variante (Up-Selling) angeboten. Für den FPV kommt es in dieser Phase auch darauf an, Produkte seines Unternehmens, die gemäß seinen Vorgaben besonders aktiv angeboten werden sollen, mit den geäußerten Wünschen und Bedürfnissen des Kunden abzugleichen.

Gewöhnlich möchten FPV einigermaßen auf den Kunden zugeschnittene Produkte anbieten, weil das eine positive Kaufentscheidung wahrscheinlicher macht. Jedoch sind die Produkte im Finanz- und Vorsorgebereich **überhaupt nicht individuell** auf Kunden zugeschnitten, sondern in der Regel auf eine bestimmte Zielgruppe. Der Verkäufer steht also vor der Herausforderung, die Produktmerkmale und die Kundenwünsche auf eine positiv klingende Art in Einklang zu bringen. Da Produktmerkmale in der Regel nur nackte Fakten wiedergeben, greifen die FPV in dieser Phase des Gesprächs gerne zu Geschichten, Metaphern, Kundenerfahrungen, Zitaten und ähnlichen rhetorischen Mitteln, um die **emotionale** Qualität hochzuhalten. In dieser Phase wird ferner ausgetestet, wie belastbar die Beziehung ist, was auch einen Einfluss darauf hat, welches Angebot der Verkäufer danach macht. Ganz grob kann man sagen, dass der Verkäufer sich umso stärker trauen wird, offensivere und provisionsintensive Angebote zu unterbreiten, je tragfähiger und stabiler er die Beziehung und Sympathie seitens des Kunden einschätzt. Das ist auch der Grund, warum in Kapitel A 9 vor zu großer Sympathie und Emotionalität gegenüber dem FPV gewarnt wurde.

Typische Beispiele für den Einsatz manipulativer Verkaufsrhetorik in der Angebotsphase:

- Ankern, Köder-Effekt (wie im Beispiel zu Beginn des Kapitels). Mehr zu diesen Techniken finden Sie in Kapitel B 11),
- Verknappung, Zeitdruck (siehe Kapitel B 8),
- Cross-Selling, Up-Selling (siehe Kapitel B 21),
- antizipierende Formulierungen, z. B.: „Nachdem Sie sich dann entschieden haben, genießen Sie auch umgehend alle Vorteile ...",
- provozierte Konsistenz, z. B.: „Sie hatten ja zu Beginn ausgeführt, wie wichtig Ihnen ..." (siehe Kapitel B 24),
- unlauterer Umgang mit Einwänden (siehe Kapitel B 20).

Es sei auch an dieser Stelle noch einmal erwähnt, dass es natürlich in Ordnung ist, Ihnen für den Kauf des Produkts ein richtig gutes Gefühl zu geben, wenn Sie das Produkt wirklich wollen. Es ist aber nicht in Ordnung, wenn Sie durch den Einsatz manipulativer Verkaufsrhetorik unterschwellig zu einer Entscheidung verleitet werden sollen, die nicht Ihrem wirklichen Bedarf und Ihren Wünschen entspricht.

Warum Verkaufsrhetorik für den Kunden auch in der Angebotsphase gefährlich ist

Wenn das Verkaufsgespräch bis zu diesem Zeitpunkt insgesamt positiv verlaufen ist, sind Kunden auf diesen Moment in einer besonderen Weise gespannt. Es ist ein bisschen so, wie wenn im Theater der Vorhang aufgeht. Der Kunde hat sich geöffnet, Informationen darüber gegeben, wo ihn „der Schuh drückt", welches Problem er gelöst haben möchte, welche Situation er vermeiden will. Durch das nun präsentierte Angebot verbindet sich der Nutzen des Produkts mit der eigenen Lebenswirklichkeit. Und wenn der Verkäufer sein Angebot lebendig vorgetragen hat und vielleicht noch mit einer überzeugenden Story verbindet, werden emotionale Qualitäten angesprochen und das kritische Bewusstsein zurückgedrängt.

Was bedeutet das für Sie als Kunden? Welche Folgen können entstehen?

Für Sie kommt es jetzt entscheidend darauf an, dass der nächste Schritt, also das Angebot, Ihre Interessen in den Mittelpunkt stellt. Wenn Sie an dieser Stelle der Verkaufsrhetorik ausgesetzt sind, laufen Sie Gefahr, sich mit einem überteuerten Angebot auseinandersetzen zu müssen, sich gegen ungewünschte Zusatzangebote wehren zu müssen, gegebenenfalls sogar eine Entscheidung zu treffen, die letztlich nicht in Ihrem Interesse ist.

Woran Sie den Einsatz von Verkaufsrhetorik beim Angebot erkennen

In dieser Phase ist hohe Konzentration gefragt. Sie erkennen die Verkaufsrhetorik daran, dass der FPV zusätzlich zu dem von Ihnen genannten Bedarf und Ihren Wünschen noch weitere Bedarfsargumente anführt. Wenn das Wiederholen Ihrer Argumentation nicht nur dazu dient, das Angebot zu erklären, sondern dazu, Sie zu verpflichten (Konsistenzprinzip). Wenn das Angebot Köderelemente enthält, die Sie dazu bringen sollen, den Entscheidungsspielraum in Richtung einer größeren Investition zu verschieben. Siehe oben: Claudia Bath wollte eigentlich 150, keine 200 Euro monatlich ansparen – ein Angebot über 150 Euro machte ihr der FPV dann aber gar nicht. Hoch konzentriert und wachsam sollten Sie auch sein, wenn der FPV Sie auf eine überhöhte Art emotional anzusprechen versucht. Oder wenn der Verkäufer mit Zeitdruck oder Verknappung argumentiert.

Was Sie dagegen tun können

Alle diese gerade beschriebenen Verhaltensweisen des Verkäufers sollten Ihr kritisches Bewusstsein aktivieren. Geben Sie bitte Acht darauf, wie genau der Verkäufer Ihnen den Nutzen des Angebots erklärt, wie er in dieser Phase mit Ihren Fragen und möglichen Einwänden umgeht und ob der Verkäufer den Vertragsabschluss mehr will als Sie.

Betrachten Sie beides: den Nutzen des Produkts und die notwendige finanzielle Investition. Hält die Gegenüberstellung der beiden Bereiche

Ihrer kritischen Prüfung stand? Klären Sie durch Fragen die Rahmenbedingungen, so dass Sie bereits in dieser Phase des Gesprächs eine klare Vorstellung davon haben, was Ihnen anschließend zur Unterschrift vorgelegt wird. Gelingt es Ihnen nicht, diese klare Vorstellung zu entwickeln, so erbitten Sie zusätzliche Bedenkzeit. Haben Sie Einwände gegen das Angebot oder die Präsentation des Angebots, so formulieren Sie diese genau und wahrheitsgemäß.

Wann immer Sie in dieser Phase Anzeichen für den Einsatz manipulativer Verkaufsrhetorik haben, treffen Sie für sich den Entschluss, auf keinen Fall am Ende des Gesprächs einen Vertrag zu unterzeichnen.

Vielleicht haben Sie ja bereits die Möglichkeit genutzt, sich mit dem FPV auf einen partnerschaftlichen Dialog verständigen zu können („Ich freue mich auf unser Gespräch und gehe davon aus, dass ich mich nicht auf rhetorische Feinheiten konzentrieren muss, sondern mich auf einen fairen Dialog verlassen kann?"). Und vielleicht haben Sie den FPV ja schon an anderer Stelle des Gesprächs darauf hingewiesen, dass Sie sich für Ihre endgültige Entscheidung Zeit nehmen möchten. Das ist grundsätzlich ein guter Vorsatz und vermag die Wirkung von manipulativer Rhetorik doch ein Stück weit einzugrenzen.

Woran Sie Ihre erfolgreiche Abwehr von Verkaufsrhetorik erkennen

Sie erkennen Ihren Erfolg natürlich daran, dass Sie sich im Verlauf des Verkaufsgesprächs nicht zu einem Abschluss haben verleiten oder drängen lassen. Und wenn Sie denn grundsätzlich weiter an dem Produkt interessiert sind, haben Sie ja Zeit gewonnen, noch einmal genauer zu recherchieren oder sich eine zweite Expertenmeinung einzuholen.

Ein spürbarer Erfolg wird auch darin liegen, dass es Ihnen gelingt, Ihren Wunsch nach einem fairen Dialog klar und freundlich zu formulieren und damit Ihre Erwartung in Bezug auf den Ablauf des Gesprächs eingebracht zu haben. Damit haben Sie auch dafür Sorge getragen, sich und Ihre Rolle im Gespräch zu positionieren. Ein respektvoller Umgang miteinander führt in den allermeisten Fällen auch dazu, dass weniger Raum für manipulative Rhetorik besteht.

20. Verkaufsrhetorik (8): Unlautere Behandlung von Kundeneinwänden

Mitten aus dem Leben

„Dann bitte ich Sie, unseren Vertrag hier unten gegenzuzeichnen", hört Klaus Mackowiak den FPV sagen. Allerdings hat er das Gefühl, dass das Angebot des FPV nur in Teilbereichen seine Vorstellungen abbildet und zusätzlich geht die Höhe der geforderten Sparrate deutlich über den ursprünglich geplanten finanziellen Rahmen hinaus. Auf jeden Fall spürt er, dass es nicht richtig ist, jetzt seine Unterschrift unter den vorgelegten Vertrag zu setzen. In diesem Moment kommt es stark darauf an, wie Herr Mackowiak seine Bedenken formuliert. Folgt er seinem Gefühl: „Danke für Ihr Angebot, das mich aus zwei Gründen nicht überzeugt. Erstens finde ich meine Vorstellungen nur am Rand berücksichtigt und zweitens übersteigt der finanzielle Aufwand deutlich meine Vorstellungen. Daher werde ich das Angebot jetzt nicht unterzeichnen." Oder sagt Herr Mackowiak, um den FPV nicht zu enttäuschen, etwas wie: „Das möchte ich mir gerne noch mal überlegen und melde mich dann bei Ihnen".

Wenn Sie nach der sogenannten „Abschlussfrage" einen Vertrag (jetzt/noch) nicht unterschreiben wollen, entsteht für den Verkäufer eine Situation, die in der Verkäufersprache als „**Einwandbehandlung**" bezeichnet wird. Dabei ist der weitere Verlauf des Gesprächs stark von der Grundeinstellung des FPV abhängig. Kann der FPV die Antwort von Herrn Mackowiak respektieren? Versucht er, unter Einbeziehung der Bedenken des Kunden neue Lösungen zu entwickeln? Oder erlebt er ohnehin jedes Verkaufsgespräch als „Schlacht", wofür man sich einen Schlachtplan zurechtlegt? Oder folgt er sogar dem wenig partnerschaftlichen Motto „Der Verkauf beginnt, wenn der Kunde NEIN sagt"? Oder hat er das Gefühl, dass sich seine Beute gerade aus seinen Fängen befreien will? (Die drei letzten Einstellungsmuster stammen übrigens aus den Tipps von sehr bekannten Verkaufstrainern.) Je nach der Grundeinstellung des FPV wird die Einwandbehandlung einen unterschiedlichen Verlauf annehmen.

Es sei auch an dieser Stelle erwähnt, dass Einwandbehandlung an sich nicht unbedingt negativ oder manipulativ ist. Wie eine Einwandbehandlung in der konkreten Situation zu bewerten ist, hängt davon ab, ob die Zielrichtung darin besteht, das eigene Interesse des FPV, den Vertragsabschluss, doch noch durchzusetzen oder ob es der gemeinsame Versuch ist, Angebot und Kundenwunsch stärker zu synchronisieren.

Um Sie auch hier auf die Verkaufsrhetorik vorzubereiten und dagegen zu wappnen, finden Sie eine Reihe der üblichen Vorgehensweisen zur Einwandbehandlung aufgeführt.

Typische Erscheinungsformen der Einwandbehandlung durch den FPV

1. Isolier-Technik

Sehr häufig versucht der FPV in einem ersten Schritt herauszufinden, wie ernst es Ihnen mit diesem Einwand ist oder ob es sich nur um einen **Vorwand** handelt, das Gespräch zu beenden. „Heißt das, wenn wir mit dem Preis übereinkommen, sind Ihre Bedenken ausgeräumt?" – „Killer Einwand" nennen Verkäufer gerne Einwände, die drohen, ihnen das „Geschäft" kaputtzumachen.

2. Gegenfrage

„Was meinen Sie mit ‚zu teuer'?" – Sie werden aufgefordert, den Hintergrund Ihrer Entscheidung genauer zu erklären, woraus sich weitere Ansatzpunkte für den FPV ergeben könnten.

3. Konter-Technik

„Sie sagen, dass das Angebot Ihr Budget übersteigt. Worauf bei diesem Angebot würden Sie denn gerne verzichten?" – Hier wird damit gearbeitet, dass Menschen die Tendenz haben Verluste, auch scheinbare, unbedingt vermeiden zu wollen. Sie mögen nur ungern etwas wieder hergeben. Und mit dieser Frage, worauf Sie denn gerne verzichten würden, soll genau diese gegenteilige Reaktion angestoßen werden.

4. Bumerang-Technik

„Sie sagen, dass das Angebot Ihr Budget übersteigt. Sehen Sie, und genau aus diesem Grunde sollten Sie darüber noch einmal nachdenken. Denn genau das ist es ja, was Sie mit dem Kauf dieses Produktes verbinden, nämlich finanziellen Spielraum zu haben für die Ihnen wichtigen Entscheidungen." – Der Einwand wird umgehend zurückgespielt und „positiv" umgedeutet.

5. Arroganz-Technik

„Schauen Sie, was werthaltig ist und eine höhere Qualität aufweist, hat natürlich auch seinen Preis. Ein Mercedes kostet ja auch mehr als ein VW Golf." – Ihr Einwand wird quasi überhört und mit Phrasen zugedeckt, die scheinbar unwiderlegbare Fakten oder allgemein akzeptiertes Alltagswissen repräsentieren. Der hier beispielhaft gewählte Preiseinwand kann naturgemäß durch alle anderen Einwandhintergründe ersetzt werden. Zur Verstärkung der Argumentation in der Einwandbehandlung werden zusätzlich gerne weitere Techniken der Vertriebsrhetorik eingesetzt, wie beispielsweise Zeitdruck und/oder Verknappung (siehe Kapitel B 8).

Warum Einwandbehandlung funktioniert

Aus der Sicht des FPV ist das Mittel der Einwandbehandlung eine überaus erfolgversprechende Verkaufsrhetorik-Maßnahme, da es sich um eine leicht zu strukturierende Situation handelt, auf die sich Verkäufer gezielt vorbereiten können und das auch tun. Die Wirkung der rhetorischen Muster ist hinlänglich bekannt, und so liegt es allein an der Geschicklichkeit des FPV, das Muster auszuwählen, das am meisten Erfolg dabei verspricht, Ihren Widerstand aufzulösen.

Außerdem ist nach Ihrer ablehnenden Entscheidung eine besondere emotionale Beziehungssituation entstanden. In aller Regel erteilen Kunden ungern ablehnende Bescheide und fühlen sich dann dem FPV auf eine Art unbewusst verpflichtet (siehe Kapitel A 9 Reziprozitätsfalle). Und ähnlich wie der Kunde ist auch der FPV in dieser Situation auf eine besonders emotionale Art betroffen. Muss er doch die Ablehnung des Vertragsangebotes wie auch eine persönliche Zurückweisung verarbeiten.

Welche Folgen können entstehen?
Es könnte passieren, dass Sie durch die Einwandbehandlung „weichgeklopft" werden und Ihre Entscheidung zurücknehmen. Das geschieht allerdings in aller Regel nicht dadurch, dass Sie durch die Einwandbehandlung neue Erkenntnisse gewonnen haben, sondern sich rhetorisch in die Enge getrieben fühlen und Ihre Unterschrift als Ausweg sehen.

Woran Sie Einwandbehandlung erkennen
Einwandbehandlung mit all ihren rhetorischen Fallstricken können Sie leicht daran erkennen, dass der FPV Ihre Entscheidung nicht akzeptieren mag und eine weitere Runde im Gespräch einleiten möchte.

Wie Sie mit unlauterer Einwandbehandlung umgehen können
Machen Sie sich vor dem Verkaufsgespräch (und noch einmal vor der Abschlussfrage) klar, dass es Ihr absolutes Recht ist, NEIN zu sagen oder einen zusätzlichen Zeitraum für Ihre Entscheidung zu beanspruchen. Sie sind dem FPV in keiner Weise verpflichtet (tappen Sie nicht in die Falle der Reziprozität). Das Ziel des Verkaufsgesprächs liegt für Sie darin, Ihre Zukunft zu planen, abzusichern und zu verbessern – und nicht die finanziell sorgenfreie Zukunft des FPV.

Sollte der FPV nach Ihrer gut durchdachten ablehnenden Entscheidung mit der Einwandbehandlung beginnen, lassen Sie sich nicht darauf ein. Wiederholen Sie gegebenenfalls Ihre Ablehnung und beenden Sie das Gespräch entsprechend höflich, aber bestimmt.

Beispiel:
Kunde: „Ich möchte mir das noch einmal überlegen."
FPV: „Was ist denn für Sie noch unklar?"
Kunde: „Mir ist nichts unklar. Ich möchte nur noch mal überlegen."
Oder etwas verbindlicher: „Ich habe gelernt, meine Entscheidung in einer so wichtigen Frage mindestens einen Tag reifen zu lassen."

Eine solche Situationsklärung kann auch zu Beginn des Verkaufsgesprächs sinnvoll sein: „Ich hoffe, es irritiert Sie nicht, dass ich mir für meine endgültige Entscheidung mindestens einen Tag Bedenkzeit nehmen werde." Diese Aussage kann gut kombiniert werden mit weiteren

Erwartungen des Kunden an das Verkaufsgespräch. Positionieren Sie sich entweder direkt oder etwas verbindlicher: „Ich hoffe, es ist für Sie in Ordnung, wenn ich ..."

Diese Vorgehensweise kann auch einen positiven Einfluss auf die Rollenverteilung haben, wenn der FPV versucht, die Hoheit über die Rahmenbedingungen des Gesprächs zu erlangen, wie etwa: „Das Gespräch wird etwa eine Stunde dauern."

Zusatztipp bei Ihrer klar ablehnenden Entscheidung:
Falls Sie sich klar entschieden haben, dem Angebot nicht zustimmen zu wollen, formulieren Sie den oder die Gründe für Ihre Ablehnung konkret, wie oben beispielhaft angedeutet. Durch unklare Absagen wie: „Das möchte ich mir gerne noch mal überlegen und melde mich dann bei Ihnen", laden Sie den FPV nur ein, Sie mit den unterschiedlichsten Ansätzen doch noch jetzt zu einem Abschluss zu bewegen. Das könnte dann so oder ähnlich klingen:

„Natürlich ist es Ihnen und auch uns wichtig, dass Sie ein gutes Gefühl für Ihre Entscheidung haben. Deswegen haben wir ja für Sie nach Unterzeichnung des Vertrags ein 14-tägiges Rücktrittsrecht eingeräumt."
„An welchen Stellen sind denn für Sie noch Punkte unklar geblieben?"
„Was fehlt Ihnen denn noch zu Ihrer Entscheidung?"
usw.

Sie sehen an diesen Beispielen: Wenn Sie die Tür – obwohl Sie sich innerlich klar ablehnend entschieden haben – nicht auch für den FPV ganz eindeutig schließen, wird er sie immer wieder öffnen wollen und Sie in weitere Überzeugungsgespräche verwickeln, an deren Ende Sie vielleicht zu Ihrem Schaden weich werden.

Woran Sie Ihren Fortschritt erkennen, dass Sie auf unlautere Behandlung Ihrer Einwände angemessen reagieren
Sie lassen sich nicht durch rhetorische Kniffe und Tricks fangen und bleiben bei Ihrer Entscheidung. Sie formulieren Ihre Interessen und Ihre Entscheidung klar und eindeutig. Und das auch in einer nicht ganz einfachen sozialen Situation, wie es das Ablehnen eines Angebots nun mal ist.

21. Up-Selling und Cross-Selling

Aus Sicht eines FPV gibt es im Laufe eines Verkaufsgespräches häufig die Gelegenheit, statt des vom Kunden nachgefragten Produkts ein anderes bzw. ein weiteres Produkt anzubieten. Das kann im Kundeninteresse liegen, jedoch häufig dem Eigeninteresse des FPV geschuldet sein, z. B. Provisionserhöhung, Verkäuferrennliste, Erfüllung von Vertriebsvorgaben, zusätzliche Incentives. Alles in allem also ein recht großes Eigeninteresse für den FPV.

Vorgehensweise beim Up-Selling und Cross-Selling

Er kann statt des in Frage stehenden Finanz- oder Versicherungsproduktes ein in der Funktion ähnliches, aber in Hinblick auf Kundenwünsche (angeblich oder tatsächlich) überlegenes Produkt anbieten. Das nennt man **Up-Selling**.

Der FPV kann zusätzlich zu dem in Frage stehenden Produkt parallel oder zeitnah noch ein oder mehrere weitere Produkte mit anderen Funktionen anbieten. Das nennt man **Cross-Selling**.

Beide Verkaufstaktiken schließen sich dabei keineswegs aus. Vielmehr kann der FPV sie parallel anwenden und dabei zum Beispiel seine Provisionsansprüche mehrfach erhöhen. Nämlich einerseits durch ein angeblich höherwertiges, also teureres Produkt (Up-Selling) und andererseits durch weitere Produkte (Cross-Selling).

Die Abbildung rechts verdeutlicht den Unterschied nochmals auf einen Blick:

Up-Selling: Höher – weiter – teurer

Die höhere Provisionszahlung beim Up-Selling kann daran liegen, dass die vom FPV empfohlene Alternative im Vergleich zur ursprünglich gewünschten

a. (tatsächlich oder angeblich) **höherwertiger** ist,
b. eine höhere Provisions**quote** auf das gegebene Vertragsvolumen aufweist,
c. ein größeres **Volumen** bei gegebener Provisionsquote hat oder
d. eine längere **Laufzeit** (bei jährlich anfallenden Provisionen – wie z. B. Bestandsprovisionen) besitzt.

Alle Varianten sind recht üblich und kommen in beliebigen Kombinationen zum Einsatz. So führt eine Verlängerung der Laufzeit häufig zu einer über die Jahre hinweg höheren Beitragssumme – und ist daher für den FPV gleich doppelt lukrativ.

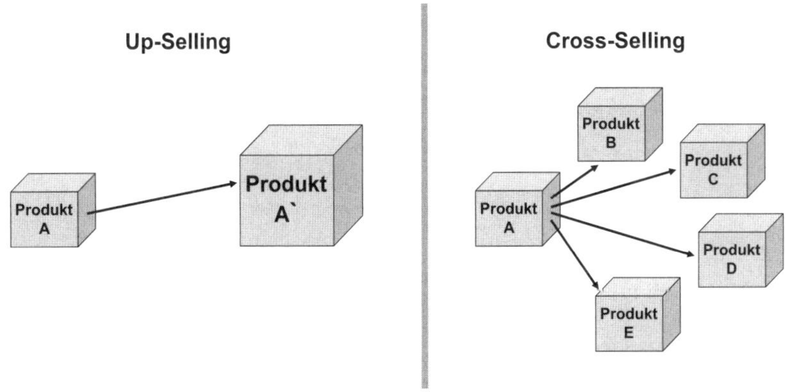

Unterscheidung von Up-Selling und Cross-Selling

Besonders wertvoll ist es, die **Psychologie des Up-Selling** zu durchschauen. Hier wird nämlich Ihre Aufmerksamkeit vom ursprünglichen Produkt weggelenkt und auf die relative Vorteilhaftigkeit der höherwertigen Variante fokussiert. Letztlich rückt also die Frage in den Hintergrund, ob überhaupt eines der beiden Produkte **absolut** vorteilhaft ist, sondern der Fokus verlagert sich auf die Frage, welches der Produkte **relativ** vorteilhafter sei. Vergleichen Sie hierzu auch die Erläuterungen des Köder-Effektes in Kapitel B 11. Damit kann auch hervorragend davon abgelenkt werden, wenn das ursprüngliche Produkt ein schlechtes Preis-Leistungs-Verhältnis besitzt (siehe Abbildung S. 178).

Noch ein Hinweis: Auf der Beziehungsebene stellt sich in diesem Fall natürlich auch die Frage, warum das Up-Selling-Produkt erst jetzt angesprochen wird, wenn es doch so viel vorteilhafter für Sie sein soll. Dann hätten diese Informationen doch bereits zu Beginn des Gespräches in eine qualifizierte Bedarfsanalyse hineingehört. Sofern Sie sich als Kunde diesen Zusammenhang bewusst machen, wird wohl die Beziehungsebene zwischen Ihnen und dem FPV leiden. Auch werden Sie die vermeintlich wahrgenommene Kompetenz des FPV (noch mehr) hinterfragen.

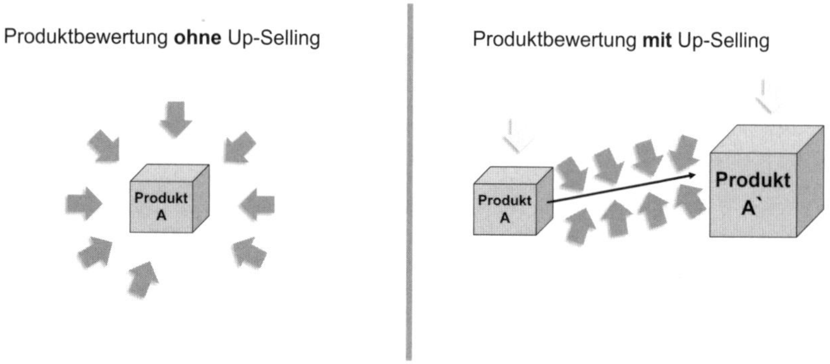

Psychologie des Up-Selling: Ihre Aufmerksamkeit wird vom ursprünglichen Produkt weggelenkt und auf die relative Vorteilhaftigkeit der höherwertigen Variante fokussiert

Cross-Selling: Einer geht noch ...

Finanzdienstleistungen sind ja bekanntermaßen Vertrauensgüter und die Vertrauensbasis zwischen Kunde und FPV spielt eine wichtige Rolle. Daher ist es naheliegend, dass der FPV diese Basis nutzt, um rund um den Erstabschluss noch weitere Abschlüsse zu tätigen. Dabei kommen ihm Informationen zugute, die er im Rahmen des Kundenkontaktes ohnehin erhält. Insbesondere in der Phase der Bedarfsermittlung sowie bei der Durchführung der für viele Produkte gesetzlich vorgeschriebenen Geeignetheitsprüfung fallen dem FPV viele wertvolle Informationen über den Kunden zu, auf deren Basis sich häufig Anknüpfungspunkte für den Abschluss zusätzlicher Leistungen ergeben. Der Allfinanz-Ansatz einiger Finanzvertriebe denkt diesen Gedanken konsequent weiter. Hier soll der Kunde „alles aus einer Hand" erhalten, ein „Rundum-Sorglos-Paket", bequem, effizient und allumfassend. Dafür stehen Werbeaussagen wie „One-stop-shopping" oder – verwirrend ähnlich, aber auch häufig zitiert – „One-shop-stopping".

Heikel ist die Tatsache, dass der Kunde zwar von einer durchgängigen und ganzheitlichen Beratung enorm profitieren *könnte*, wenn diese tatsächlich vollständig und durchgängig allein an seinen Interessen ausgerichtet wäre und nicht unter dem Gesichtspunkt der Einkommensmaximierung des FPV stattfände. In der **Theorie** bzw. einer „heilen Welt" ist die allumfassende Finanzbetreuung durch einen einzigen Partner also optimal. In der **Praxis** kann es jedoch vorkommen, dass der gleiche Kunde systematisch und über viele Teilbereiche hinweg übervorteilt und schlecht behandelt oder sogar ausgenutzt wird, da sein FPV ihm jeweils unvorteilhafte, überteuerte oder redundante Lösungen vermittelt. Der Kundennachteil kann zum einen daraus resultieren, dass der Vermittler kein wirklich fundiertes Fachwissen in den Einzelthemen besitzt, sondern seine schlechte Fachkenntnis durch Sympathie und eine angenehm positive Beziehungsebene überdeckt. Zum anderen kann es sein, dass in allen Teilbereichen nach dem Prinzip der Provisionsmaximierung und damit gegen die Interessen des Kunden vermittelt wird.

Hier offenbart sich, wie prekär es sein kann, wenn Sie der Vision der Gesamtoptimierung und „Rundum-sorglos-Betreuung" folgen. Und sich daher komplett in die Hände eines einzigen, alles umfassenden Finanzplaners oder Finanzcoaches begeben, dessen Ziele mit den Ihren nicht übereinstimmen. Bei einer Geldanlage selbst würden Sie sich ja auch nicht alles auf eine Aktie setzen. Sie würden das als „alle Eier in einen Korb legen" oder „alles auf eine Karte setzen" empfinden und als „Klumpenrisiko" (Concentration Risk) (→Glossar) betrachten und folglich ablehnen.

Eine gute Frage in diesem Zusammenhang ist auch: Was kostet Sie Ihre Bequemlichkeit? Das „alles aus einer Hand" erspart sicher Auswahl- und Kennenlernprozesse, Mehrfachorganisation und -datenerfassung, vielleicht auch Wege, kurz: einige Transaktionskosten. Ob Ihr Bequemlichkeitsvorteil aber auf Dauer die oben beschriebenen möglichen Kosten- und Leistungsnachteile rechtfertigt, kann man nicht pauschal beurteilen und sollten Sie sehr kritisch für sich hinterfragen. Auf alle Fälle sollten Sie die versprochenen Vorteile des „alles aus einer Hand" und eine bestehende Sympathie zu Ihrem FPV nicht als zentralen Grund für eine entsprechende Entscheidung werden lassen, sondern sowohl dessen Fachkompetenz als auch seine Anreizstruktur (Honorar oder Provision) kritisch prüfen.

Ich mag meine Friseurin sehr und vertraue ihr meinen Haarschnitt schon seit vielen Jahren an. Trotzdem würde ich mir nicht die Weisheitszähne von ihr ziehen lassen.

Welche Folgen durch die beiden Selling-Strategien entstehen

Aus Sicht des FPV führen beide Strategien mit Sicherheit zu höherem Provisionseinkommen sowie zu besserer Positionierung auf internen Ranglisten. Während die Verlagerung der Kundenaufmerksamkeit und die Erhöhung der Abschlusswahrscheinlichkeit beim Up-Selling bereits oben erläutert wurden, sind beim Cross-Selling noch diese zusätzlichen Folgen zu nennen: Aus der Sicht des FPV steigen die Chancen auf eine festere und stabilere Kundenbeziehung, also eine uneingeschränkt positive Folgewirkung ohne irgendeine Gegenwirkung oder einen Nachteil. Aus Kundensicht sind die Folgen differenzierter zu bewerten.

Im **optimalen** Fall (Vertrauen auf einen umfassend fachlich kompetenten und in Ihrem Interesse handelnden Dritten) haben Sie einen Bequemlichkeitsvorteil sowie ausnahmslos gute Produkte und Problemlösungen aus einer Hand. Voraussetzung ist, dass dieser Ansprechpartner seine fachlichen Grenzen kennt und bei besonders schwierigen oder selten auftretenden Spezialfragen einen hierauf spezialisierten Kollegen einschaltet.

Im **mittleren** Fall mischen sich für Sie gute und mittelmäßige bis schlechte Produkte, so dass Sie bei Verzicht auf die „Alles-aus-einer-Hand-Bequemlichkeit" besser gefahren wären.

Im **schlechtesten** Fall sind Sie in die Fänge eines FPV mit lauter unvorteilhaften Produkten geraten (Sie erinnern sich an die schiefen Pfeile aus Kapitel A 4) und werden durch eine Geschäftsbeziehung, die aus einem Netz unvorteilhafter Verträge besteht, gefesselt.

Woran Sie Ihren Fortschritt erkennen

Wie so oft, haben Sie schon dadurch viel gewonnen, dass Sie auf die beiden Strategien Up-Selling und Cross-Selling gedanklich vorbereitet sind und diese im Vermittlungsgespräch dann auch sicher wiedererkennen werden.

Im Fall des Up-Selling schauen Sie nicht auf den Unterschied der preiswerteren zur teureren Variante, sondern auf Qualität und Ausgangspunkt der ursprünglichen Alternative und haben damit schon halb gewonnen. Anschließend machen Sie sich die drei unterschiedlichen Fälle bewusst:

Im **ersten** macht das Up-Selling aus einer für Sie ohnehin schon vorteilhaften Investition eine noch vorteilhaftere. Also ein klares GO!

Und im **zweiten** wird eine ursprünglich klar unvorteilhafte Alternative durch das Up-Selling nicht wesentlich besser. Hier sollten Sie das Angebot insgesamt ausschlagen und den Kontakt mit dem FPV auch selbstbewusst beenden.

Im **dritten** Fall wird ein zunächst leicht unvorteilhaftes Angebot durch das Up-Selling etwas attraktiver und eventuell vorteilhaft. Sie sind vorsichtig genug, in diesem Fall an den Köder-Effekt (vgl. Kapitel B 11) zu denken und die neue Alternative isoliert und ohne jeden Ankereffekt zu bewerten. Und vielleicht auch zu fragen, warum diese erst jetzt ins Spiel kommt.

Auf **Cross-Selling-Angebote** reagieren Sie künftig noch vorsichtiger, denken an die Sympathiefalle und die freundliche Friseurin, von der Sie sich trotzdem nicht den Weisheitszahn ziehen lassen. Sie hinterfragen insbesondere, ob Ihr Gesprächspartner bei den Zusatzangeboten ebenso kompetent ist wie bei dem Ursprungsangebot. Und ob er von sich aus im Bedarfsfall anbietet, Spezialisten einzuschalten, oder ob er eher den Eindruck vermittelt, sich fachlich zu überschätzen und alles alleine zu können.

22. Verkaufsrhetorik (9): Konjunktivfalle

Voll aus dem Leben

Nach dem Besuch eines Volkshochschulkurses über „Kluge Geldanlage für Privatanleger" hätte es Frau Gier eigentlich besser wissen können. Passive oder auch regelgebundene ETFs sind die Empfehlung, nicht nur von Verbraucherschützern. ETFs sind kostengünstig und pflücken ohne großen Aufwand die Rendite der Finanzmärkte. ETFs sollte Frau Gier erwerben, und wollte sie „eigentlich" auch. Tja, eigentlich. Denn diese seien den teuren aktiv gemanagten Fonds auf Dauer stets überlegen. Man solle weder Modetrends hinterherlaufen noch auf einzelne Themen oder Branchen spekulieren. All das hat sie eigentlich gelernt. Doch dann sitzt Frau Gier einer wortgewandten FPV gegenüber, die ihr einen kostenintensiven aktiven Clean-Energy-Fonds empfiehlt: „Mit diesem Produkt ***können*** Sie die Marktentwicklung bei Weitem schlagen und über zehn Prozent Rendite pro Jahr verdienen", so die FPV. „Es ist zwar etwas teurer, aber durch das aktive Fondsmanagement ***können*** Ihre Verluste bei einem Aktiencrash begrenzt werden." Irgendetwas sprach diese Botschaft in Frau Gier an und so hörte sie sich plötzlich sagen: „Okay, dann zeichne ich diesen chancenreichen Clean-Energy-Fonds."

Was war passiert?

Frau Gier ist offensichtlich in die Konjunktivfalle geraten. Worte wie „Sie können", „Sie haben die Chance", „Es besteht die Möglichkeit auf ..." sprechen Teile unseres Gehirns an, die für bestimmte positive Emotionen wie Gier, Chancen jagen, Gewinn an Reichtum oder Macht etc. zuständig sind. Eine freudige Erregung, eine kribbelnde Aufregung, ein Habenwollen gewinnen die Oberhand und beeinflussen unsere Entscheidungen massiv. Sie führen häufig dazu, dass wir rationale Überlegungen vergessen oder in den Hintergrund drängen.

Es gibt typische Formulierungen in Vertriebsgesprächen, die Ihre Gier ansprechen sollen – seien Sie wachsam, wenn Sie hören:

- Mit diesem Fonds können Sie hohe Gewinne erzielen.
- Diese Finanzinnovation ist extra so gestrickt, dass Sie bestmöglich von der Volatilität (→ Glossar) profitieren können.
- Mit diesem Aktienzertifikat können Sie 10 % Wertzuwachs erzielen.
- Ich frage Sie, warum sollten Sie nicht auch aus Schrott Geld machen, bei anderen ist das doch auch möglich.
- 30 % Gewinn mit Bitcoin sind durchaus im Bereich des Möglichen.
- Nur aktiv gemanagte Fonds können durch den rechtzeitigen Verkauf von Aktien einem Crash entgehen.
- Dieses Zertifikat ermöglicht es Ihnen, den Markt zu schlagen.
- Durch den Versicherungsmantel können Sie Steuern sparen.
- Mit dieser Strategie können Sie sich vor Verlusten schützen.

Dass die Konjunktivfalle bei vielen Formen der Berichterstattung und Information in den Medien auf uns wartet, zeigen die nachfolgenden handverlesenen Zitate und typischen Formulierungen in Anlegerzeitschriften und Ratgeberliteratur:

„2000 US-Doller je Unze *(Feingold, Anm. d. Verfasser)* **sind möglich."** (Nitesh Shah, Director Research Team WisdomTree, in: Euro am Sonntag, Ausgabe 4/20, S. 76.)

„In Schwellenländern kann ich mit aktivem Management tatsächlich einen Index übertreffen." (Oliver Vins, Chief Product Officer Moneyfarm, in: Euro 02/2020)

„Mit unserem Zertifikat haben Anleger die Chance, von positiven Kurseffekten, die von Übernahmeangeboten ausgehen können, zu profitieren." (Sebastian Bleser, Zertifikateexperte HypoVereinsbank, in: Rendite – Das Anlagemagazin der Börsenzeitung, Sept. 2017)

Kleine Anmerkung: Die Leistung von uns bestand nicht im Finden dieser Zitate, sondern im mühevollen Auswahlprozess einiger weniger Beispiele aus mehreren Tausenden, die sich in der Vorbereitungsphase dieses Buches fast von selbst angesammelt hatten.

Warum Konjunktive und Chancen Sie manipulieren und welche psychologischen Phänomene dahinter stecken

Erstens: Konjunktive sprechen bestimmte Hirnareale an, die rationales, also vernünftiges, überlegtes Denken überstrahlen. Angesprochen wird dabei insbesondere das Gierzentrum. Wenn eine attraktive junge Frau zu ihrer sympathischen Spontanbekanntschaft an der Bar sagt: „Heute Nacht könnte noch etwas laufen", dann ruft das bei der Bekanntschaft ein ungleich größeres neuronales Feuerwerk hervor, als wenn sie sagen würde „Heute Abend wird noch etwas laufen!" (Siehe Abbildung S. 184)

Zweitens: Die in den obigen Beispielen genannten *Möglichkeits*formulierungen fokussieren einseitig auf *Chancen*. Denn sowohl überdurchschnittliche Gewinne zu erzielen als auch Verluste zu vermeiden, sind ja letztlich Chancen für uns. Während man uns mit diesen Chancen winkt, weist man uns jedoch nicht auf den Preis hin, den wir dafür bezahlen müssen. Die Konjunktive sollen den Kunden vielmehr „anheizen". Das Aufstellen der Konjunktivfalle ist dabei übrigens ein Spezialfall des Fokussierens und De-fokussierens (vgl. Kapitel 18). Konjunktive, also Möglichkeitsformulierungen lenken die Aufmerksamkeit auf positive Szenarien, negative werden weitgehend oder vollständig ausgeblendet. Nachdenken und Hinterfragen sollen ausgeschaltet werden.

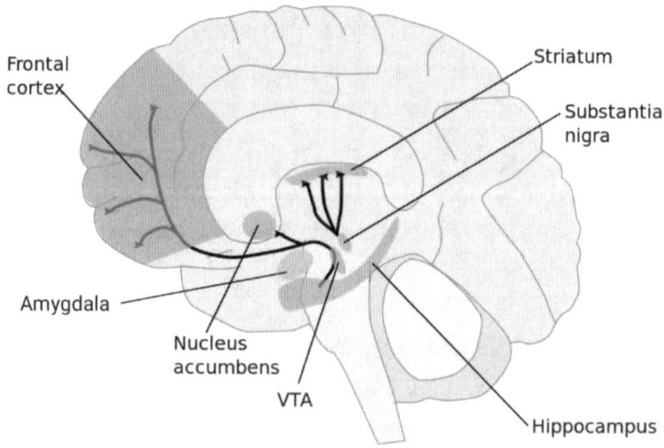

Im Nucleus acumbens sitzt das neuronalen Belohnungssystem des Menschen – es ist verantwortlich für ein gutes Gefühl. (Quelle: https://commons.wikimedia.org/wiki/File:Hjerne.png)

Drittens: Was ebenfalls ausgeblendet bzw. ignoriert werden soll, sind die Wahrscheinlichkeiten des Eintretens von Erfolgs- und Misserfolgsszenarien. Natürlich *können* Sie mit einem aktiven Produkt trotz hoher Kosten den Markt schlagen. Jedoch sind die Chancen dafür, dass Sie das im nächsten Jahr schaffen, leicht unter 50 %, während die Chancen für ein unter dem Marktdurchschnitt liegendes Ergebnis leicht über 50 % liegen. Und weil die Wahrscheinlichkeiten für Chancen und Risiken Jahr für Jahr unterschiedlich sind, schafft es über einen längeren Zeitraum von zum Beispiel 10 oder 20 Jahren kaum ein aktives Produkt oder eine aktive Strategie aus der *Möglichkeit* wirklich Mehrwert für Sie als Anleger zu erwirtschaften. Aber die Hoffnung stirbt bekanntlich zuletzt.

Was die Konjunktivfalle mit uns macht

Die Folgen der Möglichkeitsfalle sind schnell beschrieben. Tappen Sie hinein, so erwerben Sie tendenziell kostenintensive Produkte mit deutlich geringeren Chancen für Ihren Anlageerfolg. Dies wird sich vor allem langfristig sehr eindeutig zeigen. Jedoch wird eine nachträgliche Korrektur der durch die Konjunktivfalle provozierten Fehlentscheidung gleich durch mehrere psychologische Effekte erschwert. Erstens unser Bestreben nach Stetigkeit (Stichwort Konsistenzfalle) und zweitens der Verzerrung unserer Entscheidungen durch die Wahrnehmung versunkener Kosten (vgl. Ausführungen zur Sunk Cost-Falle in Kapitel B 23). Außerdem wird Ihnen der FPV im Nachhinein wohl schnell erklären, dass er ja nur gesagt hat, Sie *können* gewinnen – *nicht*, Sie *werden* ...

Wie Sie die Konjunktivfalle vermeiden

Es gibt wenige Manipulationen in Verkaufsgesprächen, die Sie so leicht enttarnen und vermeiden können wie die Konjunktivfalle. Denn diese kommt ständig in gleicher Form und nur oberflächlich ein wenig anders verhüllt durch Worte wie „möglich, Möglichkeit, können, Gelegenheit, Potential oder Chance" daher. Viele andere Formulierungen gibt es gar nicht. Sobald Sie also Ihre Sensibilität für die genannten „Schlüsselworte" erhöht bzw. Ihre Wahrnehmung dafür geschärft haben, sind Sie gegen diese Manipulation immun.

Wenn Ihr FPV also argumentiert, dass Sie mit diesem Produkt über 10 % Rendite pro Jahr erzielen können, dann antworten Sie freundlich lächelnd, dass Sie ja auch über 100 Jahre alt werden oder im Lotto gewinnen können. Vieles ist möglich. Anschließend bitten Sie Ihren Gesprächspartner um etwas mehr Realitätsnähe bzw. eine statistische Untermauerung der Wahrscheinlichkeit für das Eintreten seiner Konjunktivaussage. In den meisten Fällen gelingt mit einer solchen charmanten Reaktion die Abwehr dieser Falle ohne eine Schädigung der Beziehungsebene. Und wenn – schlimmstenfalls nach mehreren Versuchen des FPVs, Sie mit Konjunktivitis zu ködern – die Beziehungsebene leidet, dann dürfen Sie das eher als Vorteil denn als Verlust betrachten.

So trainieren Sie Ihre Wahrnehmung für Konjunktiv-Manipulationen

Mit den folgenden Übungen sensibilisieren Sie Ihre Wahrnehmung und Obacht vor der Konjunktivfalle.

1) Versuchen Sie, sich an konkrete Fälle zu erinnern, bei denen Sie im Gespräch mit Verkäufern – unabhängig von der Branche – durch Konjunktive und einseitige Chancenberichte zum Kauf von Produkten ver- oder geführt wurden.
2) Suchen Sie beim Lesen in Zeitungen oder Fachzeitschriften, aber auch beim Fernsehen oder Betrachten von Videos (z. B. auf Youtube) nach Beispielen für Konjunktivformulieren. Sie werden sehen, die Welt wimmelt davon.
3) Und schließlich: Formulieren Sie selbst mit einem Grinsen im Gesicht die wildesten Chancen und Möglichkeiten, was heute und überhaupt noch passieren kann.

Die Autoren berichten gerne, dass sie im Laufe ihrer Arbeit eine regelrechte Konjunktivallergie erworben haben, also bei den oben beschriebenen „Möglichkeitsformulierungen" sofort hellhörig werden. Zumindest in Verkaufsgesprächen aller Art wünschen wir Ihnen diese Allergie. Denn schließlich ist es Ihr Geld!

Ein wahres Erlebnis: In der Fachbereichssitzung einer Hochschule erklärte ein nicht gerade für großen Arbeitseifer bekannter Kollege, er *könne* seine Vorlesung nach Wirksamwerden einer neuen Studienordnung in englischer Sprache halten. Exakt so stand das auch in dem von ihm verfassten Protokoll und führte dazu, dass man dem Kollegen andere Pflichten erließ. Als später die betreffende Vorlesung erstmals anstand, berief sich der Kollege darauf, dass er nie versprochen habe, diese in englischer Sprache zu halten. Er habe lediglich gesagt, dass er es *könne*.

---

23. Versunkene Kosten: So wird Ihre künftige Anpassungsfähigkeit versenkt

Voll aus dem Leben

Die völlig verärgerte Facharbeiterin Lena Sauer hatte extra eine gute Freundin mit Banklehre zum Beschwerdetermin bei ihrer Hausbank mitgenommen, um sich nicht alleine gleich zwei angekündigten FPV gegenüber zu sehen. Sie fühlte sich subjektiv völlig über den Tisch gezogen und wollte unbedingt ihren Bausparvertrag rückgängig machen. Was war geschehen? Die Facharbeiterin hatte das Pech, dass ihre Geldkarte just den Geist aufgab, als in ihrer Filiale die Steppenwolf-Wochen waren. Die Bausparkasse Steppenwolf[78] steht in enger Kooperation mit der Bankgruppe von Lenas Hausbank, und so nutzte Lenas Kundenberater gleich die Gelegenheit, um ihr die Vorzüge des neuen Steppenwolf-Bauspartarifes zu erläutern und auch gleich einen Vertrag zu verkaufen. Im Nachhinein kann Lena Sauer weder sich selbst noch Dritten erklären, warum sie einen solchen Bausparvertrag und zudem noch in dieser Höhe abgeschlossen hat. Sie erinnert sich noch daran, dass sie sich unter Entscheidungsdruck gesetzt und argumentativ in die Enge getrieben fühlte. Und an Schlagworte wie Bausparprämie, preiswerte Baufinanzierungschance in der Zukunft und positive Verzinsung trotz Nullzinswelt. Aber sie lebt – mit Mann und Kind in einem ererbten völlig schuldenfreien Haus ohne Renovierungsbedarf und hat keinerlei immobilienbezogene Wünsche. Warum sie also vor einem halben Jahr einen Bausparvertrag über die stattliche Summe von 200.000 Euro abgeschlossen hat, das ist ihr selbst völlig schleierhaft. Und dass sie diesen Vertrag monatlich aufgrund ihrer begrenzten Liquidität mit einer Rate von nur 80 Euro bespart, macht die Sache umso schlimmer.

Das Reklamationsgespräch eröffneten die beiden FPV mit den freundlichen Worten, dass sie die Kundin auf alle Fälle zufriedenstellen und Missverständnisse aufklären wollen, da die Steppenwolf-Bausparkasse sich ja durch vorbildliche Kundenorientierung auszeichne und ihren Erfolg daraus ableite, dass sie von ihren ausschließlich zufriedenen Kunden weiterempfohlen werde. Als es dann jedoch nach wenigen Minuten hart auf hart ging und die scheinbar fachkundige Freundin von Lena das Wort ergriff, änderte sich der Ton.

Den Vorwurf, der Verkauf des Bausparvertrages sei angesichts von Lenas Verhältnissen und Bedürfnissen nicht bedarfsgerecht und vor allem würde ihre geringe Sparfähigkeit überhaupt nicht zu dem hohen Volumen des Bausparvertrages passen, konterten die beiden Banker damit, dass es auf die Bedarfsgerechtigkeit bei Bausparverträgen ja überhaupt nicht ankäme und eine Geeignetheitsprüfung nicht erforderlich sei. Also besitze Frau Sauer keinerlei rechtliche Handhabe, den

Vertrag wegen Fehlberatung zu widerrufen oder rückabzuwickeln. Mit ihrer Unterschrift und nach Ablauf der Widerrufsfrist habe Frau Sauer die Abschlussprovision von 3.200 Euro verwirkt und könne diese nun nicht mehr zurückfordern. Vielmehr sei die Abschlussprovision eben weg – versunkene Kosten also. Man solle zudem beachten: Wenn Frau Sauer den Bausparvertrag nicht fortsetzen wolle, so erhielte sie vom bisher abgebuchten Geld kaum etwas zurück, da ihre bisher eingezahlten Beiträge nur knapp über den Abschlusskosten lägen.

Typische Beispiele für absichtlich geschaffene versunkene Kosten

Wenn Sie in eine Gaststätte gut essen gehen, dann bezahlen Sie die Zeche *nach* dem Mahl (es sei denn, Sie genießen das Gourmet-Erlebnis amerikanischer Fast-Food-Kulinarik). Wenn das Essen dann nicht geliefert wurde oder unzumutbar schlecht schmeckt, werden Sie das Lokal verlassen und statt Geld Ihre Visitenkarte zurücklassen. Oder sich im Falle der amerikanischen Fast-Food-Kulinarik beschweren und Ihr Geld sofort zurückerhalten.

Wie schön wäre es, wenn dieser zeitliche Ablauf „erst die Leistung, dann das Geld" auch bei Finanzdienstleistungen gelten würde. Die Kosten also erst am Ende einer zufriedenstellend verlaufenen Geldanlage oder eines guten Altersvorsorgevertrags anfielen. Jedoch werden Ihnen als Kunde die Abschluss- und Vertriebskosten der meisten Vorsorgeprodukte gleich zu Vertragsbeginn belastet. In der Regel werden die Kosten auf die ersten fünf Jahre einer oftmals vieljährigen Laufzeit verteilt.[79] Gut für den Finanzdienstleister – schlecht für Sie. Wird ein Lebensversicherungsvertrag innerhalb dieser ersten fünf Jahre wieder beendet, greift immerhin die Stornohaftung des Vermittlers. Ist ihm die Vertragsprovision bereits vollständig zugeflossen, muss er sie anteilig wieder herausgeben.[80] Kaufen Sie dagegen einen aktiven Investmentfonds oder schließen Sie einen Bausparvertrag ab, so fallen erhebliche Kostenanteile ebenfalls sofort an und sind auch bei späteren Problemen oder Unzufriedenheit nicht erstattungsfähig. Aus Kundensicht wirklich „dumm gelaufen".

Versunkene Kosten verstehen

Viele Verbraucher sind kostenbewusst und versuchen bei ihren Konsumentscheidungen, auf geringe Kosten zu achten. Jedoch fehlt ihnen oft der Blick auf die Zusammensetzung der verauslagten oder durch eine langfristig bindende Entscheidung festgelegten Kosten. Wichtig ist dabei, dass Sie zwischen **noch relevanten Kosten einerseits und versunkenen Kosten andererseits** unterscheiden. Die relevanten Kosten können Sie bei einer Rücknahme Ihrer Entscheidung (z. B. widerrufen Sie den Vertrag oder Sie verkaufen die erworbene Sache später weiter) wieder zurückgewinnen. Versunkene Kosten hingegen sind – wie der Name andeutet – ein für alle Mal für Sie verloren.

Eine einfache Visualisierung zeigt die Problematik – und zugleich auch die Lösung: Nehmen wir an, Sie denken über den Abschluss eines langfristigen Spar- oder Vorsorgevertrages nach und haben die folgenden Alternativen A, B, und C zur Wahl.

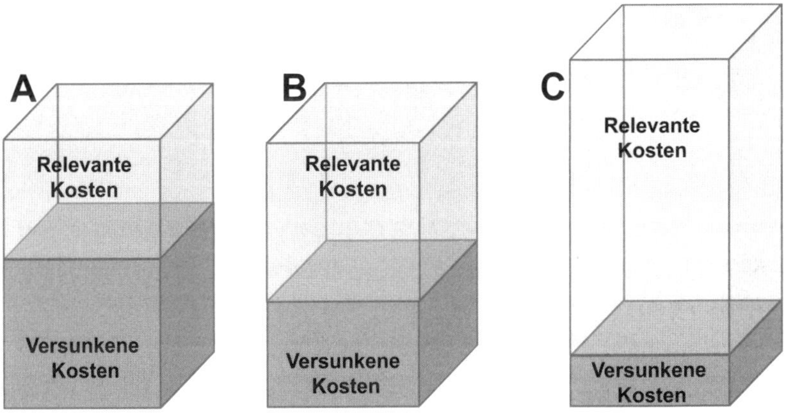

Versunkene versus noch relevante Kosten

Sie wissen, dass es im Laufe der Jahre aufgrund vieler Entwicklungen und Veränderungen dazu kommen kann, dass sich Ihre Ziele ändern und sich das einstige Spar- oder Vorsorgeprodukt als dann nicht mehr passend oder vorteilhaft erweisen kann. In diesem Fall würden Sie den Vertrag beenden, also z. B. den Sparprozess abbrechen und versuchen, so viel Geld wie möglich zurückzuerhalten.

Es ist unmittelbar einleuchtend, dass Sie bei identischer Höhe der Gesamtkosten von **Alternative A** und **Alternative B** der letztgenannten den Vorzug geben würden. Denn die relevanten Kosten können Sie zurückgewinnen, während die versunkenen Kosten unwiederbringlich verloren sind. Da bei identischen Gesamtkosten der Anteil versunkener Kosten bei B geringer ist als bei A, ist B vorzugswürdig.

Wenn Sie sehr zuversichtlich sind, dass Sie den Vertrag durchhalten, werden Sie **Alternative C** als unvorteilhaft empfinden, kämen hier doch höhere Gesamtkosten auf Sie zu als in Alternativen A und B. Sollten Sie jedoch großen Wert auf **Flexibilität** legen oder eine hohe Abbruchwahrscheinlichkeit für den Vertrag voraussehen, so würden Sie vielleicht sogar die insgesamt höheren Kosten von C akzeptieren, da bei C die **versunkenen Kosten am geringsten** sind.

Ihr Zwischenergebnis: Versunkene Kosten sind für Sie immer unvorteilhaft und Sie sind als Kunde daran interessiert, dass

- möglichst geringe Anteile der aus Ihrer Entscheidung resultierenden Kosten „versunken" sind und
- versunkene Kosten wenn, dann möglichst spät anfallen – je später desto besser.

Aus der Sicht Ihres FPV beziehungsweise der Finanzdienstleistungsindustrie sieht die Überlegung natürlich gerade umgekehrt aus. Denn erstens hat Ihr FPV gerne möglichst hohe Anteile der Provisionen gleich zeitnah nach dem Vertragsabschluss sicher. Und zweitens kann er später, falls Sie – aus welchem Grund auch immer – mit Ihrer Entscheidung unzufrieden sind, die versunkenen Kosten argumentativ für sich nutzen. Er wird erklären, dass die noch relevanten Kosten ja nur noch vergleichsweise gering seien, da ja der größte Teil der bereits angefallenen Kosten ohnehin versunken und damit unwiederbringlich verloren sei. Und dass Sie doch gut beraten seien, wenn Sie vor diesem Hintergrund lieber bei Ihrer ursprünglichen Entscheidung blieben und dem Produkt die Treue hielten. Sie sehen, hohe versunkene Kosten wirken kundenfesselnd. Erinnern Sie sich an Lena Sauer ...

Typische Beispiele für versunkene Kosten im Zusammenhang mit Finanzdienstleistungen

Direkte versunkene Kosten
Abschlussprovisionen (z. B. bei allen kapitalbildenden Versicherungsprodukten) und Erwerbsgebühren/Abschlussgebühren (z. B. bei Bausparverträgen).
Ausgabeaufschläge bei aktiven Investmentfonds, die über die Fondsgesellschaft ausgegeben werden.
Handelsspanne zwischen An- und Verkaufspreisen bei börsengehandelten Anlagen.
Erwerbsnebenkosten beim Kauf einer Immobilie (z. B. für Makler, Notar, Grundbuchamt ... das sind meist rund 10 % des Kaufpreises!).
Indirekte versunkene Kosten: Kosten durch entgangene Flexibilität (Kundenfesselung) oder Kosten durch entgangene Erträge (= Opportunitätskosten)
Wechselgebühren, Kosten der Umschreibung.
Ein Wechsel ist völlig unmöglich (z. B. Verbot des Anbieterwechsels bei Rürup-Verträgen).
Verlust sonstiger Handlungs- oder Wechselmöglichkeiten.
Kunde nimmt Minderrendite in Kauf, da Wechsel in besseres Produkt zu teuer ist.
Flexibilitätsverlust bei Produktbündeln, von denen sich eines später als unvorteilhaft oder nicht mehr notwendig erweist (typisch: Koppelung von Basisrente = Rürup mit Berufsunfähigkeitsrente).
Verlust der Altersrückstellung bei Berufsunfähigkeitsversicherung, in der Privaten Krankenversicherung oder in sonstigen Altersvorsorgeverträgen bei Versicherungswechsel (oder eben Unterlassen eines ansonsten eigentlich vorteilhaften Wechsels, um Verlust der Altersrückstellung zu vermeiden).

Wie Sie versunkene Kosten bei Finanzprodukten vermeiden

Die ganz überwiegende Mehrheit der Menschen achtet beim Abschluss von Verträgen über Finanzprodukte nicht darauf, versunkene von nicht versunkenen, also noch relevanten bzw. zurückholbaren Kosten zu unterscheiden. Sobald Sie jedoch nicht nur auf die Kosten insgesamt, sondern auch auf den Aspekt achten, ob diese endgültig verloren oder aber wieder zurückholbar sind, haben Sie schon halb gewonnen. Deshalb:

1) Suchen Sie nach Finanzprodukten mit möglichst geringen Einmalkosten zum Abschlusszeitpunkt. Hier gibt es gewaltige Unterschiede und somit eine Menge Geld zu sparen und Flexibilität zu wahren.

2) Vermeiden Sie Kombi- bzw. sogenannte Koppelprodukte (also z. B. Berufsunfähigkeitsschutz gekoppelt mit Basisrente oder auch kapitalbildende Lebensversicherung gekoppelt mit Berufsunfähigkeitsschutz. Durch jede Koppelung entstehen zusätzliche versunkene Kosten – und zwar direkte, vor allem aber indirekte.
3) Noch konsequenter: Trennen Sie Sparen, Vermögensaufbau und Altersvorsorge einerseits von Risikoabsicherung und Versicherung andererseits. Altersvorsorge mit Versicherungsprodukten war schon immer wenig rentabel und wird in der fortdauernden Nullzinswelt zum sicheren Verlustbringer.
4) Falls Ihnen die letzte Empfehlung zu weitgehend ist und Sie unbedingt Altersvorsorge mit Versicherungsprodukten betreiben wollen, lassen Sie sich unbedingt von einem **echten** (also gesetzlich zugelassenen) Honorarberater oder einem Versicherungs**berater** unterstützen und eine der ganz wenigen Alternativen finden, bei denen Sie nicht „gefesselt" werden, sondern durch spätere Wahlmöglichkeiten möglichst flexibel bleiben. Solche Handlungsmöglichkeiten – auch Realoptionen genannt – sind das beste Gegenmittel gegen indirekte versunkene Kosten.
5) Hinterfragen Sie lange Bindungsdauern. Je länger Verträge Sie binden, umso unflexibler werden Sie und umso höher werden die indirekten versunkenen Kosten. Gerade die Kombination von langen Vertragsdauern und fehlenden oder teuren Handlungsoptionen (Beitragsaussetzung, Tarifwechsel, Laufzeitverkürzung etc.) erweisen sich für Sie am Ende häufig als sehr unvorteilhaft.

Woran Sie Ihren Fortschritt erkennen

Einen klaren Schritt nach vorne haben Sie gemacht, wenn Sie

- bei allen Entscheidungen stets prüfen, welcher Anteil der ausgelösten Kosten versinken wird und welcher zurückgewinnbar ist, also noch relevant bleibt,
- folglich Ihre versunkenen Kosten konsequent minimieren und
- sich hiervon auch nicht abbringen lassen, wenn die Angebote angeblich insgesamt etwas kostengünstiger oder aber steuersparend sind.

Sie können künftig Flexibilitätsverlust und Kostenvorteile gegeneinander abwägen und wissen, dass Kundenfesselung durch versunkene Kosten sehr teuer werden kann. Gerade aus einer Überbewertung von Steuervorteilen heraus lassen sich viele Menschen in teure und renditearme Versicherungslösungen hineinberaten – und bleiben diesen später oftmals angesichts der versunkenen Kosten scheinbar treu, jedoch in Wahrheit nur gefesselt.

Höchste Zeit, dass diese perfide Manipulation zu Ihren Lasten aufgedeckt wird und wie gut, dass Sie auch die machtpolitische Funktion von versunkenen Kosten (vgl. Kapitel A 8) verstanden haben.

24. Verkaufsrhetorik (10): Provozierte Konsistenz

Mitten aus dem Leben

Seit 18 Jahren lebt Tarik Özdamar nun schon mit seiner Frau und den zwei Töchtern in Deutschland. Er arbeitet erfolgreich in der IT-Branche und möchte heute im Gespräch mit seinem FPV herausfinden, welche Möglichkeiten es gibt, nachhaltig und mit angemessenem Aufwand für seine finanzielle Zukunft und die seiner Familie vorzusorgen. Nach der Begrüßung fragt ihn der FPV, ob es für ihn interessant sei, kostenlos den neuen Newsletter seiner Bank mit stets aktuellen Hinweisen auf besonders attraktive Produkte in der Finanzwelt zu erhalten. Tarik Özdamar stimmt erfreut zu, denn er fühlt sich in diesen Themen noch recht wenig zu Hause. Als es dann im weiteren Verlauf des Gesprächs darum geht, welche Aspekte Tarik Özdamar im Hinblick auf die finanzielle Zukunft besonders wichtig sind, fragt ihn der FPV: „Wenn ich richtig zugehört habe, Herr Özdamar, ist Ihnen die finanzielle Sicherheit in der Zukunft auch für Ihre Familie wichtig?" Herr Özdamar nickt eifrig. Wie könnte man für seine Familie nicht das Beste wollen? Wenige Minuten später legt der FPV einen Vorschlag auf den Tisch und erklärt dazu: „Sie werden feststellen, Herr Özdamar, dass ich mit meinem Vorschlag über Ihre ursprüngliche Vorstellung hinausgegangen bin. Der Hintergrund dafür liegt darin, dass ich sehr wohl aufgenommen habe, wie wichtig Ihnen die finanzielle Sicherheit Ihrer gesamten Familie ist." Tarik Özdamar spürt schon die Verpflichtung, für seine Familie zu sorgen, auf der anderen Seite sprengt die mit diesem Angebot verbundene monatliche Belastung deutlich seinen aktuellen finanziellen Spielraum. „Ich möchte nur sicherstellen, dass sich alle die Punkte, die Sie als besonders wichtig angesprochen haben, im Angebot wiederfinden“, legt der FPV noch einmal nach. Und Herr **Özdamar fühlt sich dann doch irgendwie verpflichtet, das umfangreichere Angebot und die erheblich höhere monatliche Belastung zu** akzeptieren.

Das Konsistenzprinzip

Die grundlegenden Elemente des Konsistenzprinzips sind bereits in Kapitel A 9 dargelegt worden. In diesem Kapitel soll der Fokus auf den Möglichkeiten liegen, die FPV im Zusammenhang mit Konsistenz gerne nutzen, um die Entscheidung von Kunden zu manipulieren.

Typische Beispiele für provozierte Konsistenz

Vertreter nutzen gerne einen einfachen Trick, um weniger Vertragsrücktritte zu erreichen: Sie lassen das Vertragsformular vom Kunden ausfüllen. Nachdem Kunden alle erforderlichen Daten selbst in das Formular eingetragen haben, fühlen sie sich nämlich deutlich stärker an den Vertrag gebunden.

Diätkliniken machen offenbar ebenfalls mit dieser Vorgehensweise positive Erfahrungen. Die Vereinbarungen über die angestrebte Gewichtsverringerung werden vom Patienten schriftlich festgehalten und dann in einer Gruppe öffentlich gemacht. Durch die provozierte Konsistenz wird es für den Patienten deutlich schwieriger, sich im Nachhinein inkonsistent zu verhalten, also zum Beispiel Ausreden zu finden.

Im Vertrieb versucht Sie der Verkaufsprofi möglichst früh im Gespräch dazu zu bringen, eine bestimmte Position zu beziehen oder der Bewertung eines Sachverhalts zuzustimmen. An diese Aussage werden Sie später erinnert, so dass Sie in den Zwang geraten, an Ihrer ursprünglichen Meinung festhalten zu müssen, wenn Sie konsequent bzw. konsistent erscheinen wollen. „Aber Sie hatten vorhin doch selbst gesagt …“ Konsistenz ist uns allein schon aus Gründen der Selbstachtung wichtig.

Auch die bekannte „Ja-Straße“ hat mit Konsistenz zu tun. Dem Kunden werden zunächst einige geschlossene Fragen gestellt, deren Zustimmung wahrscheinlich ist, und die daher mit „Ja“ beantwortet werden.

Danach steigt die Wahrscheinlichkeit deutlich, dass auch die nächste Frage ebenfalls mit „Ja" beantwortet wird. (Siehe auch Kapitel B 9)

Methoden, um ein „kleines Ja" zu erhalten

- ein günstiges Einsteigerprodukt,
- ein Probierhäppchen/eine Probestunde,
- eine kostenlose Vorschau (zum Beispiel bei Büchern, Kursen, Filmen),
- ein kostenloser Newsletter (mit weiteren Angeboten),
- das Prinzip „Heute buchen - später zahlen",
- die verbale Zustimmung zur Bewertung eines Sachverhalts,
- die Positionierung in Hinblick auf menschliche Werte wie Verantwortungsbewusstsein, Familiensinn, vorausschauende Lebensführung etc. (wer wäre wohl nicht dafür ...).

Der FPV nutzt die Bedarfsanalyse im Verkaufsgespräch dazu, mit zusätzlichen Fragen den Kundenbedarf zu erweitern. „Wie interessant ist es für Sie, auch ...?" „Möchten Sie nicht auch diese zusätzliche Option nutzen?"

Warum das Konsistenzprinzip funktioniert

Menschen haben ein tiefes Bedürfnis danach, sich konsistent zu verhalten: Wer sich einmal entschieden hat, entwickelt die Tendenz, bei der Entscheidung zu bleiben und sie zu verteidigen. „Menschen mögen es nicht, sich einmal so und bei nächster Gelegenheit anders zu verhalten. Sie mögen eine eindeutige Identität", sagen Cialdini und Wengenroth.[81] Auch das oben angesprochene Bedürfnis jedes Menschen nach Selbstachtung ist eine Ausprägung davon. Man möchte vor sich selbst nicht schlecht dastehen.

Die Einhaltung bewährter Regeln und gelernter Verhaltensabläufe hat einen weiteren wesentlichen Vorteil: Indem wir diesen automatisch folgen, schonen wir unsere geistigen Ressourcen, umdenken wäre anstrengender. Das Streben nach Verhaltenskonsistenz birgt aber auch Gefahren, die wir im Blick behalten sollten. Gerade das fällt uns jedoch durch den mit dem Konsistenzprinzip verbundenen Automatismus bisweilen schwer. Dies gilt besonders dann, wenn der FPV darin geübt ist, die Aussagen des Kunden als souveräne und freiwillige Meinungsäußerung darzustellen und nicht etwa als Folge seiner geschickten Fragetechnik.

Welche Folgen durch die Konsistenzfalle entstehen

Menschen halten gerne an einmal getroffenen Entscheidungen fest, auch dann, wenn diese sich im Nachhinein als falsch erweisen: Man verteidigt die falsche Entscheidung sogar, um vor sich selbst und anderen nicht schlecht dazustehen. Anstatt ihre zu einem früheren Zeitpunkt getätigte Aussage zu präzisieren oder neu einzuordnen, fühlen sie sich verpflichtet, sich in der neuen Entscheidungssituation konsistent zu verhalten und – auch entgegen ihrem ursprünglichen Wunsch – ein z. B. umfangreicheres Vertragsangebot zu akzeptieren, wie Tarik Özdamar im Beispiel weiter oben.

Was Sie gegen provozierte Konsistenz tun können

Achten Sie besonders in der Anfangsphase des Gesprächs darauf, ob Sie zu einem „kleinen Ja", zu einer ersten Zustimmung gebracht werden sollen. Verschieben Sie eine mögliche Zustimmung auf einen späteren Zeitpunkt im Gespräch, z. B.: „Darauf antworte ich, sobald die wesentlichen Dinge unter Dach und Fach sind". Auch ein charmantes „Es kommt darauf an", könnte ein elegantes Gegenmittel sein, um nicht in die Konsistenzfalle gelockt zu werden.

Und achten Sie bitte auch darauf, ob und wie der FPV in der Bedarfsanalyse eine Erweiterung der von Ihnen genannten Bedarfssituation vornimmt. Wenn Ihnen etwas Derartiges auffällt, ist es durchaus möglich, Ihre Beobachtung anzusprechen, wie etwa: „Sind wir gerade dabei, meinen ursprünglichen Wunsch (deutlich) zu erweitern?"

Sie können die Verbindung einer früher getätigten Aussage mit der jetzt infrage stehenden Entscheidungssituation zurückweisen, indem Sie die Aussage relativieren, präzisieren oder neu einordnen. „Auch wenn mir die finanzielle Sicherheit meiner Familie wichtig ist, heißt das nicht, dass ich meinen aktuellen finanziellen Spielraum außer Acht lassen kann."

Eine weitere Möglichkeit besteht darin, die Erweiterung des Angebots selber zu thematisieren. „(Nur damit ich es richtig verstehe ...) bitte erklären Sie mir noch einmal genau, was der Hintergrund für dieses erweiterte Angebot ist."

Hilfreich kann auch eine Haltung sein, wie sie sich in der viel zitierten Aussage von Konrad Adenauer (erster Bundeskanzler der BRD) zeigt, der einst sagte: „Was kümmert mich mein Geschwätz von gestern." Mit einer angeblich zwingenden Konsistenz seiner Aussagen hatte er offenbar kein Problem.

Woran Sie erkennen, dass Sie provozierte Konsistenz erfolgreich abwehren

Sie erkennen es dadurch, dass Sie eine besondere Sensibilität entwickelt haben, in der Anfangsphase des Gesprächs durch den FPV zu kleinen Zustimmungen geleitet oder auf eine „Ja-Straße" geführt zu werden. Und auch daran, dass Sie in Bedarfsanalyse und Angebotsphase eine ebensolche Sensibilität für Gesprächssituationen entwickelt haben, in denen Sie zu Aussagen geleitet werden, die später wieder aufgegriffen werden.

Und hoffentlich erkennen Sie es an dem guten Gefühl, provozierter Konsistenz nicht mehr nur ausgeliefert zu sein, sondern diese zurückweisen zu können, ein bisschen Adenauer also.

25. Automatische Beitragserhöhung (Dynamik)

Was es ist

Finanzdienstleistungsverträge enthalten häufig eine Klausel, nach der die Beitragszahlungen im Zeitablauf ansteigen. Die Höhe Ihrer regelmäßigen Zahlung in einen solchen Vertrag wird somit ohne eine weitere ausdrückliche Erklärung von Ihnen in bestimmten Zeiträumen (meist jährlich, seltener alle zwei Jahre) erhöht. Die Steigerung wird meist als Prozentwert oder Faktor auf den jeweils zuvor bestehenden Beitrag berechnet. Daher wachsen Ihre Beiträge nicht linear, sondern exponentiell.

Jahr 0	Jahr 1	Jahr 2	Jahr 3	...	Jahr 10	Jahr 20	Jahr 30
100	105	110,25	115,76		162,89	265,33	432,20

Sie zahlen also zum Beispiel automatisch von Jahr zu Jahr höhere Beiträge. Dabei erhalten Sie zwar eine Mitteilung über die Beitrags*erhöhung* (die beschönigend als Beitrags*anpassung*) bezeichnet wird. Aber Sie müssen selbst eben nichts tun, um eine Erhöhung zu erreichen. Im Gegenteil: Ihre Aktivität wäre gerade dazu erforderlich, um die Erhöhung zu vermeiden.

Typische Beispiele/Erscheinungsformen

Sehr häufig kommt die Beitragsdynamik bei Versicherungsverträgen unterschiedlichster Art vor. Besonders üblich ist sie bei Erwerbs- und Berufsunfähigkeitsversicherungen, ebenso auch bei klassischen privaten Lebens- und Rentenversicherungen sowie Fondspolicen (also fondsgebundenen Sparprozessen im Versicherungsmantel). Und bei gekoppelten Produkten, z. B. einem Berufsunfähigkeitsschutz, der mit einer Rürup-Rente verbunden ist.

Warum die Beitragsdynamik manipuliert und welche psycho*logischen* Phänomene hinter automatischen Beitragserhöhungen stecken

Die Entscheidung für jede Veränderung benötigt bei der normalen Psyche mehr Kraft als das simple Fortführen des bisherigen Tuns. Diese als Status-Quo-Bias bekannte Tatsache führt dazu, dass Sie Dinge eher und häufiger einfach weiter so wie bisher laufen lassen, als diese zu verändern. Und der Trick der automatischen Beitragsdynamik ist einfach, dass die Steigerung der Beiträge einfach durch Nichtstun und nicht durch aktives Tun eintritt. Psychologen erklären dies zusätzlich durch den Omission Bias, also die menschliche Neigung zum Nichtstun bzw. Nichtentscheiden. Hinzu kommt unsere ganz normale Bequemlichkeit, Trägheit oder auch simples Übersehen, Vergessen oder Verdrängen. Schließlich müssten wir ja aktiv werden, um den erforderlichen Widerspruch zur Verhinderung einer weiteren Beitragserhöhung auf den Weg zu bringen. Und wenn wir diese Aktivität nur ein wenig hinausschieben ist die Widerspruchszeit schon abgelaufen und eine weitere Beitragserhöhung wirksam geworden.

Welche Folgen die Beitragsdynamik hat

Als Folge einer automatischen Beitragsdynamik geben Sie mehr Geld für die mit diesem Automatismus ausgestatteten Verträge aus, als Sie es bei einer bewussten Entscheidung für jede einzelne Erhöhung getan hätten. So kann es durchaus passieren, dass die Beitragshöhe zu stark ansteigt und nicht mehr zu Ihren Lebensverhältnissen passt. Sie sind bei solchen Verträgen tendenziell überversorgt, überversichert – während aber das Geld zum „normalen Leben" zu knapp ist.

Meist ziehen Betroffene schon irgendwann die Reißleine und stoppen die Beitragsdynamik. Jedoch tun sie das eben um Jahre zu spät und auf einem bereits zu hohen Beitragsniveau. Die spätere Korrektur dieser „automatisierten Fehlentscheidungen" führt zu weiteren wirtschaftlichen Verlusten bei den Betroffenen.

Denn das Perfide an der Beitragsdynamik bei Versicherungsverträgen ist, dass jeder Erhöhungsschritt rechtlich gesehen ein zusätzlicher kleiner Vertrag ist. Und für diesen werden übrigens auch weitere Abschluss- und Vertriebskosten kalkuliert, die provisionsfinanzierten Vermittlern ein schönes Zusatzeinkommen bescheren. Für den Kunden bedeuten dieses Zusatzeinkommen entsprechend zusätzliche Kosten in gleicher Höhe. Setzt er später die Beitragshöhe herab, so sind die Provisionen trotzdem verloren und werden nicht zurückerstattet (vgl. Kapitel B 23 „Vom Berater künstlich geschaffene sunk cost").

Woran Sie die Beitragsdynamik erkennen

Ob und welche Ihrer Verträge eine Beitragsdynamik besitzen, können Sie einfach nachprüfen indem Sie das Vertragswerk sorgfältig und vollständig durchschauen. Sie müssen es eben nur tun – und nicht aufschieben oder „vergessen". Und bei jedem Bescheid über eine Beitrags*anpassung* sollten Ihre Alarmglocken schrillen. Auch ein monatlicher Blick über Ihren Kontoauszug und der Vergleich regelmäßiger Zahlungen mit den Vormonatswerten lässt Sie die Kontrolle bewahren.

Woran Sie Ihren Erfolg/Fortschritt erkennen

Sie haben alle Ihre Verträge auf darin versteckte automatische Erhöhungen geprüft und in Ruhe hinterfragt, ob diese wirklich (noch) in Ihrem Interesse sind. Sie wissen auswendig oder durch eine einfache Übersicht, in welchen Ihrer Verträge noch eine Dynamik steckt. Und haben sich Merker/Erinnerungen geschaffen, um diese regelmäßig zu überprüfen.

26. Verkaufsrhetorik (11): Entscheidungsverantwortung übernehmen

Mitten aus dem Leben

Schon seit einiger Zeit trägt sich Markus Streich, Malermeister, 48 Jahre alt, mit dem Gedanken, für seine Tochter Julia eine Geldanlage zu tätigen. Julia ist gerade 15 Jahre alt geworden und voller Träume, wie sie junge Menschen in diesem Alter haben. Sie hat noch keine feste Vorstellung, ob sie studieren möchte oder ob sie lieber zunächst eine Ausbildung beginnen sollte. Auch in anderen Fragen ist sie noch völlig offen, wohin ihre Reise in der Zukunft gehen soll.

Markus Streich hat sich jetzt endlich dazu aufgerafft, das Thema anzugehen und sich mit einer FPV seiner Hausbank zu einem Beratungsgespräch verabredet. Er erhofft sich von diesem Gespräch, klare Möglichkeiten und Empfehlungen aufgezeigt zu bekommen, wie er seine Tochter finanziell unterstützen kann. Das hat er auch gleich zu Beginn des Gesprächs so formuliert. Was Markus Streich nicht wissen kann, ist die Tatsache, dass bei seiner Hausbank gerade die „Bausparwochen" angesagt sind, und so unterzeichnet er am Ende des Gesprächs einen Bausparvertrag für seine Tochter, wobei ihn das Argument der Zinssicherheit in der Darlehensphase besonders überzeugt hat.

Was er dabei nicht bedacht hat, ist die Frage, ob ein Bausparvertrag für seine Tochter wirklich sinnvoll ist. Wird seine Tochter jemals ein Bauspardarlehen benötigen? Als Ansparoption ist ein Bausparvertrag definitiv schlecht geeignet, bietet dieses Produkt doch in der Ansparphase nach Kosten eine garantierte Negativrendite (→ Glossar). Und selbst dann, wenn es irgendwann benötigt würde, wird es aller Wahrscheinlichkeit nach (falls es nicht zu extrem starken Zinserhöhungen am Darlehensmarkt kommt) erheblich teurer sein als z. B. ein marktgängiges Immobiliendarlehen. Und wenn es denn irgendwann passen könnte, wird sich Julia dann auch die bei Bauspardarlehen übliche hohe Tilgungsrate leisten können? Was ist mit Problemstellungen, die in fünf bis zehn Jahren auftauchen? Ist ein Bausparvertrag und ein anschließendes Bauspardarlehen für seine Tochter wirklich geeignet?[82]

All das hat Markus Streich nicht bedacht und als Laie in Finanzfragen auch kaum bedenken können. Und alle diese Fragen hätte eine verantwortungsvolle FPV mit ihm besprechen müssen, um ihm eine persönliche Bewertung für oder gegen eine Kaufentscheidung zu ermöglichen. Aber es waren halt gerade Bausparwochen ...

Worum geht es bei der Übernahme von Verantwortung für Kaufentscheidungen?

Dass Kunden häufig die Entscheidungsverantwortung, oder zumindest Teile davon, gerne auf den FPV übertragen wollen, ist bereits in Teil A unter „Rollenverständnis und Autorität" angesprochen worden. Dass Kunden sich angesichts ihres fehlenden Fachwissens in Finanzfragen in solchen Entscheidungssituationen unwohl fühlen, kann sogar dazu führen, dass sie ein positives Gefühl entwickeln, wenn der FPV die Entscheidungsverantwortung übernimmt.

In diesem Kapitel soll nun beleuchtet werden, inwieweit FPV von ihrer Seite aus Methoden und Techniken nutzen, um Einfluss auf die Entscheidungsfindung des Kunden zu bekommen.

Für den auf Provisionsbasis arbeitenden FPV ist jedes Verkaufsgespräch zunächst eine Investition von Zeit und Aufwand, die sich erst dann finanziell auszahlt, wenn der Kunde einen Vertrag abschließt. Daher liegt es im Interesse des FPV, Möglichkeiten und Wege zu nutzen, um seine Abschlusschancen zu erhöhen. Dass dadurch der Einsatz verkaufsrhetorischer Techniken gefördert wird, liegt auf der Hand. Kritisch wird es, wenn diese Techniken gezielt und manipulativ entgegen dem Interesse von Kunden eingesetzt werden.

Typische Erscheinungsformen

Am Anfang jeder Verhandlungssituation wird in der Regel eine Übereinkunft über Form und Ablauf der Verhandlung erzielt. Das kann bewusst geschehen („Ich schlage für unser Gespräch folgende Vorgehensweise vor ...") oder sich unbewusst einstellen. Diese Anfangsphase nutzen FPV häufig, um den Ablauf und die Struktur für das Gespräch vorzugeben. Gerne wird darüber hinaus versucht, mit antizipierenden Formulierungen den Vertragsabschluss schon jetzt vorwegzunehmen („Wenn Sie sich dann für das Angebot entschieden haben ..."). Oftmals wird auch der Vorsprung an Fachwissen durch umfangreichen Einsatz von „Fachchinesisch" gezielt genutzt, um dem Kunden zu zeigen, dass er auch für die Entscheidungsfindung den Experten braucht.

Weiterhin können alle (bereits an anderen Stellen ausführlich beschriebenen) verkaufsrhetorischen Kniffe (Zeitdruck, Verknappung, Cross-Selling, Up-Selling, provozierte Konsistenz usw.) genutzt werden, um den Kunden davon abzuhalten, eine eigene, kritische Bewertung von Informationen und konkretem Nutzen des Angebots zu entwickeln. Und insgesamt werden Sie feststellen, dass ein FPV, der Ihre Entscheidungsfindung stark beeinflussen möchte, in den meisten Fällen viele Redeanteile für sich beansprucht.

Welche psychologischen Phänomene dahinter stecken

Menschen, die nicht genügend Zugriff auf verlässliche Informationen für eine eigene Entscheidung haben, fühlen sich unsicher dabei, die Verantwortung für eine solch weitreichende Entscheidung zu übernehmen. Sie kommunizieren dem FPV diese Unsicherheit häufig mit Fragen nach Empfehlungen, oft in Verbindung mit körpersprachlichen Signalen, die ihre Unsicherheit noch unterstreichen (Schulter zucken, sich klein machen, Kopf senken usw.). Und sie fühlen sich, wie oben bereits angedeutet, sogar erleichtert, wenn ihnen die Entscheidung abgenommen wird. Diese Menschen verlassen sich stark auf die Beratung und vertrauen den Geschichten: „Das empfehlen wir schon seit Jahren, und dieses Produkt wird von den Kunden ausgezeichnet angenommen."

Welche Folgen entstehen können

Als Kunde sind Sie angewiesen auf die Fachkompetenz des FPV und die Fairness seiner Empfehlung. Denn Sie lassen sich quasi vom FPV Umfang und finanzielle Investition in weiten Teilen vorschreiben. Dadurch haben Sie als Kunde keine Möglichkeit, die Kosten-Nutzen-Struktur des Angebots selbst kritisch zu prüfen oder sich einen zusätzlichen Rat zu holen. Und haben Sie einmal Ihre Verantwortung als Entscheider abgegeben, werden Sie später kaum noch eine Wahlmöglichkeit haben, also keine Chance mehr, dann doch noch „Nein" zu dem Angebot zu sagen.

Und genau aus diesen Gründen sollten Sie auf keinen Fall Ihre Verantwortung für oder gegen eine Kaufentscheidung abgeben oder sich abnehmen lassen.

Woran Sie den Umgang mit Entscheidungsverantwortung bei sich und beim FPV erkennen

Im Prinzip ist das Abgeben von Entscheidungskompetenz leicht zu erkennen, da sie nahezu immer mit einem starken Gefühl von Verunsicherung in Bezug auf die Entscheidung auf Seiten des Kunden einhergeht. Und dennoch kann es schwierig sein, diesen Ablauf mit genügend kritischer Distanz zu beobachten, weil er ja gleichzeitig auch eine große Erleichterung bedeutet. Ein gutes Indiz für das gesteigerte Interesse des FPV, Einfluss auf Ihre Entscheidung zu nehmen, liegt darin, wie groß sein Redeanteil ist.

Was Sie gegen eine Verschiebung der Entscheidungsverantwortung tun können

Klären Sie für sich im Vorfeld, wie wichtig Ihnen die Unterscheidung zwischen Fachautorität und Entscheidungsautorität ist. Natürlich brauchen Sie die fachliche Kompetenz des FPV, um aus der Vielzahl der möglichen Lösungen das für Sie geeignete Produkt auszuwählen. Wichtig ist aber, dass Sie für sich eindeutig beanspruchen, die Entscheidung über den Kauf zu treffen. Die Entscheidungen in Ihrer persönlichen Finanzplanung und Vorsorge sind wesentliche Momente in der eigenen Lebensplanung. Und: Es ist *Ihr* Geld, über dessen Einsatz eine weitreichende Entscheidung getroffen wird.

Fragen Sie so lange nach, bis Sie sich selbst ein Bild machen können. Lassen Sie sich Alternativen aufzeigen. Nutzen Sie die bereits an anderen Stellen empfohlene Möglichkeit, gleich zu Anfang des Gesprächs zu signalisieren, dass Sie bei einer solchen Entscheidung immer mindestens einen Tag Bedenkzeit einplanen.

Vielen Menschen hilft es, sich im Vorhinein klarzumachen, was genau sie daran hindert, selber die Entscheidung zu übernehmen. Machen Sie sich eine Liste und schauen Sie, ob Sie eine Möglichkeit haben, die drei wichtigsten Gründe für die Abgabe Ihrer Entscheidungskompetenz anzugehen.

Woran Sie Ihren Fortschritt erkennen

Sie können Ihren Erfolg darin, sich Entscheidungen in Finanzfragen nicht abnehmen zu lassen, daran erkennen, dass Sie mit einem persönlich stärkeren Gefühl in das Gespräch gehen. Dass Sie es als Stärke erleben, die Entscheidungen selbstständig anzugehen, die Ihr zukünftiges Leben betreffen. Und wenn Ihnen auch der Vorschlag hilfreich erscheint, die oben angesprochene Liste der Hinderungsgründe zu erstellen, werden Sie es daran merken, wenn Sie bereits für zwei der drei wichtigsten Hinderungsgründe Lösungen haben finden können.

27 Verkaufsrhetorik (12): Die Tricks in der Abschlussphase

Mitten aus dem Leben

Als Michaela Jung anfing, bei einer namhaften Versicherungsgesellschaft zu arbeiten, wurde sie gleich zu Beginn mit den Produkten und Tarifen des Unternehmens vertraut gemacht. Und natürlich wurde es gerne gesehen, dass sie neben ihrer Anstellung auch Kundin des Unternehmens wurde und sich mit der Unterschrift unter einen Lebensversicherungsvertrag langfristig an das Unternehmen gebunden hatte. Eine der nächsten Aufgaben bestand darin, doch jetzt einmal genau zu überlegen, **für welche Menschen in** ihrem Bekannten- und Freundeskreis ein solcher Vertrag ebenfalls interessant sein könnte. Und so, wie sie gefragt wurde, wurden auch alle ihre neuen Kolleginnen und Kollegen „gebeten", eine bestimmte Mindestanzahl von Adressen für die hauptamtlichen Vermittler zur Verfügung zu stellen. Es hat sich dann später herausgestellt, dass diese Empfehlungen auch gleichzeitig zu einer Verkleinerung des jeweiligen Freundeskreises geführt hatten.

Welche Tricks in der Abschlussphase angewandt werden

Die Abschlussphase wird von Verkäufern häufig als Krönung des Verkaufsgesprächs erlebt, besiegelt doch der Kunde durch seine Unterschrift das Zustandekommen einer Vereinbarung bzw. den Kauf eines Produkts oder einer Dienstleistung. Krönung auch deshalb, weil der FPV den Lohn für seine Verkaufsbemühungen dann in der Hand hält und somit erfolgreich ist. In der Literatur für werdende Verkaufsprofis werden unzählige Vorgehensweisen empfohlen, um „den Sack zuzumachen", wie es gerne in der Verkäufersprache heißt. Die Vorgehensweisen reichen von „den Kunden mit einem leichten Stupser" bei der Entscheidung zu helfen bis hin zu eher wettkampfmäßigen Empfehlungen, wie „der Verkauf beginnt, wenn der Kunde Nein sagt".

Typische Beispiele für den Einsatz von Verkaufsrhetorik in der Abschlussphase:

- Alternative Abschlusstechnik
  „Ein Drittes gibt es nicht!" Es wird so getan, als gäbe es nur die angesprochenen Alternativen und nicht eine darüber hinausgehende, grundlegende Entscheidung dafür oder dagegen. „Möchten Sie bereits morgen mit dem umfassenden Schutz abgesichert sein, oder sollen wir den Vertrag am nächsten Ersten beginnen lassen?"
- Nur-oder-auch-Technik
  Es wird ein Zusatzprodukt angeboten in der vom FPV bereits getroffenen Annahme, dass dieses wahrscheinlich vom Kunden abgelehnt wird. Jedoch in der gleichzeitigen Erwartung, dass dadurch eine stärkere Entscheidung für das Hauptprodukt entsteht. „Möchten Sie sich nur für diese Lebensversicherung entscheiden, oder sollen wir auch noch über eine Ausbildungsversicherung für Ihren Sohn nachdenken?"
- „Kaufreue" (→ Glossar) vorweg behandeln
  „Ich denke, Sie haben recht damit, dass sich Ihre Investition dann auch wirklich rechnen muss. Wenn Sie also in zwei oder drei Jahren feststellen, dass Ihre Rendite sich im Vergleich zum Markt hervorragend entwickelt, dann werden Sie sagen: Das war damals die richtige Entscheidung!"
- Cross-Selling und Up-Selling
  Der FPV versucht an dieser Stelle, das vorgestellte Angebot durch ein Zusatzprodukt oder ein höherwertiges Produkt zu erweitern (vgl. vertiefend Kapitel B 21).
- Bonbon zum Schluss
  Der FPV bringt plötzlich eine besondere Zusatzleistung ins Gespräch, quasi als „Bonbon", was vom Kunden als zusätzlicher Vorteil erkannt werden und ihm die Kaufentscheidung erleichtern soll.

- **Verkaufsrhetorische Techniken**
  Natürlich wird auch in dieser besonders spannenden Phase des Verkaufsgesprächs gerne das gesamte Repertoire der bereits an anderen Stellen behandelten verkaufsrhetorischen Techniken eingesetzt, wie: Zeitdruck und Verknappung, provozierte Konsistenz usw.
- **Einforderung reziproken Verhaltens**
  Sobald der FPV Anzeichen dafür erkennt, dass Ihr Widerstand gegen seine vorgestellte Lösung wächst, kann es geschehen, dass er verstärkt versucht, reziprokes Verhalten einzufordern (siehe Kapitel B 16): „Sehen Sie, ich habe mich seit unserem ersten Kontakt besonders auf Ihre persönliche Situation eingestellt, habe geschaut, wie sich Ihre Wünsche am besten realisieren lassen und für Sie ein maßgeschneidertes Angebot zusammengestellt. Ich hoffe, das war so in Ihrem Sinne ..."
- **Empfehlungsadressen**
  Eine weitere Variante der Reziprozitätsregel ist es, nach einem erfolgreichen Verkaufsgespräch den Kunden nach Empfehlungsadressen zu fragen. „Waren Sie zufrieden mit unserem Gespräch? Für wen in Ihrem Bekanntenkreis könnte das Thema ebenfalls interessant sein?" Vorsicht dabei: Es ist nicht sicher, dass Ihr Freundeskreis das mag. Umgekehrt ist es jedoch erfahrungsgemäß eine recht sichere Methode, lästig gewordene Bekannte ein für alle Mal loszuwerden.
- **Besonderes Selbstverständnis des FPV**
  Einige FPV empfinden es als besondere Herausforderung, den Kunden, der ein Angebot abgelehnt hat, „umzudrehen". Diese Haltung findet sich beispielhaft wieder in dem häufig zitierten Motto: „Der Verkauf beginnt, wenn der Kunde Nein sagt". Der FPV möchte die Verhandlung mit Ihnen auf jeden Fall „gewinnen", wird also Ihr „Nein" nicht akzeptieren und Sie mit einer Reihe von rhetorischen Tricks dazu bringen wollen, das Angebot doch letztlich zu unterschreiben. All diese Techniken, unlauter mit Ihren Einwänden umzugehen, sind bereits in Kapitel B 20 ausführlich dargestellt worden. Bitte denken Sie stets daran: Sie können immer aufstehen und gehen. Sie müssen gar nichts, auch keine angeblichen Kämpfe gewinnen.

Unter welchen Umständen funktioniert Verkaufsrhetorik in der Abschlussphase?

Die oben dargestellten verkaufsrhetorischen Tricks könnten dann funktionieren, wenn Sie

- noch unentschieden sind,
- sich dem FPV doch auf irgendeine Art verpflichtet fühlen,
- sich der kommunikativen Kompetenz des FPV nicht gewachsen fühlen,
- aus Harmoniestreben heraus einen Konflikt vermeiden wollen.

Welche Folgen können entstehen

Der Einsatz von Verkaufsrhetorik in der Abschlussphase könnte möglicherweise dann doch dazu führen, dass Sie einen Vertrag unterschreiben, den Sie eigentlich so nicht wollen. Und das wiederum könnte dazu führen, dass Sie für eine lange Zeit Geld in ein Anlage- oder Vorsorgeprodukt einzahlen, dessen Verkauf mehr im Interesse des FPV als in Ihrem lag.

Woran Sie Verkaufsrhetorik in der Abschlussphase erkennen

Dass Verkaufsrhetorik eingesetzt wird, erkennen Sie in dieser Phase am ehesten an zwei Merkmalen:

- der FPV beginnt, Sie durch Einsatz der oben geschilderten (oder ähnlichen) Techniken zum Abschluss zu drängen,
- der FPV respektiert Ihre Ablehnung nicht und versucht, Ihre Begründung mit rhetorischen Mitteln auszuhebeln.

Wie können Sie sich dagegen wehren?

Formulieren Sie Ihre Ablehnung freundlich und bestimmt mit klaren und präzisen Begründungen, die den FPV nicht einladen und ermutigen, Ihren Entschluss ändern zu wollen. Wenn der Verkäufer dennoch versucht, Sie mit rhetorischen Mitteln umzustimmen, wiederholen Sie Ihre Begründung erneut. Falls Sie nicht grundlegend abgeneigt sind, das Angebot aber überdenken wollen, kann eine schon an anderer Stelle vorgeschlagene Formulierung hilfreich sein: „Ich habe es mir angewöhnt, mich bei finanziellen Entscheidungen erst dann festzulegen, wenn ich eine Nacht darüber geschlafen habe. Kann ich Sie morgen gegen 15:30 Uhr telefonisch erreichen oder wäre Ihnen übermorgen 10:00 Uhr lieber?"

Woran Sie Ihren Fortschritt im Umgang mit rhetorischen Tricks erkennen

Sie werden Ihren Erfolg sicher daran erkennen können, dass der FPV Ihre Entscheidung und Argumentation respektiert und mit Ihnen über ein mögliches weiteres Vorgehen spricht, anstatt zu versuchen, Ihre Entscheidung zu verändern.

Sie werden es weiterhin daran erkennen, dass Sie kein schlechtes Gefühl haben, wenn Sie das Gespräch an dieser Stelle beenden oder vertagen.

Und letztlich erkennen Sie Ihren Erfolg daran, dass sich in Ihrem Finanzordner nur Verträge befinden, die Ihren Wünschen und Vorstellungen entsprechen. Und das werden nicht allzu viele sein.

28. Argumentation mit dem Rückschaufehler und Backtesting-Daten

Aus dem wahren Leben

Klara (27) arbeitet als technische Zeichnerin bei einem Bauträger. Durch eine Mail gelangt sie auf eine Internet-Seite, in der Geldanlagen in Kryptowährungen, insbesondere in Bitcoin beworben werden. Die Botschaft auf der ersten Seite lautet: Schließen Sie sich Millionen von Menschen an, die bereits entdeckt haben, wie sie smarter investieren können, indem sie die besten Anleger unserer Community kopieren und dadurch ein zweites Einkommen erzielen.

Es folgen mehrere Beispiele von Community-Mitgliedern, die allesamt mit Bitcoin einen dicken Gewinn erzielt haben. Die Daten sprechen für sich und Zahlen lügen ja nicht: Aus der Vielzahl von jeweils mit konkreten Namen und Datumsangaben aufgeführten Erfolgsstories werden hier drei Beispiele wiedergegeben (alle Daten in Euro).

Name	Kauf: Tag | Kurs	Verkauf: Tag | Kurs	Gewinn in Prozent	Umgerechnete Jahresrendite
Tim M.	08.10.2021 46.620	20.10.2021 57.000	22 %	677 %
Chiara S.	03.11.2020 11.668	23.12.2020 19.650	68 %	499 %
Ali V.	05.10.2017 3.620	29.11.2017 8.811	143 %	967 %

Die sich anschließende Botschaft lautet sinngemäß, dass die Beispiele unwiderlegbar beweisen, dass schon seit einigen Jahren enorme Gewinne durch Bitcoin-Investments möglich sind und natürlich auch in Zukunft möglich sein werden. Es folgt die Einladung zum Mitmachen und zur aktiven Nutzung der Krypto-Trading-Plattform.

Wie der Rückschaufehler funktioniert

Bei der manipulativen Nutzung des Rückschau-Fehlers (auch bekannt als Hindsight-Bias) wird im Nachhinein mit zwar wahren Zahlen, Daten und Fakten argumentiert. Diese sind jedoch in irreführender Weise so ausgesucht, dass exakt die gewünschte Argumentationsrichtung „bewiesen" werden kann. Außerdem beweisen Einzelbeispiele natürlich überhaupt nicht die *generelle* Vorteilhaftigkeit einer Anlage oder Vorgehensweise, sondern nur eben die *mögliche* Vorteilhaftigkeit (vgl. Konjunktivfalle, Kapitel B 22) im Einzelfall.

Am leichtesten wird die Manipulation mit der Metapher eines jungen Mannes verständlich, der seine Freundin damit beeindrucken möchte, wie gut er Bogenschießen kann. Leider kann er in Wahrheit überhaupt nicht gut Bogen schießen. Also zielt er auf ein Scheunentor, das er an irgendeiner Stelle trifft. Danach malt er um die Einschlagstelle eine Zielscheibe und macht dann ein Selfie.

Garantiert ins Schwarze getroffen

Hätte, hätte Fahrradkette ...

Nicht immer ist die Vorgehensweise so einfach zu durchschauen wie im obigen realen Bitcoin-Beispiel. Ganz im Gegenteil: Gerade Anbieter von teuren, also gebührenintensiven bzw. hoch provisionierten Anlageprodukten greifen tief in die pseudowissenschaftliche Trickkiste. Sie versprechen häufig die Anwendung von komplexen oder „absolut innovativen" Trading-Strategien oder Handelssystemen. Hiermit wird dem Anleger entweder eine über der Marktrendite liegende Kapitalverzinsung versprochen, oder aber, dass sein Anlagerisiko trotz attraktiver Kapitalrendite deutlich gesenkt würde. Anhand der Betrachtung von einzelnen herausgepickten Vergangenheitsdaten erfolgt dann der Pseudobeweis des Funktionierens des Konzepts. Diese Vorgehensweise bezeichnet die Finanzbranche selbstbewusst als **Backtesting**. Wir nennen es Bogenschießen mit Erfolgsgarantie ...

Backtesting: Systematische Nutzung des Rückschaufehlers

Beim Backtesting wird der Erfolg eines Anlagekonzeptes oder einer Anlagestrategie anhand historischer Marktdaten überprüft. Backtesting beantwortet also die Frage: „Wie rentabel wäre ein heute erst geschaffenes Finanzprodukt in der Vergangenheit gewesen?" Auch im wissenschaftlichen Bereich wird die erstmals von Louis B. Mendelsohn im Jahr 1983 eingesetzte Methodik angewendet. Sie verwendet historische Daten sowohl zur Überprüfung einer neuen Anlagestrategie als auch anderer Erkenntnisse und Prognosemodelle. Beispielsweise wird die Aussagekraft von Modellen zur künftigen Veränderung des Klimas auch daran gemessen, ob diese die schon bisher eingetretenen Veränderungen anhand der gegebenen Daten korrekt vorhergesagt hätten. Kurzum: Backtesting ist – gerade im naturwissenschaftlichen Bereich – grundsätzlich nicht kritikwürdig. Kritikwürdig ist lediglich die einseitige und interessengesteuerte Nutzung, um damit auf Anlegerfang zu gehen.

Potentiellen Kunden werden nämlich mit der Argumentation auf der Basis von Backtesting-Statistiken entweder Überrenditen und/oder vermiedene Verluste suggeriert. Diese seien scheinbar durch den Backtesting-Prozess „bewiesen". Die Produkteanbieter greifen dabei auf umfangreiche und damit den Laien beeindruckende Datenbanken mit Marktinformationen zurück. Und sie nutzen in jüngerer Zeit verstärkt auch spezifische Backtesting-Software, deren innere Logik der Endkunde zwar auch nicht versteht, die ihn aber trotzdem beeindruckt. Gute Backtesting-Ergebnisse sollen dabei erstens das Vertrauen der Anleger in das Produkt stärken und zweitens die Akzeptanz für höhere Kosten steigern. Jedoch sind Werbeaussagen aufgrund von Backtesting häufig reiner Kundenfang.

Meist unzutreffende Annahmen des Backtesting

Die Methode des Backtesting in Verkaufsinformationen unterstellt – meist ohne dies auch nur andeutungsweise explizit zu machen – dass Anlagestrategien oder Anlagekonzepte, die in der Vergangenheit erfolgreich waren, dies auch in der Zukunft sein würden. Allein schon diese Annahme ist aus zwei Gründen falsch.

Erstens kann es sein, dass der Erfolg bzw. die Überrendite für eine gewisse Zeit auf reinem Zufall beruht. Und ein Analysezeitraum von ein paar Jahren mag den Laien überzeugen. Aus wissenschaftlicher Sicht ist er jedoch völlig irrelevant und besitzt keine hinreichende **statistische Signifikanz.** Um bei Anlagen auf Kapitalmärkten die Wirkung zwischen zufallsabhängigen und tatsächlich wirksamen Faktoren abzugrenzen, wäre ein Untersuchungszeitraum von über 20 Jahren erforderlich. So lange wollen die Anbieter jedoch keinesfalls warten. Also bietet man Ihnen sofort ein „innovatives Produkt" an, das mit Backtesting-Daten der letzten zwei, drei Jahre „abgesichert" wurde.

Bis Sie zweifelsfrei die Überrendite eines Anlagekonzepts von reinem Zufall unterscheiden können, ist der dahinter stehende Ideenträger wahrscheinlich schon verstorben.

Zweitens werden historisch gut funktionierende Konzepte natürlich von Nachahmern sehr schnell kopiert. Hierdurch werden temporäre Überrenditen zeitnah beseitigt. Mit anderen Worten: Auf den Finanzmärkten trägt der Erfolg häufig den Keim seiner Niederlage bereits in sich.[83]

Hintergründe für oftmals wertloses Backtesting

Finanzmärkte werden von Menschen beeinflusst, die ständig dazulernen und ihr Verhalten anpassen. Damit sind Finanzmärkte die besten Beispiele für lebende Systeme (auch lernende Systeme genannt), die eben gerade nicht nach statischen bzw. stabilen Spielregeln funktionieren. Und so wie man nie zweimal im gleichen Fluss baden kann (das Wasser ist weitergeflossen und man selbst ist älter geworden und also auch nicht mehr derselbe), so werden Finanzmärkte nicht wiederholt in der gleichen Weise reagieren. Sondern sie entziehen sich jeglicher Vorhersagbarkeit. Ergebnis: In solchen Bereichen können Backtesting-Ergebnisse völlig wertlos sein.[84]

Humorvolle Entlarvung des Rückschaufehlers

Die Art, wie Backtesting-Daten in der Werbung für bestimmte Anlageprodukte (oftmals Zertifikate) genutzt werden, ist manipulativ und unredlich. Da werden aus einem riesigen Zahlenfriedhof historischer Daten exakt diejenigen herausgefiltert, bei denen – rückschauend betrachtet – ein überdurchschnittlicher Anlageerfolg eingetreten wäre. Auch ist es gängige Praxis, dass Anbieter von Finanzprodukten einfach mit einer Vielzahl unterschiedlicher Anlagekonzepte herumspielen und schauen, was herauskommt, wenn man diese nachträglich mit historischen Datensätzen durchrechnet. Kurzum: Die Zielscheibe wird nachträglich um die Einschlagstelle des Pfeils gemalt. Bei dieser Vorgehensweise kommt natürlich eine Menge „Abfall" heraus, aber eben auch ein paar Zufallsgewinner. Und die präsentiert man dann voller Stolz in Hochglanzbroschüren und verschweigt den Rest. (Hier haben Sie eine deutliche Überschneidung zum „Friedhof der stillen Verlierer", vgl. Kapitel B 29.)

Da diese Vorgehensweise – sobald verstanden – lächerlich ist, soll sie durch einen überzogenen Vergleich der Lächerlichkeit preisgegeben werden. Nehmen Sie an, ich biete Ihnen die Beteiligung an meinem Lotto-Investmentzertifikat an und „beweise" Ihnen die Vorteilhaftigkeit meines Zertifikates wie folgt:

„Hätten Sie in unser ab heute erhältliches innovatives, algorithmenbasiertes und backtesting-verifiziertes Lotto-Zertifikat investiert, dann hätten Sie eine enorme Rendite erzielt. Kaufen Sie also unbedingt unser algorithmenbasiertes Lotto-Zertifikat – die Gebühren zahlen sich aus!"

Warum wir für den Rückschaufehler so zugänglich sind

Zum einen erinnern wir uns lieber an positive als an negative Ereignisse bzw. Erfahrungen – es sei denn, diese waren lebensbedrohend oder traumatisch. So bleibt jedoch der Alpenrundblick oder der magische Sonnenuntergang in Erinnerung, während die mit diesem Erlebnis in unmittelbarem Zusammenhang stehende Wasserblase oder tausende Mücken schnell vergessen werden. Zum anderen ist unser Gedächtnis eben keine Festplatte, aus der wir historische Erinnerungen immer und immer wieder unverändert abrufen könnten. Vielmehr sind unsere Erinnerungen plastisch und verändern sich im späteren Leben und Erleben. Sie werden von anderen – meist jüngeren – Eindrücken überlagert, verdrängt und verändert. Eine zusätzliche Fehlerquelle hierfür ist unser Streben nach Selbstachtung (Recht haben wollen) und innerer Stimmigkeit und Konsistenz.[85] So haben wir in einer Situation vielleicht völlig verschiedene Entwicklungen für möglich gehalten und bedacht. In Erinnerung behalten werden wir später jedoch vor allem die Überlegungen, die später tatsächlich eingetreten sind.

Oder wie der Volksmund sagt: „Es kann kommen, wie es will – der Chef hat's gewusst".

Der Rückschaufehler ist also schon in uns selbst angelegt. Er wird jedoch durch Dritte, die uns etwas verkaufen wollen, aus deren Eigeninteresse heraus häufig zusätzlich gezielt angesprochen und ausgenutzt. Dass wir unter dem Einfluss des Rückschaufehlers für uns unvorteilhafte Alternativen auswählen, bedarf keiner weiteren Erläuterung.

Wie Sie Backtesting erkennen

Unredliche Argumentationen mittels Backtesting identifizieren Sie recht einfach, nachdem Sie Prinzip und Vorgehensweise verstanden haben: Die beiden Eigenschaften „innovativ" und „bewährt" gibt es eben nicht als Kombi-Paket und wenn man Ihnen Neuheiten mit einer historisch erfolgreichen Bilderbuchgeschichte verkaufen will, liegt sehr wahrscheinlich ein manipulativ genutztes Backtesting zugrunde.

Wie Sie den Rückschaufehler bekämpfen

Sie hinterfragen einfach, ob es sich um tatsächlich an den Finanzmärkten realisierte Erfolgskennziffern handelt. Falls ja, ist das Produkt nicht neu, aber bewährt. Falls nein, ist es zwar neu, aber der tatsächliche Erfolg eben nicht bewiesen.[86]

Da unsere Erinnerung sich im Zeitablauf unmerklich verschiebt (siehe Erläuterung oben), hilft hier nur eine unverfälschte Dokumentation - also Erinnerungshilfe - außerhalb des Gehirns. Daher sollten Sie dort, wo es darauf ankommt, Ihre Ziele, Motive und Entscheidungsgründe schriftlich fixieren.

Beispiel: Am 01.03.2011 Kauf von zwei Staatsanleihen unterschiedlicher Nicht-Euro-Währungen in Höhe von jeweils 10.000 Euro als Absicherung für den Fall eines Niedergangs der Gemeinschaftswährung Euro.

Eine solche Dokumentation bezeichnen Fachleute auch als **Investitionstagebuch.** Das erfordert etwas Disziplin und kann einfach auf wichtige Entscheidungen beschränkt werden.

Noch ein Hinweis: In vielen anderen Lebensbereichen des Alltags (Beziehungen, Familie ...) ist es hingegen für unsere seelische Gesundheit und Zufriedenheit ganz nützlich, wenn wir unsere Erinnerung im Laufe der Zeit positiv und wohlwollend anpassen - und nicht alles notieren.

KAPITEL C
UMSETZUNGSHILFEN FÜR KLUGE KUNDEN

1. So unterscheiden Sie Berater von Verkäufern und können diese identifizieren

Trau, schau, wem oder: Kenne Dein Gegenüber

Als mündiger Kunde sollten Sie die Anreiz- und Vergütungsstruktur Ihres Gegenübers kennen. Hierüber können Sie sich mit ein wenig Geschick bereits vor dem Erstkontakt informieren. Dieses Kapitel verrät Ihnen wie.

Ihr Finanzberater sollte – in den meisten Fällen[87] – kein **verkaufsorientierter Berater (Finanzprodukteverkäufer, kurz FPV)** sein, der nur dann etwas verdient, wenn er Ihnen etwas verkauft. Ihr Finanzberater sollte vielmehr ein **beim Kauf unterstützender, also kundenorientierter Berater** sein, der allein Ihre Interessen vertritt und Sie als Kunde bei der Bedarfsermittlung und gegebenenfalls dem Abschluss individuell passender Finanzdienstleistungen oder Vorsorgelösungen unterstützt.[88]

Die Bedarfsermittlung geht dabei einer möglichen Beschaffungsunterstützung ergebnisoffen voraus. Ergebnisoffen heißt, dass die Empfehlung auch lauten kann, überhaupt keinen Abschluss zu tätigen. Für diese unabhängige Beratung in Ihrem Interesse wird ein echter Berater allein von Ihnen honoriert. Bei einem solchen **Honorarberater** sind die Fehlanreize zu Ihren Lasten erheblich geringer als bei Finanzprodukteverkäufern, die z. B. von Abschlussprovisionen leben.

Bei manchen Fragestellungen benötigen Sie unbedingt einen **Einkaufshelfer** und keinen Verkaufshelfer, der im Auftrag der Finanzdienstleistungsindustrie argumentiert und handelt.

Sicher erinnern Sie sich an die im Kapitel A 1 aufgelistete kaum überschaubare Vielfalt von Bezeichnungen der Anbieter von Finanzdienstleistungen. Die Tabelle bot Ordnung und Orientierung im Dschungel der Begrifflichkeiten. Letztlich gibt es lediglich folgende gesetzlich geschützte Begriffe.[89]

Honorarfinanziert und damit frei von provisionsgetriebenen Fehlanreizen sind davon wiederum lediglich die in der linken Spalte aufgelisteten Berater. Folgende Berufsbezeichnungen erfüllen die Vorgaben einer **unabhängigen Honorarberatung** und dürfen also nicht auf Provisionsbasis tätig werden, Zuwendungen von einem Produktgeber erhalten oder von ihm in anderer Weise abhängig sein. Monetäre Zuwendungen Dritter muss der Berater unverzüglich nach Erhalt und ungemindert an den Kunden weitergeben.

honorarfinanziert*	**provisionsfinanziert**
Unabhängiger Honorar-Anlageberater – § 93 WpHG** Honorar-Finanzanlagenberater – § 34h GewO** Versicherungsberater – § 34d Abs. 2 GewO Rentenberater – § 10 Abs. 1 S. 1 Nr. 2 RDG** Honorar-Immobiliardarlehensberater – § 34i Abs. 5 GewO	Anlageberater Anlagevermittler Finanzanlagenvermittler Versicherungsmakler Versicherungsvermittler Versicherungsvertreter Immobiliardarlehensvermittler Darlehensvermittler Finanzdienstleister Vertriebsbeauftragter Finanzportfolioverwalter
* Marktanteil ca. 1 %, *Achtung: jeweils nur mit exakt diesen Begriffen.* ** WpHG – Wertpapierhandelsgesetz GewO – Gewerbeordnung RDG – Rechtsdienstleistungsgesetz	

Die in der linken Spalte aufgelisteten Honorarberater lassen sich nach Themenbereichen wie folgt untergliedern:

Bereich Geldanlage

- **Unabhängiger Honorar-Anlageberater,** zugelassen und überwacht von der Bundesanstalt für Finanzdienstleistungsaufsicht (BaFin) nach § 93 Abs. 1 WpHG (achten Sie auf die korrekte Berufsbezeichnung). Eine spezielle Liste **(Register) von durch die BaFin** als Unabhängige Honorar-Anlageberater zugelassener Gesellschaften (keine Einzelpersonen!) gibt es hier: https://portal.mvp.bafin.de/database/HABInfo/.

- **Honorar-Finanzanlagenberater**, zugelassen und überwacht vom örtlichen Gewerbeamt nach § 34h Abs. 1, Satz 1 GewO (achten Sie auf den Buchstaben h).

Bereich Versicherungen einschließlich Altersvorsorge

- **Versicherungsberater**, zugelassen und überwacht vom örtlichen Gewerbeamt nach **§34 d Abs. 2** GewO (Abs. 2 ist wichtig!).
- **Rentenberater**, zugelassen und überwacht vom zuständigen Landgericht nach **§ 10 Abs. 1 S. 1 Nr. 2 RDG**.

Bereich Wohnimmobilienkredite

- **Honorar-Immobiliardarlehensberater**, zugelassen und überwacht vom örtlichen Gewerbeamt nach **§ 34i Abs. 5** GewO (achten Sie auf den Absatz 5).

Wichtig: genaue Bezeichnung und wie Sie diese prüfen können

Achten Sie also jeweils auf die ganz genaue **Berufsbezeichnung** und die jeweiligen **Buchstaben** und **Absätze** der Gesetzesangabe. So unterliegen nämlich z. B. Versicherungs***vermittler*** oder Versicherungs***makler*** nicht den strengen, kundenorientierten Vergütungsvorschriften von Versicherungs***beratern***. Und auch nicht sonstige Berater, die sich zwar z. B. Honorarberater nennen (für sich allein kein geschützter Begriff), jedoch keine der oben genannten Zulassungen haben.

Viele Berater haben zudem noch **Parallelzulassungen** – so kann jemand z. B. im Geldanlagebereich Honorar-Finanzanlagenberater nach § 34h GewO, aber im Versicherungsbereich Versicherungsmakler nach § 34 d Abs. 1 GewO (also nicht Versicherungsberater nach Abs. 2) sein. Ist das **kritisch zu sehen?**

- **Manche sagen ja**, denn damit könne provisionsvergütetes Handeln im Versicherungs- und Altersvorsorgebereich zu Interessenkonflikten führen.
- **Manche sagen nein**, denn ein ehrlich und fair handelnder Versicherungsmakler würde alle Informationen, auch Provisionen, die zu Interessenkonflikten führen könnten, offen und fair auf den Tisch legen.

Zudem würde ein Versicherungsmakler bei Versicherungsprodukten einen breiteren und tieferen Marktzugang erreichen als ein Versicherungsberater. Allein schon deswegen, weil es manchmal keine geeigneten provisionsfreien Produkte (Fachausdruck: Nettoprodukte) gibt.[90]

Sowohl Berater als auch Makler und Vermittler müssen die Art ihrer Zulassung im **Impressum** ihrer Webseite angeben. Alle werden in ein öffentliches Register eingetragen. In diesem **Vermittlerregister** können Sie die – sozusagen amtlich abgesicherte – Zulassung Ihres Gesprächspartners prüfen: https://www.vermittlerregister.info/recherche. Auf diese Weise enttarnen Sie schwarze Schafe, die sich auf ihrer Internetseite beispielsweise als Berater bezeichnen, obwohl sie nur Vermittler sind.

Lassen Sie sich nicht verwirren oder entmutigen. Mit der oben beschriebenen Vorgehensweise kommen Sie trotz anmutender Babylonischer Sprachverwirrung gut durch den Bezeichnungsdschungel für Honorarberater. (Paul Gustave Doré: Babylonische Sprachverwirrung, Quelle: pixabay.de | user_id:246441 | Jo Justino)

Neben fachlicher Kompetenz sind Ehrlichkeit und Ethos wichtig

Außerdem sind wir der Meinung, dass sich der Mehrwert einer persönlichen Beratung letztlich aus folgender Formel ergibt:

Fachliche Kompetenz x Ehrlichkeit, Ethos und Vertretung der Kundeninteressen

---

Beachten Sie das Multiplikationszeichen. Wenn einer der beiden Faktoren gering oder null ist, dann wird auch der Mehrwert gering oder null sein. ☺

Eine gute fachliche Qualifikation und einschlägige Branchenerfahrung sollte Ihr Berater also vorzuweisen haben.[91] Er sollte ein marktumfassendes Angebotsspektrum abdecken und für den Fall von individuellen steuerlichen oder rechtlichen Fragen über ein vertrauenswürdiges Netzwerk an Kooperationspartnern verfügen. Neben dieser fachlichen Kompetenz sollte Ihr Berater eine hohe persönliche und soziale Kompetenz haben. Dazu gehört, dass er sich ehrlich, offen, fair und transparent verhält.

2. Hier erhalten Sie objektive und neutrale Informationen ohne werblichen Charakter

Kostenlose Informationsquellen enthalten häufig Köder und Falschinformationen

Für eine Vielzahl von kostenlosen Informationsquellen (insbesondere im Internet) gilt das Gleiche wie für die scheinbar kostenlose persönliche Beratung: Kostenlos wird schnell zu „ganz besonders teuer". Solange Sie nur Marktinformationen (Aktienkurs, Charts etc.) abfragen, besteht keine Gefahr. Aber sobald Sie eine Bewertung von Finanzprodukten oder Vorsorgestrategien benötigen, ist tendenziöser Information mit verzerrendem und werblichem Charakter Tür und Tor geöffnet. Oftmals hilft schon der Blick ins Impressum der Homepage, um herauszufinden, aus welcher Richtung der Wind weht. Und wenn Sie sich dann noch die Mühe machen, die im Impressum aufgeführten Namen weiter zu recherchieren, werden Ihnen oftmals die Augen übergehen. So z. B. wenn ein scheinbar gutmütiger Finanzblogger parallel provisionsintensive Investmentfonds vermittelt oder der Autor einer scheinbar neutralen Informationsseite parallel als FPV für einen Strukturvertrieb tätig ist. Tarnen und Täuschen gehören zur Tagesordnung.

Diesen Informationsquellen können Sie vertrauen

Verbraucherzentralen

Die 16 Verbraucherzentralen in den Bundesländern decken alle Verbraucherthemen ab. Dazu gehören z. B. Altersvorsorge, Finanzvertrieb, grauer Kapitalmarkt, nachhaltige Geldanlage und Versicherungen. In gemeinnützigen Vereinen organisiert, erfüllen sie einen staatlichen Auftrag zu Information, Beratung, Unterstützung bis hin zu rechtlichem Beistand für Verbraucher. Sie sind in der politischen Dachorganisation Verbraucherzentrale Bundesverband e. V. (www.vzbv.de) zusammengeschlossen. Gemeinsam betreiben die Verbraucherzentralen und der vzbv das Verbraucher-Portal verbraucherzentrale.de. Dort veröffentlichen sie viele wissenswerte Informationen, neue Entwicklungen, Gerichtsurteile, Hinweise auf ihre Bücher usw. Zudem können Sie als Verbraucher für eine telefonische oder persönliche Beratung einen Termin für einen der bundesweiten Standorte vereinbaren (https://www.verbraucherzentrale.de/beratung).

Nicht verschwiegen werden soll, dass aus der Rechts- und Finanzberaterbranche vielfach Kritik an den Verbraucherzentralen geäußert wird. So würden diese aus öffentlichen Geldern unterstützt, könnten somit nicht kostendeckende Preise bieten und so den Beratungsmarkt verzerren. Zudem müssten Verbraucherzentralen nicht ihre Sachkunde gegenüber staatlichen Stellen nachweisen, im Gegensatz zu Beratern. Die Verbraucherzentralen entgegnen hierauf, Aus- und Fortbildung durch regelmäßige Schulungen würden die Beratungsqualität sicherstellen. Zudem bestünden für eventuelle Falschberatungen Vermögensschadenshaftpflichtversicherungen.

Stiftung Warentest

Unabhängige und neutrale Informationen finden Sie zudem bei der Stiftung Warentest (www.test.de), insbesondere zu den Bereichen Versicherungen, Geld, Steuern, Immobilien und Altersvorsorge. Die selbstständige Stiftung ist eine gemeinnützige Verbraucherorganisation, die eine jährliche Zuwendungszahlung vom Staat erhält und keinerlei Einnahmen durch Werbeanzeigen erzielt. Sie publiziert verschiedene Zeitschriften (u. a. Finanztest), Bücher und ausführliche Testberichte, die in der Regel zwischen 0,75 und 2,50 Euro kosten. Viele Meldungen und Specials zu aktuellen Themen sind allgemein zugänglich.

Kritik an der Stiftung Warentest kommt von unabhängigen Finanzbloggern und Fachexperten dahingehend, dass diese bei bestimmten Themen „staatstragend" zu Lasten der Verbraucher berichte. Sie bemängeln unter anderem, dass in der Zeitschrift Finanztest lange zu unkritisch staatlich gewollte Altersvorsorgeprodukte wie z. B. Riester-Rente oder Rürup-Rente empfohlen wurden, obwohl diese Produkte aus Verbrauchersicht häufig deutliche Nachteile aufwiesen. Und dass man dem Verbraucher einen Bärendienst erweise, wenn man in einem Test kleinteilig zwischen etwas besseren und etwas schlechteren Anbietern unterschiede, anstatt grundlegend die Vorteilhaftigkeit der gesamten Produktklasse zu hinterfragen. Ebenso wird das lange Festhalten von Finanztest an aktiv gemanagten Investmentfonds anstelle der viel preiswerteren börsengehandelten Indexfonds (ETFs) trotz Vorliegen gegenteiliger wissenschaftlicher Erkenntnisse kritisiert.[92] Auch wenn diese Kritik aus unserer Sicht uneingeschränkt berechtigt ist, handelt es sich hier um einzelne „Ausrutscher", die zwischenzeitlich korrigiert wurden. Und es ändert nichts daran, dass *Finanztest* im Wesentlichen eine hilfreiche Informationsquelle ist – es muss ja nicht die einzige sein.

BaFin

Auch die Seiten der Bundesanstalt für Finanzdienstleistungsaufsicht (www.bafin.de) sind auf dem Weg zum mündigen Selbstentscheider eine Fundgrube zu Finanzwissen sowie Anleger- und Verbraucherschutz. Auf ihren Internetseiten informiert die BaFin ausführlich zu Banken, Versicherern und anderen Finanzdienstleistern, beantwortet häufige Fragen und stellt Broschüren und anderes Wissenswertes per Download zur Verfügung. Wenn Sie Schwierigkeiten mit einem Finanz- oder Versicherungsunternehmen haben oder sich schlecht beraten fühlen, können Sie sich bei der BaFin beschweren.

Andere Verbraucherorganisationen äußern Kritik an der BaFin: Sie sei eine „Superbehörde mit 2700 Mitarbeiterinnen, die hierzulande mehr als 1500 Kreditinstitute, 6100 inländische Fonds, 400 Kapitalverwaltungsgesellschaften und rund 550 Versicherer beaufsichtigt".[93] In Sachen Verbraucherschutz für Bankkunden, Anleger oder Versicherte sei die BaFin dabei jedoch „zu mutlos, zu langsam, zu formal". Mit dem Wechsel an der Spitze der deutschen Aufsichtsbehörde im August 2021 soll der Verbraucherschutz innerhalb der BaFin einen höheren Stellenwert erhalten.

Bund der Versicherten

Beim Thema Versicherungen ist der Bund der Versicherten (BdV, www.bundderversicherten.de), der größte Verbraucherverband für Versicherungen, zu empfehlen. (Anmerkung: Prof. Dr. Walz ist Mitglied im Wissenschaftlichen Beirat des BdV.) Der BdV stellt für jedermann kostenlose Broschüren, Infoblätter, Pressemitteilungen und Studien zur Verfügung. Für die rund 45.000 Mitglieder bietet der BdV darüber hinaus mittels seiner Tochtergesellschaften BdV Mitgliederservice GmbH (BMS) und BdV Verwaltungs GmbH (BVG) individuelle und unabhängige Beratung zu privaten Versicherungen sowie Gruppenversicherungen.[94]

Aus der Versicherungsbranche kommt immer wieder Kritik, der BdV würde damit den Beratungsmarkt verzerren und die eine oder andere Studie sei nicht fachgerecht erstellt. Der BdV wiederum vermisst an diesen Vorwürfen jedoch „handfeste Argumente mit kritischem Sachverstand".[95]

Finanzwende

Der im Sommer 2018 gegründete Verein „Bürgerbewegung Finanzwende" stellt ein zivilgesellschaftliches, überparteiliches Gegengewicht zu den mächtigen Interessensverbänden der Finanzdienstleistungsindustrie dar. Er recherchiert, informiert und mobilisiert gegen Finanzmarktkriminalität und für einen stabilen, umweltfreundlichen, gemeinwohlorientierten Finanzmarkt sowie mehr Transparenz in der Finanzpolitik. Auf finanzwende.de finden Sie Artikel und Berichte zu Hintergründen und aktuellen Entwicklungen sowie Analysen und Studien. Finanzwende sorgt zudem für aufklärenden Verbraucherschutz durch Kampagnen, Petitionen, Konferenzen, Gespräche, Appelle an die Politik und nicht zuletzt die Video-Reihe „Finanzschelle". (Anmerkung: Prof. Dr. Walz ist Fellow der Bürgerbewegung Finanzwende e. V.)

Im Zuge der Debatte um den Entzug der Gemeinnützigkeit für andere zivilgesellschaftliche Organisationen wurde auch Kritik an der Bürgerbewegung Finanzwende laut. Daraufhin verzichtete der Verein Anfang 2020 freiwillig auf seinen steuerrechtlichen Status der Gemeinnützigkeit, arbeitet seitdem als Kampagnenorganisation und gründete zusätzlich die gemeinnützige Gesellschaft *Finanzwende Recherche*, die neben der Recherchetätigkeit auch Bildungsarbeit und Verbraucherschutz betreibt.

3. Wann lohnt sich Beratung durch Dritte für Sie?

Persönliche Beratung hat ihren Preis

Bevor Sie eine Entscheidung darüber treffen, ob Sie überhaupt persönliche Beratung in Anspruch nehmen wollen und falls ja, in welcher Art, sollten Sie sich darüber im Klaren sein, dass persönliche Beratung ihren Preis hat. Sobald jemand seine Zeit ganz individuell nur für Sie einsetzt, entstehen erhebliche Kosten. Die Höhe dieser Kosten hat überhaupt *nichts damit zu tun, ob derjenige ein honorarfinanzierter Berater oder ein provisionsfinanzierter FPV* ist. Denn dieser Gesprächspartner kann in der Zeit, die er mit Ihnen verbringt, nichts anderes tun und persönliche Beratung ist nicht skalierbar (→ Glossar). Die Kosten Ihres Gesprächspartners fallen einzig und allein für Sie an und können nicht elegant auf eine Vielzahl von Kunden verteilt werden. Den für Sie entstandenen individuellen und spezifischen Aufwand müssen letztlich Sie bezahlen. Und zwar völlig unabhängig davon, ob Sie das in Form eines klar erkennbaren Honorars oder indirekt über im Produkt steckende Provisionen tun.

Transparent agierende **Honorarberater** verlangen meist zwischen 150 und 250 Euro pro Beratungsstunde.[96] Bei der Bewertung dieser Stundensätze muss berücksichtigt werden, dass die Berater ja nur einen kleinen Teil ihrer Arbeitsstunden gegenüber dem Kunden abrechnen können und noch zahlreiche unbezahlte Hintergrundtätigkeiten leisten müssen.

Verbraucherzentralen haben eine Preisliste für ihre Beratungsangebote.[97] Die Kosten für den Verbraucher sind hier niedriger als bei einem Honorarberater. Allerdings werden die Verbraucherzentralen ganz erheblich mit öffentlichen Geldern unterstützt. Allein deshalb können sie diese eigentlich nicht kostendeckenden Preise bieten (was Honorarberater als Wettbewerbsverzerrung empfinden). Außerdem gibt es bei den Verbraucherzentralen meist lange Wartezeiten auf einen Beratungstermin, welche abschreckend wirken und einer zeitnahen Abwicklung von Problemfällen entgegenstehen.

Bei Hintergrundgesprächen mit Vorständen von **Banken und Sparkassen** wurden uns hausintern kalkulierte Selbstkosten für die Beratungsstunde mit Kunden von 350 bis 400 Euro genannt. Wie diese berechnet wurden, wollte man uns natürlich nicht verraten. Wenn Sie jedoch nur die Kosten für eine qualifizierte Handwerker- oder Kfz-Werkstatt-Stunde als Vergleich nehmen und die erheblichen Overheadkosten (→ Glossar) sowohl im Personal- als auch Sachkostenbereich in der Finanzdienstleistungswelt bedenken, erscheinen die oben genannten Werte nicht unrealistisch.

Sie sollten sich von der falschen Vorstellung trennen, dass Sie persönliche Finanzberatung kostenlos und zusätzlich mit gutem Kaffee erhalten. Und zwar völlig unabhängig von der Frage „Honorar oder Provision".

Indirekte Vergütung über Provisionen erschwert die Wahrnehmung von Kosten

„Was ich nicht weiß, macht mich nicht heiß." Konkret: Nimmt ein Kunde die Kosten der für ihn erbrachten persönlichen Beratung nicht wahr oder unterschätzt diese, so fragt er meist mehr Beratungsleistung nach, als wenn er jede Beraterstunde mit Kosten von z. B. 180 Euro veranschlagen würde.

Die Folgen der unterschiedlichen Kostenwahrnehmung schlagen sich in der unterschiedlichen Anzahl an Beratern nieder. Das wird bei einem Vergleich der Beraterdichte (Anzahl der FPV/Berater pro 1.000 Einwohner) unterschiedlicher europäischer Länder deutlich.

In Deutschland kommen auf 1.000 Einwohner drei FPV/Berater. Dagegen ist die Beraterdichte in Ländern wie Großbritannien, Dänemark, Finnland, Schweden oder den Niederlanden, in denen ein teilweises oder vollständiges Verbot der Provisionsfinanzierung besteht, erheblich geringer, nämlich nur 0,5 bis 0,6 Berater pro 1.000 Einwohner. In Deutschland möchten also derzeit etwa fünf- bis sechsmal mehr FPV/Berater an 1.000 Einwohnern verdienen.[98]

Somit stellt sich die Frage, ob in den Ländern mit honorarfinanzierter Finanzberatung eine Unterversorgung der Bevölkerung besteht. Dies behauptet die Lobby der Finanzdienstleister. Oder: Ob wir in Deutschland aufgrund des Provisionssystems und der fünf- bis sechsfach höheren Beraterdichte eine schädliche Fehl- bzw. Überversorgung der Kunden an Finanzberatung sowie überteuerte Produkte haben. Ganz nach dem Motto „zu viele (Provisions-)Jäger sind des Hasen Tod". Das sagen die Verbraucherschützer.[99]

Für Sie ist die spannende Frage, ob und wann sich die Kosten individueller Beratung lohnen und in welchen Fällen Sie besser fahren würden, auf persönliche Beratung zu verzichten.

So erkennen Sie Ihren Kundentyp und die konkrete Situation

Ob und wie stark Sie persönliche Finanzberatung in Anspruch nehmen und in welchen Bereichen Sie diese nachfragen sollten, hängt insbesondere von zwei Faktoren ab:

- welcher Kundentyp Sie sind und
- welche konkrete Entscheidungssituation für Sie ansteht.

Die Abbildung auf S. 226 hilft Ihnen, Ihren Bedarf an persönlicher Beratung im konkreten Fall einzuschätzen.

Senkrechte Achse

Wie groß schätzen Sie Ihren Bequemlichkeitsvorteil persönlicher Beratung ein und wie viele Arbeitsprozesse möchten Sie sich abnehmen lassen? Verfügen Sie vielleicht über nur wenig Zeit, da Sie viele andere Pflichten und Rollen haben? Haben Sie einfach kein Interesse daran, sich um Ihre Finanzen und Vorsorge im Detail selbst zu kümmern und sind froh, wenn Sie das Kümmern (nicht die Verantwortung) delegieren können? Lehnen Sie die Nutzung von Onlinebanking sowie anderer digitaler Möglichkeiten ab? Oder fühlen Sie sich damit überfordert?

Je eher Sie diese Fragen mit einem klaren „Ja" beantworten, umso höher ist Ihre Position in der Abbildung. Ob Sie ein eher schwach oder stark ausgeprägtes Bedürfnis nach Komfort und Service haben, ist ein überwiegend zeitstabiles Merkmal, also eine Typfrage.

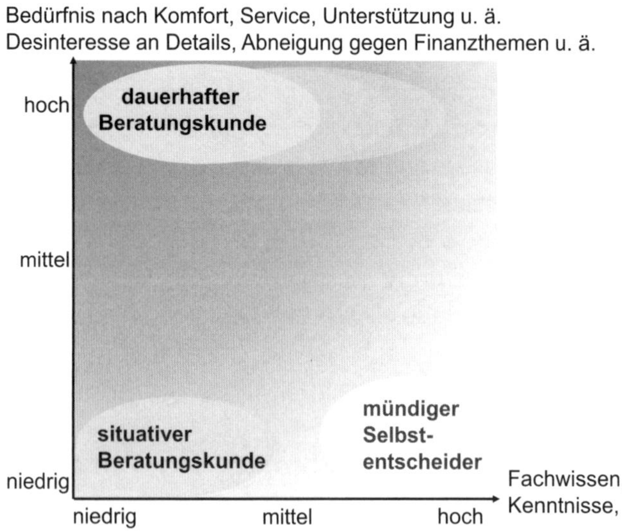

Welcher Kundentyp sind Sie?

Waagrechte Achse

Hier geht es darum, wie gut Ihr Fachwissen bei der *konkreten* Fragestellung ist. Wenn Sie beispielsweise seit Jahren Geld in ETFs anlegen, die relevanten Auswahlkriterien und Merkmale kennen, positionieren Sie sich z. B. bei der konkreten Entscheidung der Anlage Ihres Jahresbonus auf der Waagrechten ganz rechts. Gleichzeitig ist Ihre Kompetenz in Fragen der privaten Krankenversicherung sehr gering, weshalb Sie bei dieser Entscheidung auf der Waagrechten ganz links positioniert wären. Heikel an der Beurteilung des eigenen Fachwissens ist die Problematik des „Blinden Flecks" und der Selbstüberschätzung (vgl. Kapitel A 8).

Je eher Sie diese Fragen mit einem klaren „Ja" beantworten, umso weiter rechts ist Ihre Position in der Abbildung. Und dies ist eben, je nach konkreter Sachfrage sehr situativ.

Ausgewählte Beispiele im Einzelnen

Ein eindeutiger Typ ist der **dauerhafte Beratungskunde**. Alleine schon wegen des hohen Bequemlichkeitsstrebens ist er für persönlichen Kontakt und die Möglichkeit, viele Details abgeben zu können, prädestiniert. Die Frage des Fachwissens ist daher nachrangig.

Ein weiterer Typ ist der mündige Selbstentscheider. Er interessiert sich für Finanzthemen, auch im Detail, und verfügt bei vielen Geld- und Vorsorgefragen über ordentliches Fachwissen. In dieser Position kommt es zu keiner Inanspruchnahme persönlicher Beratung.

Jedoch kann auch der grundsätzlich mündige Selbstentscheider bei bestimmten Finanz- oder Versicherungsthemen erkennen, dass sein Fachwissen nicht ausreicht, sondern eine, zumindest punktuelle persönliche Beratung erforderlich wird. In diesen Fällen wird er zum situativen Beratungskunden. Als Beispiel kann der oben genannte Fall dienen, in denen ein ansonsten gut informierter Selbstentscheider erkennt, dass er seine private Krankenversicherungspolice lieber nach individueller Unterstützung durch einen zugelassenen Versicherungsberater abschließt.

Daneben gibt es noch unzählige Zwischenformen, die in der Abbildung nicht dargestellt sind. Grundsätzlich ist der Bedarf nach persönlicher Beratung umso größer, je höher und je weiter links die Positionierung in der Abbildung ist. Bitte beachten Sie, dass auch die Zwischenformen eine starke situative Komponente aufweisen.

Persönliche Beratung: „Ja oder Nein"? Einige zusätzliche Schlaglichter

Im Folgenden wird vorausgesetzt, dass Sie künftig Vertriebsgespräche mit FPVs, die lediglich deren Provisionsmaximierung statt Ihren Interessen dienen, ohnehin vermeiden wollen. Es geht also primär um die Entscheidung: „In welchen Sachfragen soll ich persönliche Unterstützung suchen?"

Die folgende Abbildung hilft, das leichter einzuschätzen. Das nachstehende Kontinuum verläuft dabei von 100 % ganz links (starke Argumente dafür, sich beraten zu lassen) bis 100 % ganz rechts (keine bis wenige Gründe, warum Sie sich beraten lassen sollten). Sie starten in der Mitte. Für jedes „Beraten-eher-erforderlich"-Argument (**Pro-Beratung**) rücken Sie auf dem Kontinuum etwas weiter nach links. Für jedes „Dafür-brauche-ich-eher-keine-Beratung"-Argument (**No-Beratung**) rücken Sie etwas nach rechts.

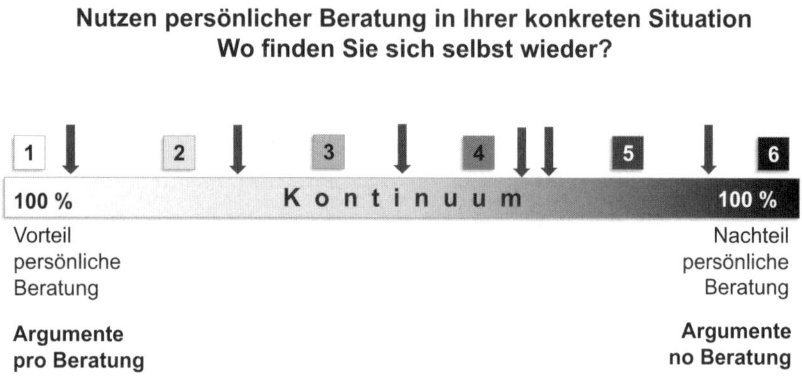

Argumente, die für und gegen persönliche Beratung sprechen

Pro-Beratung-Argumente liegen insbesondere vor, wenn

- ... Sie vergleichsweise wenig Zeit/Stunden eines Beraters benötigen, der mit einer Vergütung auf Stundenbasis einverstanden ist, um eine für Sie folgenreiche Entscheidung zu treffen. Ein Beispiel wäre die Begutachtung vertraglicher „Altlasten" oder komplexer Bestandsverträge. Hier sind Sie ein typischer **situativer Beratungskunde**.
- ... Sie eine einmalige grundsätzliche Orientierung (z. B. persönliche Finanzplanung) wünschen, also eine Unterstützung als Hilfe zu späterer Selbsthilfe. Auch hier wären Sie ein typischer **situativer Beratungskunde**, der später zum mündigen Selbstentscheider wird, was aber fallweise situativ erforderliche Beratungskontakte nicht ausschließt.
- ... Ihre Entscheidung erhebliche Tragweite besitzt oder Sie lange bindet, so dass Fehler Ihres Entscheidens folgenschwer würden. Beispiel hierfür wäre Einschaltung eines Versicherungsberaters zum Identifizieren eines passenden BU-Tarifs. Auch hier wären Sie ein typischer **situativer Beratungskunde.**
- ... Ihnen der Bequemlichkeitsvorteil der persönlichen Betreuung als sehr wertvoll erscheint, z. B. weil Sie sich mit Finanzdingen möglichst wenig beschäftigen wollen und/oder Sie digitale Möglichkeiten

ablehnen. In beiden Fällen wären Sie eher der **dauerhafte Beratungskunde.**

- ... Sie ein hohes Vermögen besitzen, so dass sich die Fixkosten der betreuenden Beratung auf eine große Basis verteilen lassen und Sie sich gleichzeitig etwas unsicher fühlen oder eine „zweite Meinung" schätzen.
- ... Sie sich selbst in Hinblick auf Ihre Disziplin und/oder Ihre Anlagepsychologie als besonders schlecht bzw. gefährdet einschätzen. In der Tat liegt disziplinierte eigenverantwortliche Geldanlage und Vorsorge nicht jedem und es gibt Menschen, die sich mit Hilfe eines Beraters tatsächlich vor sich selbst schützen. Ein klarer Fall eines **dauerhaften Beratungskunden.**

No-Beratung-Argumente liegen insbesondere vor, wenn

- ... Ihr Gesprächspartner Ihnen ungefragten „Rat" anbietet, Sie von sich aus wiederholt kontaktiert. Ganz besonders, wenn er Ihnen dabei neue Produkte verkaufen möchte oder ständig zu Umschichtungen Ihrer Anlagen rät. In diesem Fall werden Sie gegen Ihre Interessen beraten und sollten den Kontakt beenden.
- ... Ihr Gesprächspartner monetären Fehlanreizen unterliegt. Diese werden häufig in der Provisionsfinanzierung von Produkten bestehen, jedoch gibt es auch Fehlanreize im Bereich der Honorarberatung und Vermögensverwaltung (vgl. Kapitel A 3).
- ... Sie Beispiele von Verkaufsrhetorik identifizieren (vgl. die zwölf beschriebenen Erscheinungsformen in Teil B).[100]
- ... Sie feststellen, dass Ihr Gegenüber Ihnen nur schlecht zuhört, keine tiefere Analyse durchführt und schnell auf den Verkauf von Produkten zu sprechen kommt.
- ... Sie feststellen, dass Ihr Gegenüber „Problemlösungen" eines Institutes bzw. einer Finanzdienstleistungsgruppe anbieten kann, die natürlich immer und für jeden Bedarf „das Beste" sind.
- ... Ihr Gegenüber Ihnen keinen fachlichen Mehrwert bieten kann. Das kann sowohl an der schlechten Qualifikation Ihres Beraters liegen als auch an der Tatsache, dass Sie sich für Finanzthemen interessieren und sich gut alleine informieren können (vgl. Kapitel C 2).

In all diesen Negativfällen müssen Sie nicht zwangsläufig zum mündigen Selbstentscheider werden. Vielmehr können Sie – zumindest für die Bereiche, in denen Sie sich Mehrwert versprechen – einen Finanzberater suchen, der hochqualifiziert ist, wirklich Ihre Interessen vertritt und ein positives Berater-Alpha (vgl. Kapitel A 6) schafft, das über den von ihm verursachten Kosten liegt.

4. Zehn Goldene Regeln für die Vorbereitung einer Finanzberatung

1. Verwenden Sie einige Zeit auf die Überlegung, welches Ziel Sie mit der vor Ihnen liegenden Entscheidung verfolgen.

Wie ist die Tragweite Ihrer Entscheidung? Geht es um eine Routineentscheidung (Wiederanlage eines fällig gewordenen kleineren Geldbetrages) oder um eine Grundsatzentscheidung? Möchten Sie eine Risikovorsorge treffen (Versichern) oder denken Sie an Vermögensaufbau, z. B. zur Altersvorsorge? Von welchen Kriterien wollen Sie Ihre Entscheidung abhängig machen?

2. Klären und entscheiden Sie für sich, welche Formen von Beratung oder Vermittlung für Ihre Fragestellung richtig und angemessen sind.

Ist es möglich, beim konkreten Anliegen mit angemessenem Aufwand als mündiger Selbstentscheider zu einem guten Ergebnis zu kommen? Oder brauchen Sie bei dieser konkreten Fragestellung wirklich persönliche Beratung? Wenn die Antwort „Ja" lautet, ist dann eine Honorarberatung passend, oder liegt eine Vermittlung durch einen FPV in Ihrem Interesse?

3. Machen Sie eine Agenda.

Was möchten Sie zu Beginn der Beratung klarstellen und ansprechen? Auf welche Punkte legen Sie besonderen Wert? Welche Fragen müssen beantwortet sein? Die Kriterien des „einfach genialen Achtecks der

Geldanlage"[101] helfen Ihnen, alle für Sie relevanten Aspekte im Auge zu behalten.

4. Klären Sie am Anfang die für Sie wichtigen Spielregeln und teilen Sie diese Ihrem Gesprächspartner in einer frühen Gesprächsphase mit.

Das könnten Vereinbarungen sein wie z. B. kein Zeitdruck, kein Entscheidungsdruck, keine Erwartung auf einen „sicheren Abschluss" am Ende des Gesprächs, Bedenkzeit einräumen (eine Nacht drüber schlafen), kein Einsatz unlauterer Verkaufsrhetorik (provozierte Reziprozität oder Konsistenz, keine wertlosen Garantien, keine Plausibilitätsfallen usw.). Klären Sie die Rollen, vor allem, dass Sie die Entscheidungsverantwortung in der für Sie passenden Weise wahrnehmen werden.

5. Gewinnen Sie frühzeitig Klarheit über die Vergütungs- und Anreizstruktur Ihres Gesprächspartners.

Vereinbaren Sie, wie eine vollständige Kostentransparenz sichergestellt sein wird. Sprechen Sie die Frage der Vertriebs- und Abschlusskosten im Gespräch frühzeitig und offen an und signalisieren Sie Kostenbewusstsein. Erfragen Sie weitere finanzielle Anreize Ihres FPV wie zum Beispiel Bestandspflegeprovisionen und Bürokostenzuschüsse. Liegt ein monetäres Eigeninteresse Ihres Gesprächspartners vor, Ihnen ganz bestimmte Produkte zu empfehlen? Darf er vielleicht sogar nur Produkte eines einzigen Anbieters empfehlen? Wenn Ihr Gesprächspartner an dieser Stelle „dicht" macht, sollten Sie auf seine Unterstützung verzichten.

6. Rücken Sie bei der Vorbereitung eines Beratungsgesprächs die in Teil B beschriebenen Beeinflussungsfaktoren vom Unterbewusstsein ins Bewusstsein.

Eine Checkliste der wichtigsten unbewussten Beeinflussungsfaktoren hilft Ihnen schon enorm weiter. Erstellen Sie mit Hilfe dieses Buches Ihre persönliche Checkliste – die überschaubare Mühe wird sich vielfach für Sie auszahlen. Und auch wenn Sie das Buch gründlich durchgearbeitet haben, lohnt eine erneute Durchsicht des Kapitel B kurz vor dem Kontakt mit einem FPV.

7. Gehen Sie besonders wachsam mit den Bereichen um, in denen Sie dazu neigen könnten, sich selbst zu überschätzen.

Seien Sie besonders wachsam auch in den Bereichen, in denen Sie für Manipulationen anfällig sein könnten (z. B. Reziprozität, Konsistenz, falsche Versprechungen usw.). Eine gute Hilfe ist es, sich einen „Erinnerer" zu schaffen, eine kleine Karte zum Beispiel, auf der etwas steht wie: „Achtung, Reziprozität!" oder „Kritisches Nachdenken aktivieren!" – und diese für Sie gut sichtbar bei Ihren Unterlagen zu haben, so dass Sie Ihr Gehirn zu erhöhter Wachsamkeit ermuntern.

8. Bleiben Sie in allen Gesprächsphasen auf Augenhöhe und nutzen Sie ausgiebig die Möglichkeit, Fragen zu stellen.

Sie haben mit Ihrer Agenda, Ihren Checklisten und Ihrer guten Vorbereitung auf das Gespräch mit dem FPV eine deutlich verbesserte Ausgangsposition, das Gespräch auf Augenhöhe zu führen. Sie wissen, an welchen Stellen Sie weitere Informationen benötigen, um sich ein Bild zu machen. Nutzen Sie die Möglichkeit, so lange konkret nachzufragen, bis Ihr Bild genügend konkret für Sie ist und Sie die Produktalternativen wirklich klar verstanden haben. Außerdem wissen Sie, in welchen Phasen im Verkaufsgespräch welche Fallen lauern, und auch, wie Sie sich dagegen wehren können. So können Sie das Gespräch Ihren Interessen gemäß deutlich besser gestalten und steuern.

9. Behalten Sie auf alle Fälle die Verantwortung für eine mögliche Kaufentscheidung: Geben Sie diese nicht ab und lassen Sie sich diese auch nicht abnehmen. Lehnen Sie das Angebot höflich, aber bestimmt ab, wenn es Sie nicht überzeugt.

Nutzen Sie klare und eindeutige Formulierungen und unterbrechen Sie dadurch eine mögliche Einwandbehandlung Ihres Gegenübers. Machen Sie sich stets klar: Sie suchen bei Dritten vielleicht Fachkompetenz. Es darf jedoch nicht sein, dass diese letztlich für Sie die Sachentscheidungen übernehmen. Schließlich ist es Ihr Geld und Ihr Leben.

10. Freuen Sie sich darauf, mit Ihrer Entscheidung einen guten Beitrag dazu zu leisten, dass Sie in Zukunft finanziell flexibel und „allwetterfest" sind. Genießen Sie es, dass Ihnen die Spielräume für diese Überlegungen offenstehen.

GLOSSAR

Begriff	**Erläuterung**
Bauspar-Vorab darlehen	Tilgungsfreies Immobiliendarlehen, welches eine Bausparkasse vergibt, um ein zum späteren Zeitpunkt zuteilungsreifes Bauspardarlehen zu bevorschussen. Während das Vorabdarlehen optisch günstig wirkt, ist das Paket inklusive Ansparen im Bausparvertrag regelmäßig unvorteilhaft.
Bundesschatzbrief	Öffentliche Anleihen der Bundesrepublik Deutschland – mit einem über die Laufzeit ansteigenden Zinssatz ausgestattet. Seit 2012 werden keine Bundesschatzbriefe mehr angeboten.
Durchschnitts-kosteneffekt = Cost Averaging	Beim Erwerb eines über die Zeit immer im Preis schwankenden Anlagegutes erzielen Anleger einen Kostenvorteil, wenn Sie regelmäßig den gleichen Betrag investieren, da sie zu hohen Preisen eine geringere Anzahl und zu niedrigeren Preisen eine größere Anzahl erhalten.
Einfirmenvertreter	Meist Versicherungsvertreter, aber auch sonstiger Finanzanlagenvermittler, der nur für Produkte eines Finanzdienstleisters (oder dessen utterkonzern) vermitteln darf. Rechtsgrundlage ist § 92 HGB
Finanzdienstleistungs-Makler	Führen Vermittlung von Finanzanlagen- und Versicherungsprodukten verschiedener Anbieter zum Endkunden durch. Stehen dabei formaljuristisch als treuhänderähnlicher Sachverwalter etwas stärker auf der Kundenseite als Mehrfirmenvertreter. Rechtsgrundlage insbes. § 93 HGB.
Interaktion – Komplementäre	Eine Beziehung, die auf Unterschiedlichkeit beruht, in der das Verhalten des einen Partners das Verhalten des anderen ergänzt. Beispiele: Arzt-Patient, Lehrer-Schüler, Kunde-Verkäufer
Interaktion – Symmetrische	Eine Beziehung, die auf Gleichheit beruht, in der das Verhalten des einen Partners das Verhalten des anderen quasi spiegelt. Beispiele: Freundschaft, Team – Mitglieder, Wettkampf.

intrinsisch	Von innen her, aus eigenem Antrieb. Häufig gebraucht im Zusammenhang mit Motivation, im Gegensatz zu extrinsischer Motivation, die vor allem durch Anreize von außen wirkt.
Kaufreue	Tritt häufig im Anschluss an eine Kaufentscheidung auf. Meist dann, wenn der gefühlsmäßige Anteil der Entscheidung verblasst und sich einer rationalen Bewertung stellen muss. Wird auch als Nachkaufdissonanz bezeichnet.
Kick-back-Zahlung in der Finanzbranche	Rückerstattung oder Rückvergütung eines Teils der vom Kunden gezahlten Kosten eines Finanzproduktes von Produkteanbietern an Vermittler. Bis 2006 haben fast alle Banken Provisionen vereinnahmt und vor dem Kunden versteckt. Seit einer BGH-Entscheidung in 2006 müssen sie den Kunden darüber informieren.
Klumpenrisiko (= Concentration Risk)	Risiko, welches durch Konzentration größerer Geldanteile auf eine einzige Anlage entsteht (z. B. Familie hat 90 % des Vermögens im Eigenheim gebunden).
Kollateralschaden	Nicht beabsichtige, aber in Kauf genommene – oft schwerwiegende – Nebenwirkung eines Handelns. Herkunft aus der Militärsprache, z. B. wenn ein feindliches Ziel zerstört wird, jedoch auch gleichzeitig das daneben befindliche Krankenhaus.
Kursindex	Aktienindex, der lediglich die Kursentwicklung der enthaltenen Aktien, nicht jedoch deren Dividendenzahlungen berücksichtigt. Siehe Performanceindex.
Performance Index	Aktienindex, der die gesamte Wertentwicklung der enthaltenen Aktien berücksichtigt, also sowohl die Kursentwicklung als auch Dividendenzahlungen.
Market Maker	Börsenhändler, der garantiert, dass ein Anlageprodukt (z. B. Zertifikat oder ETF) jederzeit ge- oder verkauft werden kann, also handelbar ist. Durch Wettbewerb zwischen mehreren Market Makern sowie handelsrechtliche Regeln wird gewährleistet, dass die Spanne zwischen den An- und Verkaufskursen nicht zu groß wird.

Market Timing	Spekulativer Ansatz, bei dem versucht wird, Entwicklungen des Gesamtmarktes (Börsenzyklen) vorherzusehen und vor Aufschwüngen zu kaufen und vor Abschwüngen zu verkaufen.
Mehrfirmenvertreter	Versicherungsvertreter oder sonstiger Finanzanlagenvermittler, der für mehrere Finanzdienstleistungsunternehmen die Vermittlung von Produkten vornimmt, die von diesen vergütet wird. Rechtsgrundlage des echten Mehrfirmenvertreters ist § 34d der Gewerbeordnung.
Negativrendite (nominell, real)	Kapitalverzinsung von kleiner als Null. Bei einer nominellen Negativrendite ist der Schwund des Kapitals offen ersichtlich. Tückischer ist eine reale Negativrendite. Hier liegt der positive Nominalzins unter der Inflationsrate, so dass die Kaufkraft sinkt, obwohl die Zahlen auf dem Papier noch Wachstum signalisieren.
Netto-Police	Versicherungsvertrag, der ohne Abschluss- und Vertriebskosten kalkuliert wurde. Die Prämie von Netto-Policen ist dadurch erheblich geringer, jedoch müssen den Ersparnissen gegebenenfalls Kosten für einen Honorarberater gegenübergestellt werden, der bei der Auswahl und Spezifizierung der geeigneten Police unterstützt.
Overhead-Kosten	Kosten, die nicht der konkreten Aktivität zuzuordnen sind, sondern übergeordneten Charakter haben. Beispiele sind Kosten für Räumlichkeiten, Führungskräfte, Hard- und Software incl. Datensicherheit, Regulierung, Qualitätsmanagement etc.
Pre-Framing	Schon im Vorfeld eines Gedankenaustausches dem Gesprächspartner oder der Gruppe einen besonderen Rahmen, ein Umfeld und damit eine Bedeutungsrichtung vorgeben.
Regelgebundenes Investieren	Anlagestrategie, bei der negative Auswirkungen der Anlegerpsychologie (Angst und Gier) dadurch vermieden werden sollen, dass bereits vorab die Regeln für Käufe bzw. Verkäufe festgelegt werden.

Restschuld-versicherung	Spezielle Versicherung, die im Falle der Zahlungsunfähigkeit des Kreditnehmers den beim Kreditgeber entstehenden Ausfall ersetzt. Da der Kreditnehmer die Kosten der Versicherung trägt, ergibt sich für den Kreditgeber eine weitgehend risikofreie Kreditvergabe.
Schiefe Wette	Vereinbarung, bei dem sowohl die Wahrscheinlichkeiten als auch Höhe von Gewinn und Verlust unterschiedlich verteilt sind. Häufig eintretenden kleinen Gewinnen stehen dabei eher seltene aber massive Verluste gegenüber – oder umgekehrt. Für den Laien sind schiefe Wetten kaum einschätzbar.
Skalierbarkeit eines Geschäfts oder Geschäftsmodells	Bezeichnet die Fähigkeit, ohne oder mit nur geringem Ressourcenverbrauch zu wachsen. Während individuelle Beratung pro Kunde erneute Arbeitszeit erfordert, könnte man z. B. mit einem immer wieder abrufbaren Videotraining eine unbegrenzte Nutzerschar ohne nennenswerte Zusatzkosten erreichen.
Spiegeln	Eine Kommunikationsform, in der ein Partner ähnliches Verhalten zeigt wie der andere (gleiche Gestik, gleiche Haltung, gleiches Sprechtempo, ähnlicher Sprachstil usw.) Im Kontext des Buches meist, um das Vertrauen des Partners durch (unbewusste) Ähnlichkeit zu gewinnen.
Style-Drift	Unerwünschte Veränderung eines Anlageportfolios, welche dadurch eintritt, dass sich die tatsächlichen Anteile verschiedener Anlageklassen durch Kursveränderungen im Zeitablauf von den ursprünglich gewünschten Anteilen entfernen.
Stock-Picking	Deutsch: Einzeltitelauswahl. Aktive Anlagestrategie, die eine über der Marktrendite liegende Entwicklung anstrebt, indem überdurchschnittlich ertragreiche Einzelanlagen bevorzugt und unterdurchschnittliche vermieden werden. Von Zufallserfolgen abgesehen, funktioniert Stock-Picking jedoch nicht.

Systematischer Fehler	Fehler, der in eine bestimmte Richtung geht (zu groß, zu klein, Rendite überschätzt oder unterschätzt). Gegenteil ist ein unsystematischer Fehler, der lediglich eine Streuung um das „richtige" Ergebnis ohne jede Tendenz darstellt.
Tilgungsstreckungsdarlehen (TSD)	Wird vereinbart, wenn der Schuldner die laufende Belastung eines bestehenden Darlehens nicht mehr voll leisten kann. Beispiel: Er müsste 1.500 Euro leisten, kann aber nur noch 1.000 Euro erbringen. Das sich monatlich erhöhende TSD erbringt die fehlenden 500 Euro und wird nach Ende des Ursprungsdarlehens getilgt.
VAG = Versicherungsaufsichtsgesetz	Gesetzliches Regelwerk, welches die staatliche Aufsicht der in Deutschland tätigen Versicherer und Pensionsfonds sowie von Versicherungsvereinen auf Gegenseitigkeit regelt.
Volatilität	Statistische Messgröße für die Schwankungsintensität von Preisen oder Kursen von Anlagen. Vereinfachend: Je höher die Volatilität, desto größer das Risiko.
Wertpapier-Kennnummer = WKN (auch ISIN)	Sie ist eine für in Deutschland gehandelte Wertpapiere eindeutige Identifikations-Kennzahl, die eine verwechslungsfreie Bestimmung erlaubt. Die internationale Entsprechung heißt ISIN, was International Security Identification Number bedeutet.

ANMERKUNGEN

1 Bei vielen reinen Versicherungsprodukten wie z. B. Kranken- und Berufsunfähigkeitsprodukten, aber auch im Bereich der Sachversicherung bieten seriöse Makler verbraucherorientierte Problemlösungen. Bei kapitalbildenden Versicherungsprodukten mit Sparcharakter bestehen jedoch erhebliche Fehlanreize, auf die im Buch noch eingegangen wird.

2 Buchmann, Georg: Maschis Erben, in: Wirtschaftswoche Nr. 30/21 vom 23.07.2021, S. 75-78. Die Verhältnisse bei den Finanzstrukturvertrieben haben sich in den letzten 25 Jahren nicht verändert, wie das bereits 1996 erschienene, aber nach wie vor erhältliche Buch von Wolfgang Dahm zeigt. Vgl. Dahm, Wolfgang: Beraten und verkauft, Die Methoden der Strukturvertriebe, Wiesbaden 1996.

3 Der Auftraggeber wird in der Fachsprache als Prinzipal, der Auftragnehmer als Agent bezeichnet. Daher ist die wissenschaftliche Fundierung dieser Thematik als „Principal-Agent-Theorie" benannt.

4 Bei manchen Finanzprodukten ist mittlerweile ein Kostennachweis vorgeschrieben. Jedoch sind trotzdem nicht immer alle Kosten erkennbar. Gleichzeitig enthalten die Informationen eine Menge irrelevanter Angaben und verwirren den Kunden mit einer Informationsüberflutung. Welcher Laie würde z. B. vermuten, dass sich hinter den harmlosen Effektivkosten einer Versicherungspolice von 1,75 % mehrere zehntausend Euro Kosten verstecken.

5 Gleichzeitig ist die Zahlungsbereitschaft der Menschen für unabhängigen finanziellen Rat oder eine neutrale Finanzberatung gering. Zitat einer bekannten Finanzpsychologin: „Die Menschen haben kein mentales Konto für das Bezahlen von Finanzberatung".

6 Schmidt-Tobler, Reinhard: Tatort Glaspalast, 2. Aufl. Hamburg 1993.

7 So bereits Ritzau, Michael in: Die große Fondslüge: Falsch beraten von Finanztest, Sparkassen, Banken und Co, Marburg 2016.

8 Quelle 1: Heydt, Reinhard (Hrsg.): Die Prinzipal-Agenten-Theorie in der Finanzwirtschaft: Analysen und Anwendungsmöglichkeiten in der Praxis, Berlin 2011.
Quelle 2: Engfer, Tobias: Principal-Agent-Theorie. Die Problematik der Informationsasymmetrie, Norderstedt, 2013.
Quelle 3: Brune, Jens Peter: Prinzipal-Agenten-Theorie versus Moral. Vortrag beim Colloquium der Forschungsgruppe Ethik und Wirtschaft im Dialog (EDW) 2005.

9 Gesetzlich geschützte Berufsbezeichnungen für echte Honorarberater sind:
- Honorar-Finanzanlagenberater mit Zulassung nach § 34h Abs. 1, Satz 1 GewO (achten Sie auf Buchstabe h!)
- Unabhängiger Honorar-Anlageberater mit Zulassung nach § 93 Abs. 1 WpHG
- Versicherungsberater mit Zulassung nach § 34 d Abs. 2 GewO (Abs. 2 ist wichtig!).

10 Walz, Hartmut: Einfach genial entscheiden in Geld- und Finanzfragen, 3. Auflage, Freiburg 2020, Kapitel B 4.

11 https://www.finanzwende-recherche.de/2021/08/06/finanzberatung-wer-sind-die-guten/.

12 https://www.de.vanguard/professionell/insights-wissen/lehren-aus-den-niederlanden-bessere-beratung-durch-provisionsverbot?cmpgn=ET1021DEBAWEB0002&guid=&nuid=cf6d54eb-849b-eb11-b1ac-000d3a989897.

13 Hinzu kommen unnötige und für Sie nicht erkennbare Risiken durch bestimmte Produkte.

14 Wenn Sie die Situation einmal aus Sicht Ihres FPV sehen, werden Sie feststellen, dass besonders erfolgreiche FPVs ihr Klientel primär unter dem Gesichtspunkt der Kundenrentabilität sehen. Vgl. Renziehausen, Marcus: Als Finanzberater an die Spitze. Der sichere Weg zum 7-stelligen Jahresumsatz, München 2019.

15 Vgl. weiterführend Enger, Sven: Alt, arm und abgezockt, Berlin 2018, S. 121 f.

16 Braun, Nikolaus: Über Geld nachdenken, Campus 2021, Kapitel 3.

17 Vgl. vertiefend: Bobe, Carsten: Verbraucherpolitik aus Sicht der Informationsökonomik: Informationsasymmetrien, Marktversagen und Lösungsansätze, München 2008 sowie Stiglitz, Joseph: The revolution of information economics: the past and the future. In: Kaushik Basu, David Rosenblatt, Claudia Sepúlveda (Hrsg.): The state of economics, the state of the world. MIT Press, Cambridge, Mass., [2019], S. 101–138. Sowie: Inés Macho-Stadler, J. David Pérez-Castrillo: An introduction to the economics of information: incentives and contracts. 2. Aufl., Oxford University Press, [Oxford, New York] 2001.

18 Vgl. Lehmann, Frank: Über Geld redet man nicht. Was Ihnen die Finanzprofis verschweigen, Berlin 2011.

19 https://www.asscompact.de/nachrichten/%E2%80%9Esie-sind-im-begriff-ein-produkt-zu-erwerben-das-nicht-einfach-ist-und-schwer-zu.

20 Die Portfolios von FPV-Kunden weisen gegenüber denen von Selbstentscheidern klare Unterschiede hinsichtlich der Anlage- und Vorsorgeprodukte auf. Vgl. vertiefend Reiter, Julius et. al.: Finanzberatung – eine empirische Analyse bei Young Professionals, 6. Aufl. Essen 2017.

21 Ein Beispiel: Allein schon durch die Empfehlung von Zertifikaten mit begrenzter Laufzeit anstatt von ansonsten funktionsgleichen ETFs mit unbegrenzter Laufzeit schaffen sich manche eigennützige FPV ihre „automatisierte“ Nachfrage selbst. Das Vertriebscontrolling wird den FPV stets rechtzeitig vor dem Auslaufen des Zertifikates informieren, so dass dieser dem Kunden proaktiv seinen scheinbar kostenlosen Kundendienst immer wieder erneut anbieten kann. Und schon wieder ist ein schönes Aufgeld oder eine Vertriebsprovision verdient.

22 Vgl. Benatzi, Shlomo, Thaler, Richard: Naive diversification strategies in defined contribution saving plans, in: The American Economic Review, 91. Jg. 2001, S. 79-98.

23 Vanguard research (Hrsg.): Putting a Value on your Value: Quantifying Vanguard Advisor's Alpha, 2019 (Whitebook). Quelle dazu: https://advisors.vanguard.com/insights/article/IWE_ResPuttingAValueOnValue.

24 Keeney, Ralph: Give yourself a nudge: Helping smart people make smarter personal and business decisions, Cambridge 2020.

25 Schmidt, Günter: Persönliche Finanzplanung – Modelle und Methoden des Financial Planning, 3. Aufl. Heidelberg 2017.

26 Cross, K. Patricia: Not Can But Will College Teachers Be Improved?, New Directions for Higher Education, Spring 1977 sowie Kahneman, D.: Schnelles Denken, Langsames Denken, Seidler 2011.

27 „It's Academic." 2000. Stanford GSB Reporter, 24 April, pp. 14–5. Via Zuckerman, Ezra W.; Jost, John T. (2001). „What Makes You Think You're So Popular? Self Evaluation Maintenance and the Subjective Side of the ‚Friendship Paradox'".

28 Svenson, Ola: „Are We All Less Risky and More Skillful Than Our Fellow Drivers", in: Acta Psychologica 47 (1981), 143-148, North-Holland Publishing Company.

29 Der Grund besteht darin, dass Sie – nachdem schon Obst und Gemüse im Einkaufswagen liegen – weniger schlechte Gefühle haben, wenn Sie später beim Rundgang etwas kaufen, was vielleicht nicht so gesund ist.

30 von Nitzsch, Rüdiger/Methling, Florian: Reflektiert entscheiden: Kompetent mit Kopf und Bauch, Frankfurt 2021.

31 Walz, Hartmut: Einfach genial entscheiden, 2013, S. 125.

32 Thaler, R. H. (1981). Some Empirical Evidence on Dynamic Inconsistency. Economic Letters , 8 , S. 201-207.

33 Wright, John C.: Consistency and Complexity of Response Sequences as a Function of Schedules of Notcontingent Reward, Journal of experimental Psychology 63, 1962.

34 Anweisungen verkürzt wiedergegeben.

35 Nacherzählt nach Watzlawick, Paul „Wie wirklich ist die Wirklichkeit?", München 1976.

36 Walz, Hartmut: Einfach genial entscheiden, 3. Auflage, Freiburg 2022.
37 Kirchler, E., Stark, J.: Sunk-cost effect. In: M. A. Wirtz (Hrsg.): Dorsch-Lexikon der Psychologie, 2019.
38 Taleb, Nassim Nicolas: Der Schwarze Schwan: Die Macht höchst unwahrscheinlicher Ereignisse, München 2015.
39 Luhmann, Niklas: „Vertrauen", UTB 2014.
40 Birbaumer, Niels: „Vertrauen: ein riskantes Gefühl", 2016.
41 Begriff Reziprozität in: Duden online, abgerufen am 20. November 2021.
42 Der Thalamus ist die Sammelstelle im Zwischenhirn, wo alle Eindrücke des Sehens, Hörens, Fühlens, Temperatur, Schmerz auf dem Weg in die Großhirnrinde umgeschaltet werden.
43 Roth, Gerhard: Persönlichkeit: Entscheidung und Verhalten, Klett Cotta, 2007, S. 196.
44 Langer, E., Blank, A. und Chanowitz, B.: „The Mindlessness of Ostensibly Thoughtful Actions: The Role of ‚Placebic' Information in interpersonal Interaction" in: Journal of Personality and Social Psychology, 1978.
45 G. Rizzolatti, Parma, 1996.
46 Rychlovska et al.: Psychological Science, 2017.
47 Rock, D.: SCARF: A Brain-Based Model for Collaborating with and Influencing Others, 2008, in: NeuroLeadership Journal 1: 44–52.
48 Plausibilitätsfalle Nr. 1: Bei der Weltmeisterschaft trifft die deutsche Fußballnationalmannschaft rein statistisch in der Vorrunde mit höherer Wahrscheinlichkeit auf einen oder mehrere schwächere Gegner, da die Vorauswahl durch die zwangsläufige Berücksichtigung von Mannschaften aus weniger fußballbegeisterten Ländern/Kontinenten keine so hohe Leistungsdichte erzeugt, wie bei der Europameisterschaft. Europa ist der Fußball-Kontinent (Premier League, Bundesliga, Primera División, Serie A, um nur einige zu nennen). Folglich ist der Fußball-Weltmeistertitel für eine europäische Mannschaft vergleichsweise leichter zu erringen als der Titel des Fußball-Europameisters.
Plausibilitätsfalle 2: Wenn Sie den Dritten im Rennen überholen, ist dieser nun zum Vierten geworden, während Sie von Rang vier auf Rang drei aufrücken konnten. Na, immerhin das Treppchen.
49 Die Ansparphase ist unvorteilhaft, weil sich unter Berücksichtigung der Kosten des Bausparvertrags von mindestens 1 %, häufig 1,8 % eine garantierte Negativverzinsung ergibt. Die Darlehensphase ist unvorteilhaft, weil sich am Kapitalmarkt erheblich günstigere Hypothekenkredite aufnehmen lassen. Damit das Bauspardarlehen hier relativ vorteilhaft würde, müssten die Kapitalmarktzinsen sehr stark steigen. Dies ist jedoch wegen der hohen Verschuldung vieler EU-Staaten nicht erwartbar, da kräftige Zinserhöhungen zum Staatsbankrott dieser Länder führen würden.

50 Vgl. zur Überschätzung von Algorithmen: Gigerenzer, Gerd: Klick. Wie wir in einer digitalen Welt die Kontrolle behalten und die richtigen Entscheidungen treffen, München 2021.

51 Hoffmann, W. D.: Die Erwartungslücke bei der Prognose, in: Der Betrieb, Nr. 46/2012.

52 Mein früherer Hausarzt hat mir stets versichert, dass ich lange gesund leben und alt werden würde, wenn ich nur regelmäßig zu ihm komme. Dann ist er selbst jedoch „plötzlich und unerwartet von uns gegangen".

53 Diese werden in der Fachsprache als ongoing charges (fortlaufende Kosten) bezeichnet. Veraltet, aber noch bekannter ist der Ausdruck TER = total expense ratio, also Gesamtkostenquote.

54 Liquidität meint dabei, wie schnell und kostengünstig Sie Ihre Anlage wieder zu Geld machen, also z.B. eine Goldmünze, eine Aktie oder ein Haus wieder verkaufen können.

55 Vgl. Grill/Perczynski: Wirtschaftslehre des Kreditwesens, Braunschweig 54. Auflage 2020.

56 Das viel genutzte „Magische Dreieck" manipuliert Sie gleich in mehrfacher Weise. Neben dem suggerierten Zielkonflikt wird Ihr Fokus nämlich auf nur drei Kriterien verengt. Jedoch sollten Sie als Privatanleger acht Entscheidungskriterien im Blick behalten, um eine in Ihrem Interesse liegende Auswahl treffen zu können. Vgl. Walz, Hartmut: Einfach genial entscheiden in Geld- und Finanzfragen, Freiburg, 3. Auflage 2020.

57 Auch das stimmt nicht, denn im Falle einer Schieflage des Versicherers kann es gemäß § 134 VAG dazu kommen, dass selbst die „Garantierte Leistung" herabgesetzt wird.

58 www.destatis.de.

59 Vgl. vertiefend Montbeller, Gilberto, von Winterfeldt, Detlof: Cognitive and Motivational Biases in Decision and Risk Analysis, in: Risk Analysis 35. JG 2015, S. 1230–1251.

60 Zur Funktionsweise von Ankern und der Ankertechnik vgl. Kapitel B 11.

61 Der negative EZB-Zinssatz von minus 0,5 % fällt nur auf 10 % der Einlagen, die auf dem EZB-Konto liegen an. Davon gehen noch 6 % Freibetrag ab. Also erfolgt die Belastung nur auf 4 % aller Einlagen der Bank. Multipliziert man diese 4 % mit 0,5 % ergibt sich die Durchschnittsbelastung von 0,02 % auf das Gesamtvolumen aller Einlagen. Würde die Geschäftsbank nun alle Kundeneinlagen mit den minus 0,5 % belasten, so verbliebe ihr eine zusätzliche Marge von 0,48 %. Oder mit anderen Worten: Sie würde 96 % der ihren Kunden belasteten Verwahrentgelte selbst überhaupt nicht an die EZB zahlen.

62 Etwas markig kann man sagen, dass bei Investieren mit Hilfe von Algorithmen häufig künstliche Intelligenz auf natürliche Dummheit trifft. Vgl. weiterführend: Zweig, Katharina: Ein Algorithmus hat kein Taktgefühl: Wo

künstliche Intelligenz sich irrt, warum uns das betrifft und was wir dagegen tun können, München 2019.

63 Diese Wiederanlage nennt man auch Thesaurierung.

64 Vgl. Bareis, Werner/Nauhauser, Niels: Lexikon der Finanzirrtümer. Teure Fehler und wie man sie vermeidet, Berlin, 2008.

65 BVI = Bundesverband Investment und Asset Management e.V. Homepage: https://www.bvi.de/impressum/.

66 Hinzu kommt noch, dass die Fondsrendite keineswegs mit der Rendite des Anlegers übereinstimmen muss. Vgl. Bogle, John: Das kleine Handbuch des vernünftigen Investierens, München 2018, S. 95-106.

67 Zollenkop, Björn: Die Auflösung von Aktienfonds: Eine empirische Untersuchung für den Deutschen Kapitalmarkt, Springer 2010.
Zimmermann, H.: Editorial: Survivorship – die verzerrte Wahrnehmung von Chancen und Risiken, in: Finanzmarkt und Portfolio Management, 14. Jahrgang, Nr. 1/2000, S. 1–6.
Amin, G. S./Kat, H. M.: Welcome to the Dark Side. Hedge Fund Attrition and Survivorship Bias Over the Period 1994–2001, in: Journal of Alternative Investments, 6. Jahrgang, Nr. 1/2003, S. 57–73.
Carhart, M. M./Carpenter, J. N./Lynch, A. W./Musto, D. K.: Mutual Fund Survivorship, in: The Review of Financial Studies, 15. Jahrgang, Nr. 5/2002, S. 1439–1463.
Elton, E./Gruber,M./Blake, C: Survivorship Bias and Mutual Funds Performance, in: Review of Financial Studies, Vol 9/1996, No. 4, S. 1097-1120.

68 Die Maslowsche Bedürfnishierarchie geht zurück auf den US-amerikanischen Psychologen Abraham Maslow und ist als Bedürfnispyramide bekannt: https://de.wikipedia.org/wiki/Maslowsche_Bed%C3%BCrfnis hierarchie.

69 Kahneman, Daniel: Schnelles Denken, langsames Denken, München 7. Auflage 2014.

70 Cialdini, Robert B.: Die Psychologie des Überzeugens. Wie Sie sich selbst und Ihren Mitmenschen auf die Schliche kommen, Bern/Göttingen 2017 (1984).

71 Vgl. Gigerenzer, Gerd: Bauchentscheidungen. Die Intelligenz des Unbewussten und die Macht der Intuition, München 2008.

72 Dies galt auch bisher meist nur nominell, das heißt ohne Berücksichtigung von Inflation. Hingegen war die reale Rendite festverzinslicher Anlagen auch bereits vor der Nullzinspolitik ganz überwiegend negativ.

73 Zu den Grundlagen einer qualitativ hochwertigen Risikoprofilierung vgl. Schmidt, Lothar: Risikoprofiling von Anlegern. Wie finde ich heraus, welches Risiko zu mir passt?, in: Eller, Roland/Heinrich, Markus (Hrsg.): Vermögensmanufaktur. Stressfrei anlegen im Klimawandel der Finanzmärkte, München 2018.

74 Vgl. Müller, Monika: Finanzielle Risikobereitschaft – Türöffner zu einer bewusst guten Finanzentscheidung und Basis für ein ertragreiches Geschäftsmodell, in: Everling, Oliver/Müller, Monika: Risikoprofiling mit Anlegern, Köln, 2. Auflage 2018.

75 Vgl. Gigerenzer, Gerd: Risiko. Wie man die richtigen Entscheidungen trifft, München 2. Aufl. 2020.

76 www.bundesbank.de.

77 Eine alltagstaugliche Hilfe, um Sie vor De-fokussierung zu schützen, ist das „einfach geniale Achteck" zur systematischen Bewertung aller Finanzprodukte, vgl. Walz, Hartmut: Einfach genial entscheiden in Geld- und Finanzfragen, Freiburg 2020.

78 Name von den Autoren geändert, aber wir sind sicher, Sie kommen drauf.

79 Laut § 169 Abs. 3 Versicherungsvertragsgesetz (VVG) „bei gleichmäßiger Verteilung der angesetzten Abschluss- und Vertriebskosten auf die ersten fünf Vertragsjahre", der Fachbegriff hierfür lautet Zillmer- bzw. Zillmerungs-Verfahren. Vgl. vertiefend die Regelung in der Deckungsrückstellungsverordnung (DeckRV) sowie abweichend die Regelungen im Betriebsrentenstärkungsgesetz.

80 Vgl. § 49 Abst. 1 Versicherungsaufsichtsgesetz (VAG): In der substitutiven Krankenversicherung oder der Lebensversicherung beträgt die Stornohaftungszeit grundsätzlich fünf Jahre. Der Stornohaftungszeitraum ist ansonsten je nach Versicherungsvertrag und Versicherungssparte unterschiedlich.

81 Cialdini, Robert B. und Wengenroth, M. (2017): Die Psychologie des Überzeugens.

82 Für Bausparverträge müssen FPV keine Geeignetheitsprüfung durchführen, da diese Vehikel nicht unter den Geltungsbereich des Wertpapierhandelsgesetzes fallen (vgl. § 64 Abs. 4 WpHG: Schade eigentlich – so löcherig und unnötig kleinteilig ist der Verbraucherschutz in Deutschland). Wir kennen einen 91-jährigen Witwer, der von Sozialhilfe lebt und trotzdem rechtswirksam einen großvolumigen Bausparvertrag abgeschlossen hat. Über die mangelnde Bedarfsgerechtigkeit ließ sich dieser Vertrag nicht lösen – wir haben aber einen anderen Weg gefunden ...) ☺

83 Diese Erkenntnis entspricht auch der Effizienzmarktthese des Nobelpreisträgers Eugene Fama. Hiernach werden auf effizienten Märkten (und das sind die globalen Finanzmärkte weitgehend) temporäre Überrenditen sehr schnell durch Gegenbewegungen (Arbitrage) zunichte gemacht.

84 Exakt genommen sind Finanzmärkte nicht nur lebende Systeme, sondern sogar kybernetische Systeme zweiter Ordnung und damit völlig unberechenbar. Vgl. vertiefend Foerster, Heinz et al.: Wahrheit ist die Erfindung eines Lügners: Gespräche für Skeptiker (Systemische Horizonte), 12. Aufl., Heidelberg 2019, und/oder Einführung in den Konstruktivismus: Beiträge

von Heinz von Foerster, Ernst von Glasersfeld, Peter M. Hejl, Siegfried J. Schmidt, Paul Watzlawick, München 1992.

85 Vgl. von Nitzsch, Rüdiger, Methling, Florian: Reflektiert entscheiden – Kompetent mit Kopf und Bauch, Frankfurt 2021, S. 150-154.

86 Zur grundsätzlichen Bewertung von Finanzinnovationen mittels der Lindy-Regel vgl. Walz, Hartmut: Einfach genial entscheiden in Geld- und Finanzfragen, Freiburg 2020.

87 Zu sachlich gebotenen Ausnahmen vgl. Kapitel C 3.

88 Hopmeier weist darauf hin, dass viele Unternehmen neben dem Vertrieb auch eine Abteilung „Einkauf" besitzen. Und dass professionelle Einkäufer dem Unternehmen im Beschaffungsprozess helfen. Auch wenn sich Privatleute keine Einkaufsabteilung leisten können, so lohnt sich in manchen Situationen doch ein externer Einkaufshelfer. Exakt diese Rolle könnte ein Honorarberater übernehmen. Er ist die ausgelagerte Einkaufsabteilung für den Privatkunden. Vgl. vertiefend: https://hartmutwalz.de/vorsicht-falle-angebot-vs-nachfrage-nicht-honorar-vs-provision/.

89 Begrifflichkeiten beziehen sich auf Regelungen in Deutschland.

90 Vor allem bei Sachversicherungen, wie z. B. Hausrat-, Rechtsschutz-, Gebäude-, Kfz- u. ä. Versicherungen gibt es oft nur Provisionsprodukte.

91 Nicht selten kommen „Berater" aus völlig anderen Berufszweigen und sind erst kürzlich in die Finanzdienstleistungsbranche gewechselt. Das ist nicht vertrauenswürdig.

92 Vgl. Ritzau, Michael: Die große Fondslüge. Falsch beraten von Finanztest, Sparkassen, Banken und Co, S. 133–S. 164.

93 Bürgerbewegung Finanzwende, vom 14.07.2020, https://www.finanzwende.de/themen/finanzaufsicht-bafin/, Abruf am 25.11.2021.

94 Prof. Dr. Walz ist Mitglied im Wissenschaftlichen Beirat beim Bund der Versicherten e.V.

95 BdV-Vorstandssprecher Axel Kleinlein, vom 17.07.2020, https://www.bdv-blog.de/kleinleins-klartext/wirr-arrogant-und-ein-schuss-ins-knie-der-gdv-im-krisenmodus-.html, Abruf am 25.11.2021.

96 Unabhängig von Stundensätzen sollten Sie auf zusätzliche Kostenkomponenten achten, vgl. Kapitel A 3.

97 Beispielhaft Preise der Verbraucherzentrale Nordrhein-Westfalen: https://www.verbraucherzentrale.nrw/beratungsangebote/preise , Abruf 27.11.2021.

98 Myliu, Christian: Provisionsverbot für Vermittler – hilft der Blick ins Ausland?, in: https://www.cash-online.de/versicherungen/2015/provisionsverbot-2/244265, Abruf am 27.11.2021, siehe vertiefend auch: Schmidt, Karl M.: Vergütungssysteme in Europa: Sonderweg Deutschland, in https://www.cash-online.de/berater/2014/deutschland-vermittler/165909, Abruf am 27.11.2021.

99 Als Indiz für Fehlversorgung kann die hohe Anzahl von Klein- und Kleinstverträgen gelten. Diese weisen ein sehr ungünstiges Verhältnis zwischen Kosten und Sparleistung auf und sind häufig selbst nach Jahrzehnten ununterbrochener Einzahlung noch „im Minus".

100 Wenn Sie nett sind, weisen Sie Ihr Gegenüber auf erlebte Verkaufsrhetorik hin und geben ihm eine zweite Chance. Spätestens im Wiederholungsfall sollten Sie einen anderen Berater suchen.

101 Vgl. Walz, Hartmut: Einfach genial entscheiden in Geld- und Finanzfragen, 3. Aufl. Freiburg 2020, S. 172-182.

DIE AUTOREN

Ulrich Bosetti
ist Dipl.-Psychologe und selbstständiger Berater in Aachen. Seit nunmehr 35 Jahren ist er erfolgreicher psychologischer Coach und Fachmann für effektive zwischenmenschliche Kommunikation für Führungskräfte und Privatpersonen.

Prof. Dr. Hartmut Walz
lehrt an der Hochschule Ludwigshafen a. Rh. Der gelernte Bankkaufmann und profilierte Kapitalmarktexperte engagiert sich seit Jahrzehnten für den Verbraucherschutz in den Themen Geldanlage, Versicherungen und Vorsorge. Er betreibt den unabhängigen, kosten- und werbefreien „Hartmut Walz Finanzblog".

NOTIZEN